文革史料叢刊第三輯

第二冊

李正中　輯編

只有不漠視、不迴避這段歷史，中國才有希望，中華民族才有希望！忘記歷史意味著背叛！

——摘自「文革史料叢刊·前言」

蘭臺出版社

巴金先生說在文革

愛盡火與血磨煉

的人是不會沉默的

八十又
五叟

李正中

著名中國古瓷與歷史學家、教育家。
李正中　簡介

祖籍山東省諸城市，民國十九年（1930）出生於吉林省長春市。

北平中國大學史學系肄業，畢業於華北大學（今中國人民大學）。

歷任：天津教師進修學院教務處長兼歷史系主任（今天津師範大學）。

　　　天津大學冶金分校教務處長兼圖書館長、教授。

　　　天津社會科學院中國文化研究中心主任、研究員。

現任：天津文史研究館館員。

　　　天津市漢語言文學培訓測試中心專家學術委員會主任。

　　　香港世界華文文學家協會首席顧問。

　　　（天津理工大學經濟與文化研究所供稿）

為加強海內外學術交流，應邀赴日本、韓國、香港、臺灣進行講學，

其作品入圍德國法蘭克福國際書展和美國ABA國際書展。

文革五十周年祭

百萬紅衛兵打砸搶燒殺橫掃五千年中華文史精華　可惜

中國知識分子慘遭蹂躪委曲求全寧死不屈有氣節　可敬

國家主席劉少奇無法可護窩窩囊囊死無葬身之地　可歎

內鬥中毛澤東技高一籌讓親密戰友林彪墜地身亡　可悲

2016年李正中於5.16敬祭

前言：忘記歷史意味著背版

文學巨匠巴金說：

應該把那一切醜惡的、陰暗的、殘酷的、可怕的、血淋淋的東西集中起來，展覽出來，毫不掩飾，讓大家看得清清楚楚，牢牢記住。不能允許再發生那樣的事。不再把我們當牛，首先我們要相信自己不是牛，是人，是一個能夠用自己腦子思考的人！

那些魔法都是從文字遊戲開始的。我們好好地想一想、看一看，那些變化，那些過程，那些謊言，那些騙局，那些血淋淋的慘劇，那些傷心斷腸的悲劇，那些勾心鬥角的醜劇，那些殘酷無情的鬥爭……為了那一切的文字遊戲！……為了那可怕的十年，我們也應該對中華民族子孫後代有一個交代。

要大家牢記那十年中間自己的和別人的一言一行，並不是讓人忘記過去的恩仇。這只是提醒我們要記住自己的責任，對那個給幾代人帶來大災難的「文革」應該負的責任，無論是受害者，或者害人者，無論是上一輩或是下一代，不管有沒有為「文革」舉過手點過頭，無論是造反派、走資派，或者逍遙派，無論是鳳或者是牛馬，讓大家都到這裡來照照鏡子，看看自己為「文革」做過什麼，或者為反對「文革」做過什麼。不這樣，我們怎麼償還對子孫後代欠下的那一筆債，那筆非還不可的債啊！

（摘自巴金《隨想錄》第五冊《無題集‧紀念》）

我高舉雙手讚賞、支持前輩巴老的呼籲。這不是一個人的呼籲，而是一個民族對其歷史的反思。一個忘記自己悲慘歷史和命運的民族，就是一個沒有靈魂的民族，沒有希望的民族，沒有前途的民族。中華民族要真正重新崛起於世界之林，實現中華夢，首先必須根除這種漠視和回避自己民族災難的病根，因為那不意味著它的強大，而恰恰意味著軟弱和自欺。這就是我不計後果，一定要搜集、編輯和出版這部書的原因。我想，待巴老呼籲的「文革紀念館」真正建立起來的那一天，我們才可以無愧地向全世界宣告：中華民族真正走上了復興之路……。

當本書即將付梓時刻，使我想到蘭臺出版社出版該書的風險，使我內心感動、感激和感謝！同時也向高雅婷責任編輯對殘缺不全的文革報紙給以精心整理、校對，付出辛勤的勞累致以衷心得感謝！

感謝忘年交、學友南開大學博導張培鋒教授為拙書寫「序言」，這是一篇學者的呼喚、是正義的伸張，作為一個早以欲哭無淚的老者，為之動容，不覺潸然淚下：「一夜思量千年事，人生知己有一人」足矣！

李正中於古月齋

2014年6月1日文革48周年紀念

序言：中國歷史界的大幸，也是國家、民族之大幸

張培鋒

　　李正中先生積三十年之功，編集整理的《文革史料叢刊》即將出版，囑我為序。我生於1963年，在文革後期（1971-1976），我還在讀小學，那時，對世事懵懵懂懂，對於「文革」並不瞭解多少，因此我也並非為此書寫序的合適人選。但李先生堅持讓我寫序，我就從與先生交往以及對他的瞭解談起吧。

　　看到李先生所作「前言」中引述巴金老人的那段話，我頓時回想起當年我們一起購買巴老那套《隨想錄》時的情景。1985年我大學畢業後，分配到天津大學冶金分校文史教研室擔任教學工作，李正中先生當時是教務處長兼教研室主任，我在他的直接領導下工作。記得是工作後的第三年即1987年，天津舉辦過一次大型的圖書展銷會（當時這樣的展銷會很少），李正中先生帶領我們教研室的全體老師前往購書。在書展上，李正中先生一眼看到剛剛出版的《隨想錄》一書，他立刻買了一套，並向我們鄭重推薦：「好好讀一讀巴老這套書，這是對「文革」的控訴和懺悔。」我於是便也買了一套，並認真讀了其中大部分文章。說實話，巴老這套書確實是我對「文革」認識的一次啟蒙，這才對自己剛剛度過的那一個時代有了比較深切的瞭解，所以這件事我一直記憶猶新。我記得在那之後，李正中先生在教研室的活動中，不斷提到他特別讚賞巴金老人提出的建立「文革紀念館」的倡議，並說，如果這個紀念館真的能夠建立，他願意捐出一批文物。他說：「如果不徹底否定「文革」，中國就沒有希望！」我這才知道，從那時起，他就留意收集有關「文革」的文獻。算起來，到現在又三十年過去了，李先生對於「文革」那段歷史「鍾情」不改，現在終於將其裒輯付梓，我想，這是中國歷史界的大幸，也是國家、民族之大幸！

　　前兩年，我有幸讀到李正中先生的回憶錄，對他在「文革」中的遭遇有了更為真切的瞭解。「文革」不僅僅是中國知識分子的受難史，更是整個民族、人民的災難史。正如李先生在「前言」中所說，忘記這段歷史就意味著背叛。李先生是歷史學家，他的話絕非僅僅出於個人感受，而是站在歷史的高度，表現出一個中國知識分子的真正良心。

　　就我個人而言，雖然「文革」對我這一代人的波及遠遠不及李先生那一代人，但自從我對「文革」有了新的認識後，對那段歷史也有所反思。結合我個人現在從事的中國傳統文化教學與研究來看，我覺得「文革」最大的災難在於：它對中華優秀傳統文化做出了一次「史無前例」的摧毀（當時稱之為「破四舊，立新風」，當時究竟是如何做的，我想李先生這套書中一定有非常真實的史料證明），從根本上造成人心

的扭曲和敗壞，並由此敗壞了全社會的道德和風氣。「文革」中那層出不窮的事例，無不是對善良人性的摧殘，對人性中那些最邪惡部分的激發。而歷史與現在、與未來是緊緊聯繫在一起的，當代中國社會種種社會問題、人心的問題，其實都可以從「文革」那裡找到根源。比如中國大陸出現的大量的假冒偽劣、坑蒙拐騙、貪汙腐化等現象，很多人責怪說這是市場經濟造成的，但我認為，其根源並不在當下，而可以追溯到四十年前的那場「革命」。而時下一些所謂「左派」們，或別有用心，或昧了良心，仍然在用「文革」那套思維方式，不斷地掩飾和粉飾那個時代，甚至將其稱為中國歷史上最文明、最理想的時代。我現在在高校教學中接觸到的那些八十年代、九十年代後出生的年輕人，他們對於「文革」或者絲毫不瞭解，或者瞭解的是一些經過掩飾和粉飾的假歷史，因而他們對於那個時代的總體認識是模糊甚至是錯誤的。我想，這正是從巴金老人到李正中先生，不斷呼籲不要忘記「文革」那段歷史的深刻含義所在。不要忘記「文革」，既是對歷史負責，更是對未來負責啊！

記得我在上小學的時候，整天不上課，拿著毛筆——我現在感到奇怪，其實就連毛筆不也是我們老祖宗的發明創造嗎？「文革」怎麼就沒把它「革」掉呢？——寫「大字報」，批判「孔老二」，其實不過是從報紙上照抄一些段落而已，我的《論語》啟蒙竟然是在那樣一種可笑的背景下完成的。但是，僅僅過去三十多年，孔子仍然是我們全民族共尊的至聖先師，「文革」中那些「風流人物」們今朝又何在呢？所以我認為，歷史是最公正、最無情的，是不容歪曲，也無法掩飾的，試圖對歷史進行歪曲和掩飾其實是最愚蠢的事。李正中先生將這些「文革」時期的真實史料拿出來，讓那些並沒有經歷過那個時代的人們真正認識和體會一下那場「革命」的真實過程，看一看那所謂「革命」、「理想」造成了怎樣嚴重的後果，這就是最好的歷史、最真實的歷史，這也就是巴老所說的「文革紀念館」的一個重要組成部分啊！我非常讚成李正中先生在「前言」中所說的，只有不漠視、不回避這段歷史，中國才有希望，中華民族才有希望！

是為序。

中華民族最黑暗的年代「文革」48周年紀念於天津聆鍾室
〔注〕張培鋒：現任南開大學文學院教授博士班導師

古月齋叢書5　文革史料叢刊　第三輯

会议典型材料之一

以马克思主义为武器
批判儒家反动小册子
推动批林批孔运动深入发展

中共天津铁路分局天津站委员会

天津市学习马列和毛主席著作经验交流会

会议秘书处　　　　　　　　　　一九七四年十二月

以马克思主义为武器
批判儒家反动小册子
推动批林批孔运动深入发展

批林批孔运动开展以来，我们站广大职工批判了林彪效法孔老二"克已复礼"，妄图复辟资本主义的反动纲领，批判了林彪的资产阶级军事路线，研究了儒法斗争史、近代现代尊孔与反孔斗争史、劳动人民反孔斗争史和儒法军事路线斗争史，把运动不断引向深入。同时，我们还批判了《弟子规》、《绣阁金铖》、《朱柏庐治家格言》和《三字经》等儒家反动小册子。在批判儒家小册子时，我们坚持学批结合，批黑书同批林彪反革命修正主义路线结合，破立结合，抓了学、批、立三个环节。就是认真学习马列著作和毛主席著作，掌握思想武器；联系儒家反动小册子出笼的历史背景，抓住要害，深入批判；通过学习和批判，分清是非，划清界线，肃清孔孟之道的流毒和影响，树立新思想、新风尚。以下从三个方面，向领导和同志们做一汇报：

一、批判儒家反动小册子，必须掌握马克思主义理论武器

儒家反动小册子，是孔老二的徒子徒孙精心炮制的用于广泛传播孔孟之道的黑书，它们的形式比较通俗，流传十分广泛，因此流毒和影响也就比较大。有些没有读过"四书""五经"的人，却背

诵过《三字经》《千字文》，这就说明了它们的危害性。因此，批判儒家反动小册子，是批判孔孟之道，肃清其流毒和影响的一个重要方面。

对儒家反动小册子，靠什么来批？我们深深体会到，必须靠马克思主义理论武器。南站车间安全室小组开始批判《朱柏庐治家格言》（以下简称《治家格言》）时，都认为应该批判，但有时又看不出问题来。如有的同志说："黎明即起，洒扫庭除"，这话哪有错呀？我们不是每天五、六点钟就早早来到货场，把仓库内外打扫得干干净净嘛。为了深入批判这本小册子的反动实质，车间党支部组织大家学习了《哥达纲领批判》。马克思指出："**一个除自己的劳动力外沒有任何其他财产的人，……都不得不为占有劳动的物质条件的他人做奴隶。**"这一学，开了窍。同志们说，抽象地空谈"黎明即起，洒扫庭除"，好象没有可批判的，但是运用马克思主义的阶级观点和历史观点来分析，就可以看出朱柏庐在《治家格言》里，劈头就说这么一句话，是有其反动目的的。首先，朱柏庐说这话是在封建社会。在那个社会里，谁有"庭除"可洒扫？那时，地主阶级占有土地，而广大农民无地或只有很少的地。对于千百万没有土地的贫苦农民，他们去洒扫谁的"庭除"？而那些脑满肠肥，嗜血成性的地主阶级，又可能不可能去亲自动手洒扫庭除？这样一分析，朱柏庐鼓吹的"黎明即起，洒扫庭除"实质上是要地主阶级家里的奴隶好好侍候地主的反动本质，便被揭穿了。同志们又说：我们不能用现在的情况去套儒家反动小册子里的话。因为我们今天是在无产阶级专政的条件下，劳动人民占有了生产资料，做了国家的主人，每天早起晚睡，打扫的是自己的车间、仓库和院子。这是不能同封建社会里的情况相比的。如果避开政权和生产资料归谁所有这一根本问题，空谈"洒扫庭除"，那就同拉萨尔空谈"劳动是一切财富和一切文化的源泉"一样，都是为了掩盖地主、资产阶级占有生产资料，剥削工人、农民的事实。我们又进一步分析，为什么在《治家格言》里，包含着一些象"洒扫庭除"这类好似超阶级的庸俗说教呢？我们认识到，这是为了打掩护，是在放烟幕弹。朱柏庐之流，正是企图把孔孟之道的反动说教，打扮成"天经地义"，打扮成好似人人都必须遵守的东西，所以才把这些几乎人们都懂得的生活常识同孔孟的黑话揉在一起来进行宣传，其目的，就在于欺骗人们信奉孔孟之道，对反动阶级的压迫、剥削不反抗、不斗争。这样运用马克思主义的立场、观点、方法，研究、剖析儒家反动小册子，就抓住了要害，看清了它的反动本质。南站车间安全室小组运用马克思主义观点，批判《治家格言》的经验，使我们认识到，儒家反动小册子是经过装扮的渗透孔孟之道毒素的砒礵，必须以马列主义为武器，才能揭穿它的虚伪性、欺骗性、反动性。

在批判儒家反动小册子的过程中，我们把学习和批判结合起来，采取了三种办法：办法：

①第一种是通过认真读革命导师原著，掌握马克思主义的立场、观点、方法，抓住儒家反动小册子的主要观点批。如，东货场理论小组在学习《帝国主义是资本主义的最高阶段》一书时，联系过去帝国主义瓜分中国的历史，批判《弟子规》中"与宜多，取宜少"的反动谬论。他们运用列宁揭露金融资本"要从一条牛身上剥下两张皮"的论述，一针见血地指出："儒家所说的'与宜多，取宜少'纯粹是骗人的鬼话。地主、资本家同金融寡头一样，对劳动人民从来

都是敲骨吸髓，只取不与，而且是取得越多越好。儒家之徒讲这套黑话，就是要让我们劳动人民甘心勒紧裤带挨饿，把所有血汗都供他们吃喝"。这样一剖析，就揭露了这句黑话的欺骗性和反动性。

第二种办法，是根据要批判的专题，回过头学习革命导师原著，从中寻找武器，加深批判。客运车间理论小组在批判《绣阁金铖》时，她们有针对性地选编了马克思、恩格斯、列宁、斯大林、毛主席有关妇女解放的论述二十七段，认真深入学习，用来对这本反动小册子的主要观点进行了分析批判。例如，当批判"内外宜分，男女有别"这句黑话时，她们学习了恩格斯在《家庭、私有制和国家的起源》中对男女不平等产生的根源的论述，懂得了"**最初的阶级压迫是同男性对女性的奴役同时发生的。**"掌握了这个观点，她们再来分析"内外宜分，男女有别"和林彪死党叶群所说的"丈夫的命运决定妻子的命运"的反动谬论，就认清了历代反动派鼓吹"男尊女卑"的反动目的，在于利用"夫权"作为一条辅助的绳索，来维护反动的统治和剥削制度。经过运用这种办法，对《绣阁金铖》的反动观点一条条批判，最后，同志们说：《绣阁金铖》这本黑书，全面继承了董仲舒"三从四德"的封建礼教，是要从政治、思想、生活、作风等各个方面束缚妇女，使妇女世世代代受欺压和凌辱。我们一定要打破封建礼教的束缚，和男同志一样，积极参加三大革命斗争，谋求妇女的彻底解放和全人类的彻底解放。

第三种是抓住重点，深入细致地一点一点批。一本儒家反动小册子，总是包含若干主要的反动观点，只是笼统地批一次，是批不深，批不透的。这就需要经过分析，列出几个问题，一次深入批一点，经过若干次，把全书批透。如东货场理论小组在批判《弟子规》时，第一次，他们批判"事虽小，勿擅为，苟擅为，子道亏"的谬论。经过分析，他们认为，这是鼓吹孔孟的"孝道"的，是要让子女绝对服从父亲。这种"孝道"，是为维护封建的家长制统治的。历代反动派和儒家之所以极力维护封建家长制，则是因为他们认为这是整个封建统治秩序的重要一环，照他们的说法，在家"孝父母"，出外才能"敬君长"。所以，"苟擅为，子道亏"的反动本质，就在于鼓吹奴隶式的服从，扼杀劳动人民的反抗精神和革命意志。他们又联系学习了毛主席的《湖南农民运动考察报告》和对反动派**"造反有理"**的指示，认识到，《弟子规》宣扬的君道、臣道、父道、子道等等，都是要我们一切按照旧礼教办事，逆来顺受，只能听任反动统治阶级的宰割，不能有任何反抗的表示。我们就要坚持阶级斗争，发扬"对反动派造反有理"的革命精神，决不能叫孔孟之道的谬论捆住自己手脚。第二次，他们批判"凡是人，皆须爱"时，又学习了毛主席《在延安文艺座谈会上的讲话》。毛主席深刻地指出：**"所谓'人类之爱'，自从人类分化成为阶级以后，就沒有过这种統一的爱。"**认识到，亲不亲，阶级分。封建把头绝不会爱装卸工，装卸工也绝不会爱封建把头。孔老二鼓吹"仁者爱人"；《弟子规》鼓吹"凡是人，皆须爱"；林彪也叫喊"以仁爱之心待人"，都是一个腔调，其目的在于取消劳动人民对反动派的斗争，达到他们"兴灭国，继绝世，举逸民"的罪恶目的。我们就是要运用马克思主义的阶级论，不断批判地主、资产阶级的人性论，对社会上的任何事物都要用阶级和阶级斗争的观点去分析，在任何时候都要坚持革命斗争。第三次批判"人有短，切莫揭"时，他们又运用阶级斗争的观点进行分析，认识到，什么是"短"，怎样对待"短"？

不同阶级有不同的看法和态度。反动统治阶级残酷剥削和压榨我们劳动人民就是最大的"短"。反动派对于这样的"短"是怕揭的，所以叫嚷"切莫揭"。而我们对于这样的"短"，就一定要揭。不揭这个"短"，就不能唤醒广大劳动群众，起来同反动派斗争，推翻他们的统治。另外，人民内部的缺点错误，是人民内部的"短"。对于这样的"短"，我们并不怕揭，而是要从团结的愿望出发，经过批评和自我批评，加以克服。通过这样反复地批判，提高了大家的思想政治水平，更加看清了儒家反动小册子的反动阶级实质。

二、批判儒家反动小册子，必须联系现实阶级斗争和路线斗争

叛徒、卖国贼林彪把孔孟之道作为他颠覆无产阶级专政，复辟资本主义的思想武器。因此，我们批判儒家反动小册子必须同现实的阶级斗争和路线斗争紧密地联系起来。这样才能更深入地批判林彪的反革命修正主义路线，推动意识形态领域里的阶级斗争，为巩固无产阶级专政服务。

（一）联系批判儒家反动小册子，深入揭露林彪妄图复辟资本主义的反动目的。在批判儒家反动小册子的过程中，我们引导广大群众反复学习了革命导师关于如何研究历史的论述，根据列宁关于**"在分析任何一个社会问题时，马克思主义理论的绝对要求，就是要把问题提到一定的历史范围之内"**的教导，大家逐个查找了《三字经》、《弟子规》、《绣阁金针》、《治家格言》的出笼和再版的历史背景。发现这些黑书的出笼和再版都是同当时阶级斗争紧密相

联的。比如《绣阁金铖》是在清朝咸丰到同治年间，由反动儒生李憩亭编写的。在一八六九年第一次出版的时候，正值轰轰烈烈的太平天国革命运动刚刚结束。这次革命运动，不仅从政治上、经济上猛烈地打击了封建地主阶级和帝国主义侵华势力，而且在思想上开展了一场声势浩大的反孔斗争。太平军砸了孔老二的庙宇和牌位，烧了"四书"、"五经"，批判了"三纲五常"，"男尊女卑"，提出了男女平等的口号。《绣阁金铖》作者在序言中写的第一句话就是"时经乱后，妇道式微"，一语道破了黑书出笼的政治目的。这个目的就是要通过大肆宣传孔孟的"妇道"，用来束缚人民的思想，削弱人民的革命斗志，妄图阻止农民革命运动和妇女解放运动的再度兴起，以维护封建地主阶级摇摇欲坠的统治。又如，《弟子规》是在清朝康熙和雍正之间，由孔孟门徒李子潜炮制出笼的。一九二九年由原北洋军阀财政部长、开滦煤矿大资本家再版的。再版时，正值第二次国内革命兴起之时。反动派再版《弟子规》的目的，就在于妄图阻挡新民主主义革命。在批判中，大家又联系卖国贼林彪，为什么在我国社会主义革命日益深入的时候，乞灵于孔孟之道，大搞"四书集句"？其目的，显然就是为篡改党的基本路线，颠覆无产阶级专政，复辟资本主义大造反革命舆论，为被打倒了的地、富、反、坏、右扬幡招魂。这样一联系，更加看清了林彪鼓吹孔孟之道的反动目的。

（二）联系批判儒家反动小册子，深挖林彪反革命修正主义路线的思想根源。南站车间在批《治家格言》时，对"祖宗虽远，祭祀不可不诚"，"子孙虽愚，经书不可不读"这两句黑话进行了深入批判。他们说：林彪和一切反动阶级的代表人物一样，为了搞倒退、复辟，不仅到处兜售孔孟之道的黑货，而且教他儿子以"韦编三绝"的精神熟读经书，并号召人们都"当董仲舒"。林彪这些黑话和"经书不可不读"是一脉相承的。又如，在剖析《治家格言》中的"正名"观点时，大家联系批判林彪"名不正言不顺"的反动谬论，指出他正是利用孔老二炮制出来、被历代反动派传播了两千多年的"正名"论，为篡党夺权，"当国家主席"造舆论。在剖析"守分安命，顺时听天"、"听命于天，反求诸己"黑观点时，指出这些谬论同林彪的"既受于天，且受于人"和"灵魂深处爆发革命"都是一脉相通。在剖析"话说多，不如少"的黑观点时，指出这同林彪的"韬晦之计"和"闭目养神"、"不建言"、"不批评"、"不得罪"等等，都是一类货色。这样把批判儒家反动小册子同批判林彪的反动言论联系起来，就使大家更清楚地认识到孔孟之道是林彪反革命修正主义路线的思想根源。

（三）联系批判儒家反动小册子，忆阶级苦、民族恨，揭露林彪反革命修正主义路线的极右实质。东货场理论小组在批判《弟子规》中所写的"居有长，业无变"的反动谬论时，老工人以自己的亲身经历，用新旧社会对比的方法，分析这句话的反动实质。六号门老工人兰房如说：解放前地主、资本家住的是高楼大厦，我们劳动人民连鸡毛小店都住不起。我由于交不起房租，住了几十年的窝铺。所以，在旧社会讲什么"居有长，业无变"，根本不是对我们工人农民讲的，而是地主、资本家教育他们子弟去保护世袭的财产、权势和地位。在共产党、毛主席的英明领导下，通过革命，我们无产阶级有了社会主义的"业"，资产阶级失去了资本主义的"业"。叛徒、卖国贼林彪散布孔孟之道，发动反革命政变，妄想复辟资本主义的"业"，想把我们重新拉到旧社会，我们装卸工人坚决不答应。老工人都说："以苦批修体会深，忆旧颂新受教育"。

（四）联系林彪和儒家反动小册子反复重复孔孟之道的烂调，认清开展意识形态领域阶级斗争的长期性、艰巨性。历史上的反动统治阶级推销孔孟之道，下了很大的功夫。象《弟子规》、《三字经》之类反动小册子印刷次数之多，数量之大远远超过"四书"、"五经"。仅《三字经》就有注解本、图解本、拼音本等十来种。就文字来说，有汉、蒙、满文本，在国外还有英、法、拉丁文本。可见帝国主义和国内反动派互相勾结，在推销儒家反动小册子上多么卖力气。在批判中，同志们联系到苏修、美帝一再搞借尸还魂的把戏，鼓吹孔老二是决定"中国人民千百年精神文化发展过程"的人物；联系到蒋介石还要靠孔孟之道"兴灭继绝，扶颠持危"；联系到林彪和党内其它地主、资产阶级代理人企图用孔孟之道腐蚀群众，征服人心，妄图搞反革命复辟的罪恶事实，深刻地认识到，资产阶级和一切剥削阶级的经济基础，可以用革命暴力摧毁，但是，他们反动没落的思想意识，却具有相对的独立性，决不因经济基础的崩溃而随即消失。**"无产阶级和资产阶级之间在意识形态方面的阶级斗争，还是长时期的，曲折的，有时甚至是很激烈的。"** 今天，我们摧毁了以刘少奇、林彪为头子的资产阶级司令部，批判了他们鼓吹孔孟之道，复辟资本主义的罪行。但是，这场斗争还没有结束，我们一定要自觉地执行党的基本路线，认识批林批孔斗争的长期性和复杂性，把意识形态领域社会主义革命进行到底！

三、批判儒家反动小册子必须坚持破立结合

我们在组织职工批判儒家反动小册子的实践中体会到，批判这些黑书既要联系批判林彪效法孔老二"克己复礼"，妄图复辟资本主义的罪行，又要紧密联系各条战线斗、批、改的实际，肃清孔孟之道的流毒和影响，扶植和发展社会主义的新生事物，推动各项工作不断前进。毛主席教导我们：**"不破不立。破，就是批判，就是革命。破，就要讲道理，讲道理就是立，破字当头，立也就在其中了。"** 因此，我们在批判儒家反动小册子的过程中，认真坚持了破中有立，破立结合。

南站发另内勤小组通过破中立改变面貌的事实对我们启发很大。这个小组有二十四个人，有八个孩子妈妈，有十一个老弱有病的同志。过去由于分工不合理，每天工作很忙乱，还常常学习学不了、下班走不了、当天收款交不了。在这次批判儒家反动小册子的过程中，他们反复学习了毛主席关于**"群众是真正的英雄"** 的教导。大家说，我们就是要破林彪、孔老二的"上智下愚"的反动观点，树立相信群众的力量和智慧的思想，坚定信心，改变小组面貌。全组同志齐心协力，积极想办法，调整了劳动组织，挖掘人员潜力，集中优势兵力突破关键。结果很快扭转了局面。不仅消灭了加班加点现象，保证了学习时间，还将二十多年来当日收款次日交银行的老惯例打破了，并且抽出力量支援兄弟班组。通过这件事，我们认识到，在批林批孔中，依靠群众破旧立新，能够提高群众的路线斗争觉悟，推动斗、批、改，更好地完成各项工作任务。

在群众性批判儒家反动小册子，破旧立新的活动中，我们主要

抓了以下四个基本内容：破"天命论"①，立人定胜天的思想；破"上智下愚"，立人民群众是历史的主人②；破"中庸之道"③，立马克思主义斗争哲学；破"男尊女卑"④，立妇女能顶半边天思想。同时，我们还破了《弟子规》，写了《工人志》；破了《绣阁金针》，写了《妇女新篇》。我们狠抓破立，主要采取了以下几种方法。

（一）广泛深入地发动群众大破大立。往年在高温多雨的七、八月份，总会出现运输生产的被动局面。有人说，这是"老天爷"造成的"常规"，不好变。针对这种认识，我们组织广大职工批判了儒家反动小册子中鼓吹的"守分安命，顺时听天"，"听命于天，反求诸己"等"天命论"观点。广大职工气愤地说，"天命论"就是"害命论"。它胡说什么世间一切贫贱富贵，生死祸福，都是由老天爷摆布的，这是骗人的鬼话。其目的是掩盖阶级压迫和剥削，把我们整治成"饿死怨命苦，屈死不告状"的奴隶，这个滋味我们祖祖辈辈尝够了。今天林彪又鼓吹"既受于天，且受于人"，为其篡党夺权制造反革命舆论，我们再也不能上这个当，受这个骗了。我们不信"天命"，要干革命。在提高认识的基础上，站党委向广大职工提出"反天命，战高温，破常规，夺高产"的战斗口号，广大职工积极响应。八月上旬，连降暴雨，全站干部、工人决心大，干劲足，向暴雨造成的困难作斗争。南货场车间，地势低洼，受了淹。站党委和车间干部同广大职工一起战斗，一面排水一面蹚水作业。就这样，整整奋战了四天四夜，保证了运输生产的正常进行，打破了被动的"常规"，全面超额完成了运输生产任务。

（二）以典型引路，带动大破大立。西货场车间很早就酝酿成立卸煤机女子作业班。支部有的同志想，卸煤机高大、脏累、弄不好还有危险，单独交给女同志干怕不行吧！有些女同志信心也不足。在批林批孔中，理论骨干、女共产党员于淑英，同本场女青年一道，批判了《绣阁金铖》中"男尊女卑"的黑观点。她们表示，一定要以实际行动，落实毛主席关于**"时代不同了，男女都一样"**的指示。于是党支部批准了她们的要求，卸煤机女子作业班建立起来了。她们在老师傅们的支持下，登上了高大的卸煤机，战胜了天寒风大的困难，取得了一班装卸煤六百多吨的成绩，在完成自己的任务以后，还去支援兄弟班组。党委经过研究，认为这是破"男尊女卑"，长妇女志气的好典型，应该鼓励，于是在十二月七日，召开了女子作业班命名大会。党委在会上指出，一七〇〇四女子作业班的诞生，是我站在批林批孔运动中涌现的又一新生事物，我们坚决支持。各车间的代表也都在会上发了言，批判了林彪、孔老二鼓吹的"男尊女卑"、"妇女无用"等反动谬论。这个大会的召开，大长了女职工的志气，振奋了全站职工的革命精神。一位老工人说，女子作业班干得好，这个大会开得好！我们要象女子作业班那样，破旧思想，立新思想，鼓足革命干劲，以抓革命、促生产的实际行动，给林彪、孔老二散布的"男尊女卑"的反动谬论，以更加有力的回击！

（三）通过多种形式，推动大破大立。在批林批孔运动中，我们还通过文艺、广播、黑板报等多种形式，占领阵地，推动破旧立新。全站大唱革命样板戏，唱英雄，学英雄；赛诗歌，表雄心，抒豪情；用马克思主义观点编写历史故事、曲艺、话剧，登台演唱，批判林彪和孔老二。东货场车间把自己编的《工人志》中"红旗举，笔做刀，批黑'规'，捣孔庙。立新风，展新貌，跟党走，金光道"等语句谱成曲，广泛学唱，鼓舞了广大职工批林批孔、破旧立新的斗志。客运乙班把选批《绣阁金铖》的材料编成对口词，在班前班后向广大职工演唱。

群众性的大讲、大唱、大宣传，从各个角落里冲刷着修正主义和孔孟之道的污泥浊水，使广大职工的精神面貌发生了深刻的变化，社会主义新思想，新风尚大大发扬，全站呈现一派生气勃勃的革命景象。

同志们！在中央领导同志的亲切关怀下，在市委、分局党委的领导下，我们虽然做了一些工作，但是，同兄弟单位相比，还有很大差距。我们要把这次会议交流的先进经验带回去，认真学习、推广，把批林批孔运动普及、深入、持久地开展下去，夺取革命和生产的新胜利。

会议典型材料之二

大 学 大 批 促 大 变

天津重型机器厂

天津市学习马列和毛主席著作经验交流会

会议秘书处 　　　　　　　　　一九七四年十二月

大 学 大 批 促 大 变

今年以来，在中央领导同志的亲切关怀下，在市委、局党委的领导下，我厂批林批孔运动一浪高一浪，胜利地向前发展。在批林批孔运动中，我厂职工认真学习马列和毛主席著作，深入批判林彪修正主义路线和反动没落阶级的意识形态——孔孟之道。通过学习和批判，提高了职工群众的阶级斗争和路线斗争觉悟，激发了社会主义积极性，推动了工业学大庆的群众运动，全厂的面貌发生了深刻的变化。厂党委年初提出的"抓大事，促大干，学大庆，创条件，全年任务三季完"的战斗口号已经实现。今年全年的产值，主要产品产量、生产成本、上缴利润、劳动生产率和基本建设投资额等项指标都提前三个月完成了全年国家计划。工业总产值比去年同期增长百分之五十九。

一年来，我厂遵照毛主席关于**"认真看书学习，弄通马克思主义"** 和 **"坚持数年，必有好处"** 的教导，攻读了《哥达纲领批判》、《帝国主义是资本主义的最高阶段》、《关于正确处理人民内部矛盾的问题》和毛主席有关的哲学著作、军事著作。在学习中，贯彻了理论联系实际的方针，着重于学立场，学观点，学方法。职工的学习情绪越来越高涨，政治业校、业余理论小组很活跃，涌现了一大批学习马列和毛主席著作的先进集体和先进个人。同志们总结我厂在批林批孔运动中改变面貌的经验时说："大学大批促大变，学习马列是关键。"下面就把我们的一些体会，汇报一下：

狠批"克己复礼"，端正企业方向

毛主席教导我们："**思想上政治上的路线正确与否是决定一切的。**"我厂的实践证明：路线对了，领导干部办事情就有了主心骨，群众的社会主义积极性就能得到充分的发挥，革命和生产就会出现欣欣向荣、蓬勃发展的局面。路线不对，厂子就会走到邪路上去。我厂原来是全市有名的"后进厂"、"拖腿厂"。厂领导班子虽然主观上也有把厂子搞好的愿望，但是没有抓住路线这个纲，就生产抓生产，就管理论管理，抓不住要害，费力不小，变化不大，有的时候甚至某些在文化大革命中被批判过的东西又改头换面冒了出来。在伟大的批林批孔运动中，我们认真学习毛主席、党中央关于批林批孔的指示，学习《人民日报》、《红旗》杂志的社论、短评，抓住林彪效法孔老二鼓吹"克己复礼"这个要害，狠批了林彪反革命修正主义集团阴谋复辟的罪行，联系本厂的实际，批判了林彪修正主义路线，进一步肃清其流毒，坚持前进，反对倒退，端正了思想认识路线，激发了职工大干社会主义的热情，我们厂各方面的工作，就迈开大步向前跃进了。

在批判"克己复礼"时，我们反复学习马克思、恩格斯、列宁和毛主席有关阶级斗争的论述，进行新旧社会的回忆对比，使同志们认清：是把社会推向前进，还是把社会拉向后退；是将社会主义革命进行到底，还是复辟资本主义，这是两条路线斗争的焦点，也是关系到党变不变修，国变不变色，人变不变质的大问题。工人同志们说："林彪要打倒轮，开倒车，复辟资本主义，我们就要叫机器快转，迈开大步向前跑，奔向共产主义。"

随着阶级觉悟和路线觉悟的提高，大家嗅觉灵了，眼睛亮了，个别混在职工内部兴风作浪的阶级敌人就暴露出来了。设备科有个号称"备件权威"的技术员，长期以来，以搞备件为名，私下里大肆贪污盗窃，大搞城乡勾结，大挖社会主义墙角。群众在批判"克己复礼"时，联想到这个人的问题，纷纷起来进行揭发批判，使这个搞贪污盗窃的坏家伙现出了原形。这件活生生的阶级斗争的事例教育了群众，也教育了我们党委的全体成员。大家认识到，在整个历史上，始终存在着前进与倒退、革新与复辟的斗争。这种斗争，在社会主义历史时期，表现为无产阶级与资产阶级之间的社会主义与资本主义的两条道路的斗争，表现为无产阶级的反复辟与资产阶级的搞复辟的斗争。林彪借孔老二的亡灵鼓吹"克己复礼"，目的就在于搞复辟。现在，林彪反党集团被粉碎了，林彪也倒栽葱摔死在温都尔汗了。但是，林彪不是一个孤立的人，他是美帝苏修的走狗，是地主、资产阶级复辟势力的总代表。林彪死了，但是他的阶级基础还存在，他所散布的流毒还象细菌一样毒害着人们。因此，我们必须坚持阶级斗争和路线斗争，继续搞好批林批孔。这项任务，仍然是全党全军全国人民的头等大事。我们党委，是一级党的组织，是率领无产阶级和广大革命群众向阶级敌人作斗争的堡垒。因此，必须把抓阶级斗争和路线斗争作为自己的重要职责，要议政，要抓大事，要抓路线，这样才能提起一切工作的纲，不断发展我厂革命和生产的大好形势。

在狠批"克己复礼"反动纲领中，我们不仅揭露和批判了阶级敌人的破坏活动，而且也注意引导职工干部自觉地解决在我厂发展中是坚持前进，还是因循守旧，是迈大步，还是慢慢来的问题。我厂主要担负重型机器设备、大型铸件和锻件的生产任务。单件的小批的生产任务多，同时又是一个正在扩建的工厂，边基建、边生产，这些特点给生产带来了比较大的困难。在这种情况下，有一些同志失去了信心，认为我厂："重型特殊"、"大厂难办"、"基础太差"，改变面貌的主动权不在自己手里，只能慢慢来。这种思想在厂领导班子内部也有表现，有的领导成员往往对矛盾采取回避态度，对困难有畏惧思想。针对这种思想，我们组织广大干部、群众学习了毛主席的《矛盾论》、《关于农业合作化问题》等著作。毛主席指出："**这些同志看问题的方法不对。他们不去看问题的本质方面，主流方面，而是强调那些非本质方面、非主流方面的东西。**""**研究问题，忌带主观性、片面性和表面性。**"通过学习和深入批判林彪效法孔老二"克己复礼"的罪行和谬论，干部和群众思想有了很大提高。大家认识到，从孔老二到历代反动派，从党内历次机会主义路线头子到林彪，他们坚持的都是一条倒退的复辟的路线。而他们的反动路线的理论基础，又都是唯心主义和形而上学。而我们，就要反其道而行之，坚持唯物主义，坚持辩证法，坚持前进，坚持革命，做历史发展的坚定的促进派。职工们说：有因循守旧、爬行主义、懒汉懦夫世界观的人，他们看问题的方法不对，只向后看，不向前看，只看到困难的一面，不看有利的一面，更看不到困难可以向顺利转化。我们就不能那样主观主义地片面地看问题。我们不要只看到"天重"后进的一面，还要看到大家都强烈要求改变后进状态的一面；不要只看到我们的产品单件多、小批多、矛盾多的一面，还要看厂大人多、议论多、热气高、干劲大的本质方面；不要只看到我们厂基础差的一面，还要看到我们潜力大的一面。职工们在回忆我厂发展史时认识到：我厂在大跃进中诞生，在阶级斗争和路线斗争中成长，十五年来，边基建边生产，为国家是做出了一些贡献的。在一九七〇年建造六千吨水压机的会战中，我们厂也曾敢挑重担，敢打硬仗，打出了天津市工人阶级的志气，锻炼出一支坚强的职工队伍。经过无产阶级文化大革命和批林批孔运动，这支队伍更加朝气蓬勃，意气风发，这是我厂的主流，这是改变"天重"落后面貌的力量。我们虽然暂时处于后进状态，但是不应泄气，不应自馁，要肯定成绩，要看到有利因素，提高勇气，鼓足干劲，做出新的更大的贡献。大家都表示决心："天重"要革命，"天重"要前进，"天重"要打翻身仗，"天重"的面貌一定要大变样。就这样，党委领导全厂职工，掀起了大学大批促大干，大干促大变的群众运动。

"路线是个纲，纲举目张。"今年以来，党委狠抓大事，抓路线，把批林批孔放在一切工作的首位，一次又一次掀起批林批孔的高潮，使职工的路线觉悟一步步提高。革命促进了生产，批林批孔的高潮带来了生产的高潮。今年二月份全厂掀起了批判林彪"克己复礼"，妄图复辟资本主义的黑纲领的高潮；四月份全厂掀起再批"克己复礼"，清算林彪攻击诬蔑文化大革命罪行的高潮；六月份，中央领导同志来我厂视察，我们掀起了研究宣讲儒法斗争史和整个阶级斗争史以及狠批儒家反动小册子、反动谚语的高潮；八月下旬以来又掀起学习毛主席军事著作、狠批林彪资产阶级军事路线的高潮。我厂的生产也相应地出现了一个又一个高峰。二、三月份创造了历史同期最高生产水平，保证了第一季度完成全年任务的百分之二十四；五月份创造月产值八百万元的历史最高纪录，提前一个月完成了上半年计划；九月份月产值再创新纪录，突破一千万元，比较全面地提前完成了全年国家计划。同志们深有体会地说："面貌变不变，根本在路线，群众是英雄，领导是关键。"

批判"中庸之道"，在斗争中前进

毛主席指出：**"我们主张积极的思想斗争，因为它是达到党内和革命团体内的团结使之利于战斗的武器。"**在批林批孔运动中，我们围绕狠批"克己复礼"这个重点，还狠批了林彪、孔老二宣扬的"中庸之道"，批判了林彪散布的"两斗皆仇，两和皆友"等反动谬论，进一步认识到矛盾的斗争是前进的动力。一年来，我们坚持马克思主义的斗争哲学，向各种错误思想反复进行积极的思想斗争。通过这些斗争，增强了全厂的革命团结，有力地推动着生产和各项工作。

今年年初党委提出："抓大事，促大干，学大庆，创条件，全年任务三季完"的口号，它反映了广大职工的迫切愿望，符合我厂的实际，很快变成了广大职工的实际行动。但是有的同志却认为这是"吹牛"，"胡闹"，是"坐着飞机吹喇叭——响（想）得高。"并且认为："快了要翻车，慢点才稳当"。为了扭转这种认识，我们组织职工反复学习了毛主席在《中国农村的社会主义高潮》的序言。毛主席说："**现在的问题，还是右倾保守思想在许多方面作怪，使许多方面的工作不能适应客观情况的发展。现在的问题是经过努力本来可以做到的事情，却有很多人认为做不到。**"毛主席的教导对我们启发很大。同志们把"迈大步"和"慢慢来"的争论，提到路线斗争的高度，提高到是坚持前进还是停滞不前，是坚持革新还是因循守旧的高度上来认识，从而统一了思想。工人同志们说："干革命就是要有一股子闯劲，象'小脚女人'走路那样，是干不出大事业来的。"在党委的领导下，全厂职工积极奋战，终于在五月底提前一个月完成了上半年计划。

革命队伍内部不同思想的对立和斗争是经常发生的，旧的矛盾解决了，又会出现新的矛盾。在成绩面前，又有个别同志提出："弓不可拉满，劲不可使尽"，主张歇口气再干。是乘胜前进还是停止不前，固步自封，这又是出现在我们面前的一个新问题。我们及时组织职工学习了毛主席关于**在无产阶级专政下继续革命和反骄破满的论**

述，提高了思想认识。大家又进一步批判了"克己复礼"，认识到，坚持前进，反对倒退，坚持革新，反对守旧，是坚持不坚持无产阶级专政下继续革命的问题。大家坚决表示，我们只能坚持继续革命，决不搞半截子革命，原先有松口气想法的同志也纷纷表示，我们不能大干一阵子，要大干一辈子。于是，我们提出了"反骄破满，乘胜前进，反松破难，继续革命"的口号，把全厂革命和生产的大好形势又向前推进了一步。

九月份进入"全年任务三季完"的决战阶段，任务大，困难多，是坚决打上去，还是退下来，这时有个别人又吹冷风，说什么："头脑不能太热，不能靠兴奋剂过日子"，主张完成多少算多少。针对这种思想，全厂职工学习了毛主席的军事著作，批判林彪在辽沈、平津两大战役中的右倾机会主义路线。通过学习和批判，明确了在生产上也要敢打"空前未有的大歼灭战"，敢于争上游，敢于攀高峰。大家一鼓作气，日日夜夜，连续奋战，终于夺得了全年任务三季完的胜利。同志们都说："全年任务三季完，不单是生产仗，首先是一场政治仗、思想仗，没有政治思想战线上的胜利，就根本不可能有生产上的胜利。""我们的胜利，是狠批'中庸之道'，坚持斗争哲学，纠正各种错误思想的结果。"

批判林彪的资产阶级军事路线，
提高集中力量打歼灭战的自觉性

经过几年来，学习《矛盾论》，我们逐步学会了在生产和基建工作中，抓住主要矛盾打歼灭战的方法。今年以来，根据我厂的实际情况，我们首先抓了大修炼钢平炉的会战，仅用八天时间，就修造了"争气炉"，提高效率十几倍。在这一胜利的带动和促进下，各车间、各科室也纷纷打"争气仗"，出现了今年的第一个生产高潮。接着，我们又以金工车间为重点，组织大上快上的第二个高潮，在五月份创造了产值、钢水、铸钢件、铸铁件、机械产品六项历史同期最高水平。

八月下旬，我们根据中央〔1974〕23号文件的指示精神，开始组织广大职工学习毛主席的十一篇军事著作，批判林彪资产阶级军事路线。通过学习和批判，我们剥掉了林彪在军事上的画皮，认清了林彪资产阶级军事路线的反动本质，认清了林彪资产阶级军事路线同他的反革命修正主义政治路线的内在联系，进一步提高了广大干部和群众的阶级斗争、路线斗争觉悟。同时，我们还深深体会到，毛主席的军事著作，是毛主席运用唯物辩证法，科学地总结中外革命战争的经验而写出来的，是光辉的军事著作，也是我们学习辩证唯物主义和历史唯物主义的宝库。我们要通过学习毛主席的军事著作，批判林彪的资产阶级军事路线和林彪的唯心主义形而上学的战略战术思想，吸取经验教训，学会在一切工作中运用唯物论和辩证法。根据这一认识，联系我厂生产和基建的实际，我们进一步认识到，在生产斗争中也必须善于抓主要矛盾，善于运用"集中优势兵力打歼灭战"的方法。

九月份是我厂"全年任务三季完"的决战阶段。一至八月份只完成了全年计划的百分之八十一，还有百分之十九，需在九月份拿下，也就是说必须拿下去年平均月产量的二点七倍。这一仗怎么打？能不能打胜？我们认真学习了毛主席军事著作，以毛主席关于从战争的全局出发，唯物主义地估量形势、集中优势兵力打歼灭战的思想为武器，批判了林彪的主观唯心地估量形势，过高估计敌人的力量，过低估计人民的力量，不敢和敌人决战的罪行；批判了林彪不顾全局，妄图占山为王，搞封建割据，投机取胜的罪行；批判了林彪贪生怕死，只想把敌人赶跑，打得不偿失的击溃战、消耗战的罪行，从而坚定了广大群众敢打必胜的信心。大家联系实际认真分析了生产的形势：当时冷加工车间完成年计划还有把握；而热加工车间，特别是铸钢车间则因为炉料供应、设备和其它问题，任务完成得不够理想。如果这方面不来个大飞跃，"全年任务三季完"就有可能落空。于是，党委下决心集中力量在炼、铸、锻热线上打歼灭战。为此，成立了夺钢、保锻两个前线指挥部，抽调科室干部一百多人到生产第一线参加劳动，帮助工作。同时又向全厂发出"紧急动员起来，决战九月份，誓保全年任务三季完"的号召，提出各单位都要为冶炼铸锻热线开绿灯。在全厂职工的一致努力下，九月份铸钢和锻压两个车间都创造了历史上月产的最高记录，保证了"全年任务三季完"的全面胜利。我们就是这样，运用毛主席的军事思想指导生产，抓住各个时期的主要矛盾，集中优势兵力打歼灭战，使生产大大加快了步伐。广大职工深有感触地说："毛主席的军事思想威力无穷，运用它打击敌人，敌人就被歼灭；运用它指导生产，生产就大步向前"。

一年来，我厂在批林批孔运动中，在中央首长的亲切关怀下，在市委和局党委的领导下，革命和生产形势发生了很大的变化。这个变化是深入批林批孔，狠抓上层建筑意识形态领域革命的结果，是学习马列和毛主席著作，用马列主义、毛泽东思想武装全厂职工头脑的结果。在毛主席革命路线指引下，在批林批孔运动的推动下，生产大幅度上升，使我厂沿着社会主义革命大道迈开大步前进了。

我厂在批林批孔运动中虽然取得了一些成绩，但和兄弟单位比，差距还很大，特别是我厂领导班子差距更大，我们学习马列和毛主席著作还钻得不深，运用上也不够自觉。我们决心在批林批孔运动中，进一步提高认真读书的自觉性，在学习和批判上用力气，通过刻苦攻读马列和毛主席著作，批判林彪反革命修正主义路线和孔孟之道，带动生产和各项工作，进一步改变我厂的面貌。

以上汇报，不当之处，请批评指正。

会议典型材料之三

认真学习毛主席军事著作
深入批判林彪的资产阶级
军 事 路 线

宝坻县林亭口公社小靳庄大队

天津市学习马列和毛主席著作经验交流会

会议秘书处　　　　　　　　　一九七四年十二月

认真学习毛主席军事著作
深入批判林彪的资产阶级军事路线

在批林批孔运动普及、深入、持久发展的大好形势下，我们小靳庄大队在贯彻中央〔1974〕23号文件的过程中，以政治夜校为阵地，根据《红旗》杂志第九期短评《认真学习毛主席的军事著作》和中央领导同志的指示精神，组织干部、民兵和群众，系统地学习了毛主席在解放战争时期的十一篇军事著作。在学习过程中，我们深刻领会毛主席军事思想、军事路线的精神实质，深入地开展了对林彪资产阶级军事路线的批判，进一步剥掉了林彪"一贯紧跟"、"天才军事家"、"常胜将军"的画皮，揭露了他的反革命修正主义路线的极右实质。我们深深体会到，只有认真学，才能深入批。而学习和批判深入下去了，也才能更好地联系实际，推动抓革命、促生产、促工作、促战备，赢得更大的胜利

只有认真学　才能深入批

我们小靳庄大队的干部、民兵和群众，在党中央的亲切关怀下，在市委的正确领导下，批林批孔一直是不断胜利发展的。批判林彪资产阶级军事路线的战斗打响以后，全村动员起来，人人踊跃上阵，个个投入革命大批判。政治夜校里，田间地头上，家家户户，街头巷尾，到处摆开了批判的战场。在形式上也是多种多样：口头批，文字批，

用快板、大鼓书、诗歌等文艺的战斗武器批。我们还画了大地图,边讲边批。又请参加过辽沈、平津两大战役的老干部、老民兵用亲身经历批。很快形成高潮,一浪高过一浪。理论骨干、政治夜校辅导员王灭孔同志,写批判稿、批判的诗歌,经常是战斗到深夜。基干民兵魏永胜,拿笔做刀枪,连续作战,写了诗歌四首、快板三首、大鼓书四篇,批判林彪干扰毛主席军事路线,破坏毛主席战略部署的罪行。女基干民兵于芳写诗说:

> 箭杆河边卷狂涛,万丈激浪冲云霄。
>
> 地头召开批判会,口号阵阵起风暴。
>
> 起风暴,批林彪,满腔怒火胸中烧。
>
> 狠狠批,刀出鞘,直捣林彪黑心巢。

批判林彪资产阶级军事路线的高潮轰轰烈烈地开展起来了,怎样因势利导,引向深入呢?在分析形势的时候,我们发现,高潮虽然掀起来了,但在批判中有相当一部分人,对林彪资产阶级军事路线的实质,揭得不深,批得不透;有的甚至只是停留在义愤上,上升不到理论认识的高度;还有个别同志,对批判林彪资产阶级军事路线的重大意义认识不清,说:"咱是种庄稼的,懂什么军事?批判林彪资产阶级军事路线是部队的事,咱们抓住'克己复礼'批深批透就行了。"我们认识到,这些都是把批判引向深入必须解决的问题。

正在这时,中央领导同志指示我们,要一篇一篇地学习毛主席在解放战争时期的军事著作,《红旗》杂志也发表了《认真学习毛主席的军事著作》的短评,部队还派同志来帮助我们开展学习和批判。在上级党委的领导下,在部队同志的帮助下,我们组织干部、民兵和群众认真学习、讨论中央领导同志的指示和《红旗》杂志的短评,一致认识到,只有认真学习毛主席的军事著作,才能把对林彪资产阶级军事路线的批判引向深入。

为了使所有的干部和群众都认清刻苦学习毛主席军事著作，深入批判林彪资产阶级路线的重大意义，我们首先引导大家弄清林彪资产阶级军事路线和他的政治路线的关系。我们请部队同志作辅导，联系林彪破坏两大战役的罪恶事实，展开讨论，使大家认识到，任何军事路线都是为政治路线服务的。在解放战争时期，毛主席不仅为我党、我军和全国人民制定了打倒蒋介石，解放全中国，建立无产阶级领导的人民大众的新民主主义的国家的政治路线，而且，还制定了为这条政治路线服务的军事路线。而林彪推行资产阶级的军事路线，破坏解放战争，则是为他的右倾机会主义的政治路线服务的。认清了这一点，同志们说："政治、军事一线连，打仗是为建政权。军事上林彪搞破坏，为的是不让人民打江山。"

接着，我们又引导大家认清学习毛主席军事著作和批判林彪资产阶级军事路线的关系。我们通过列表对照，把两大战役中毛主席是怎样指示的，林彪是怎样对抗的，加以分析对比，使大家看到，在解放战争时期，毛主席的军事思想、军事路线，不仅是在同蒋介石反动派的斗争中发展的，而且，也是同林彪资产阶级军事路线斗争中发展的。从而，使大家进一步认识到，毛主席在解放战争时期的军事著作，是毛主席军事思想、军事路线的结晶，是批判林彪资产阶级军事路线的强大理论武器。要批透林彪的资产阶级军事路线，就非学毛主席的军事著作不可。同志们说："打仗要有枪炮子弹，种地要用锄镐镰锨，批判林彪资产阶级军事路线，必须学习毛主席的军事文献。"

提高了对批透林彪资产阶级军事路线重要性的认识，又加深了对学习毛主席的军事著作重要性的认识，就进一步调动了广大群众学习和批判的积极性，有效地把我大队的学习和批判引向了深入。大家以学带批，以批促学。许多同志把学习毛主席军事著作，看作是深批林彪资产阶级军事路线的当务之急。他们在政治夜校里认真学，回到家里还刻苦攻读。下地时有的同志也把《毛泽东选集》第四卷带上，劳动休息时就读一段。去参加社办工程施工的民兵们，挖渠抬土，活那样重，也没有放弃在工间休息时学习，有的晚上在工棚里还攻读到深夜。在学习过程中，理论小组的同志们，为了帮助群众学好，花费了很大力气，编写了《毛主席九篇军事著作内容提要》。他们在夜校里作辅导，通过黑板报向广大群众作宣传，对帮助群众理解毛主席军事著作的基本观点和毛主席军事思想、军事路线的精神实质，起到了积极作用。

学习的深入，推动了批判的深入开展。这时，再批判起来就不是只停在义愤上，而是提到了理性认识的高度。许多同志都能抓住要害，对准林彪资产阶级军事路线的反动实质和他推行资产阶级军事路线的罪恶目的，猛烈开炮。同志们在批判中，一连写出了十一份有分量的批判稿和几百首战斗性很强的诗歌。例如，在批判林彪不相信群众，不依靠群众，不发动群众，不武装群众，疯狂反对毛主席人民战争光辉思想，不敢同敌人进行战略决战的罪行时，王树青写诗说：

贼林彪，学孔孟，"上智下愚"吹得凶，

不见人民回天力，"天才"脑袋倒栽葱。

毛主席，最英明，把咱群众当英雄。

军民团结齐奋战，历史车轮滚滚行！

剥画皮，揭实质，肃清流毒

在群众性的学习、批判高潮出现以后，为了不断引向深入，我们党支部组织干部、民兵和群众，针对林彪及其死党伪造历史，颠倒黑白，贪天之功，大造反革命舆论，在群众中造成的影响，用毛主席的军事思想、军事路线，对解放战争时期的林彪进行了深入的分析解剖，戳穿了他的右倾机会主义的本来面目，剥掉了他"一贯紧跟"、"天才军事家"、"常胜将军"的画皮，进一步认清了他的反革命修正主义路线的极右实质。

第一，深刻领会政治路线和军事路线的关系，以及毛主席亲自制定的党指挥枪的原则，深批林彪右倾机会主义和妄图以枪指挥党的反革命罪行，戳穿林彪右倾机会主义和分裂主义的真面目，剥"一贯紧跟"的画皮。

批林批孔以来，我们庄绝大部分群众通过批"克己复礼"的反动纲领，对林彪妄图篡党夺权、复辟资本主义的滔天罪行有了比较深刻的认识，但也有个别人，对解放战争时期林彪的丑恶面目认识不清楚。这次在学习毛主席军事著作，批判林彪资产阶级军事路线的过程中，我们组织大家集中力量剥他"一贯紧跟"的画皮，较深刻地把这个问题解决了。

我们组织干部、民兵和群众，认真学习毛主席《抗日战争胜利后的时局和我们的方针》、《以自卫战争粉碎蒋介石的进攻》、《关于辽沈战役的作战方针》等著作。通过学习，深刻领会毛主席制定的解放战争时期的政治路线和方针政策、军事路线和战略战术思想，深入批判了林彪的政治路线和军事路线的极右实质。大家认识到，立场、观点和方法不同，对形势的分析和估量也就不同，必然导致两条政治的和军事路线的根本对立。抗日战争即将胜利的时候，毛主席运用马克思主义的立场、观点和方法科学分析形势，为我党、我军和全国人民制定了正确的政治路线和军事路线，以后又随着形势的发展提出了一系列的方针政策和战略战术思想；而资产阶级阴谋家林彪，站在右倾机会主义的立场上，唯心地估量形势，极力追随刘少奇推行"和平民主新阶段"的反动政治路线，要同蒋介石"合作建国"，并且提出了为这条政治路线服务的资产阶级军事路线。我们把这两方面做了鲜明对比。在对比过程中，列了林彪在政治上一贯右倾，在军事上一贯消极避战，干扰毛主席伟大战略部署的罪行，使大家认识到，林彪军事上的右倾是由他政治上的右倾决定的；政治上推行右倾投降主义的路线，是由他一贯站在地主资产阶级的立场上决定的。从而戳穿了他"一贯紧跟"的谎言。

为了把林彪"一贯紧跟"的画皮剥深剥透，我们还组织干部、民兵和群众学习了毛主席《中国人民解放军宣言》、《中国人民解放军总部关于重行颁布三大纪律八项注意的训令》、《关于建立报告制度》等著作。通过学习，深刻领会人民军队的性质和任务，领会毛主席为我军制定的党指挥枪的原则，深入批判了林彪妄图以枪指挥党的罪行。大家列举了林彪在解放战争期间，反对毛主席、党中央领导的事实，揭露了他的罪恶阴谋，认识到，早在解放战争时期，林彪就是一个拉山头、闹分裂的坏家伙。同志们气愤地说：林彪是开倒车的老手，闹分裂的老将。他紧跟的是王明、刘少奇。他一贯反对毛主席的革命路线，同我们跑的是两个方向，两股道！

第二，认清军事思想、军事路线和辩证唯物论的关系，深入领会毛主席的战略战术思想，批判林彪的所谓"六个战术原则"，戳穿林彪"天才军事家"、"常胜将军"的画皮。

在没有深入系统地学习毛主席军事著作，深入批判林彪资产阶级军事路线以前，我们庄上有个别同志错误认为，"林彪政治上反动，打仗还是有两下子"。为了肃清林彪一伙捏造的谎言的流毒和影响，澄清模糊认识，我们党支部组织干部、民兵和群众，运用毛主席的战略战术思想，剥了林彪"天才军事家"、"常胜将军"的画皮。

在剥皮的过程中，我们首先组织大家学习了毛主席《集中优势兵力，各个歼灭敌人》这篇光辉著作和毛主席提出的"十大军事原则"，领会了毛主席军事思想的精神实质。通过学习，大家认识到，毛主席的军事思想，是唯物辩证法在战争中的具体运用，是我军作战经验的科学总结，是以人民战争为基础，以**"集中优势兵力、各个歼灭敌人"**为核心，以**"保存自己消灭敌人"**为目的的，是正确地反映了人民革命战争规律的。伟大领袖毛主席在两大战役中运用这些思想，指挥我军，调动敌军，歼灭敌人的有生力量，取得了一个又一个胜利。大量的事实证明了毛主席的军事思想是我军战胜敌人的法宝，是战无不胜的锐利武器，两大战役正是毛主席军事思想、军事路线的伟大胜利。

进而，我们引导大家用毛主席的军事思想和唯物辩证法，批判了林彪的所谓"六个战术原则"。使同志们看到，林彪用静止、孤立的观点看待战争，把复杂多变的战争情况，僵化为"三种情况三种打法"；把"一点两面"、"三三制"等打击溃战的错误作战方法，当成固定不变的教条。这些，都是彻头彻尾的唯心论和形而上学的大杂烩，这是他妄图用死框子把我军套住，捆住我们的手脚，而把战争的主动权让给敌人。按他这一套去打仗，打的只能是放敌逃跑的击溃战、得不偿失的消耗战。有的同志说："林彪的战术是赶鸭子战术和拚死战术，是名符其实的打败仗战术。"大家清楚地认识到，林彪根本不是"常胜将军"、"天才军事家"，纯粹是"常右将军"、"常帮"蒋军。有的社员写诗批判说：

所谓常胜志常在，不如粪土一锨埋。

自吹天才军事家，实如蠢猪最无才。

还有的写诗说：

　　叛徒贼林彪，死党吹得高。

　　什么常胜将？极右罪难逃！

总结历史经验　指导生产建设

　　认真学习毛主席的军事著作，深刻领会毛主席军事思想、军事路线的精神实质，批判林彪右　机会主义的投降路线和资产阶级军事路线，不仅提高了我们广大干部、　兵和群众的路线斗争觉悟，也使我们认识到，要大上快上农业，要搞好农业生产，这也和打仗一样，也要反掉右倾思想，也要讲求战略战术。

　　在战争中，有右倾保守思想，就不敢斗争，不能胜利，就不敢打大仗，打硬仗。搞农业生产也是一样，右倾保守，就不敢大上快上，就不能大上快上。认识到这一点以后，在今年"三秋"种麦的时候，我们组织干部、民兵和群众，大破了一次保守思想。九月份，我们研究农业生产规划时，在明年夏季拿多少粮、农田基本建设怎样搞等问题上有分歧。有的同志说："市委要求明年全市小麦普遍增产一百斤。咱们今年上了《纲要》，明年拿上五百斤就行了。上多了，困难太大。农田基本建设，在种麦前没有时间去搞，只把园田渠道清理一下就行了。"大多数同志不同意这种意见，而认为，我们要搞社会主义的大农业，就得有迎着困难上的无产阶级英雄气概，只能大上，不能小上，只能快上，不能慢上，只能大干，不能小干。经过讨论，大家一致同意，明年夏收一季坚决拿到六百斤，全年突破千斤关。园田要重新规划，打破以往"三秋"大忙季节不搞农田水利基本建设的老规矩，要在种麦前把麦田的基本建设高标准的搞好。

　　我们按着这个一致的意见，定出了具体实施的规划。但是，在今年"三秋"大忙季节，我们既要搞好秋收、秋耕、秋种，又要同时进行农田水利基本建设，四个仗交织在一起，时间紧，任务重，矛盾大。仗怎么打？劳力怎么安排？一系列的问题摆在面前。我们就运用毛主席关于大打人民战争和**"集中优势兵力、各个歼灭敌人"** 的军事思想，来指导"三秋"战役和农田水利基本建设的开展。

　　我们通过分析认识到，种足种好小麦是"三秋"战役中的关键，是主要矛盾。于是，便集中领导，集中以民兵为主体的优势兵力，重点大抓了种麦。以种麦促秋收，以种麦促秋耕，以种麦促农田水利基本建设，整个"三秋"战役便迅速地铺开了。以民兵为主体的优势兵力，披星戴月，突击作战，首先打了腾茬一仗。紧接着便挖渠垫地，把三百亩种麦的地块开成了高标准的园田，实现了五十米一渠的规划。主力在主要作战方向上步步胜利，各方同时出击，相互大力配合，协同作战推动了整个"三秋"战役的胜利发展。这一战役从九月二号开始，截止十月下旬，就基本胜利结束了，样样任务都完成得又快又好。小麦比往年种得多，种得好，种得快，秋收、秋耕也比往年提前完成。

　　入冬以来，我们又发动群众掀起了更大规模的农田水利基本建设高潮，决心大打人民战争，大干今冬明春，再把一百五十亩高低不平、盐碱较重的白地，建成园田，为明年粮食亩产超千斤再创条件，为落实毛主席**"备战、备荒、为人民"** 的战略方针，作出更大的贡献。

全党注重军事　搞好民兵建设

　　认真学习毛主席的军事著作，深刻领会毛主席的军事思想、军事路线的精神实质，深批林彪的资产阶级军事路线，使我们小靳庄的广大干部、民兵和群众还认识到，**"兵民是胜利之本"**，实行野战军、地方军和民兵三结合的武装力量体制，是毛主席军事思想的重要组成部分。长期以来，林彪在破坏民兵建设上，也犯下了一系列的严重罪行。同志们说：凡是敌人反对的，我们就要拥护。林彪反对我们大办民兵；我们就要办好民兵。

今冬以来，在毛主席军事思想的指引下，我们党支部成员，自觉地克服了过去那种不重视民兵工作，"挂衔不挂心"的倾向，发扬全党抓军事、党管武装的优良传统，经常把民兵工作挂在心上，纳入党支部工作的议事日程，既抓文，又抓武，既议政，又议军。十月下旬，我们党支部和民兵连，一起研究制订了民兵冬季军政训练的计划。支部副书记王荣同志原来对民兵工作过问不多。十一月初，社办工程林新渠开工，分给了我大队四十米长、两千立方土的挖渠任务。为了在斗争实践中锻炼民兵，经支部研究，决定抽四十名民兵组成突击队去参加施工。副书记王荣同志主动承担了带队的任务。在工地上，他和民兵干部一起组织民兵的"学"、"批"、"干"、"练"，带领民兵炼思想，炼意志，炼作风，大干苦干，七天就胜利完成了任务。提前回村后，又发扬连续作战的作风，立即投入了冬季农田基本建设的战斗。

毛主席教导我们："**思想上政治上的路线正确与否是决定一切的。**"深刻领会毛主席的指示，使我们认识到，加强民兵建设，最重要的是在抓好组织落实的前提下，加强对政治工作的领导，坚持不懈地组织广大民兵学习马列、毛主席著作，深入、持久地进行阶级教育和路线教育。抓了这个根本，民兵的阶级斗争、路线斗争和继续革命的觉悟就能不断提高，民兵队伍就能不断巩固和发展，在三大革命运动中就能充分发挥战斗队、生产队、工作队的作用；不抓这个根本，政治工作不落实，民兵就有其名，无其实。因此，在制定今冬民兵军政训练计划时，我们特别强调了摆正政治和军事的关系，坚定不移地把思想和政治路线方面的教育放在了首位。同时，我们学习上海搞好民兵建设的新鲜经验，还特别重视了把民兵放在阶级斗争和路线斗争的第一线，让他们参加社会的阶级斗争，经风雨，见世面，在斗争中提高三大觉悟。我们让民兵们担负治安保卫任务，保卫批林批孔运动，保卫群众利益；还组织民兵宣传马列主义、毛泽东思想，带头批判资产阶级，主动向剥削阶级的意识形态进攻，既打文仗，又打武仗，在斗争中不断锻炼、改造、建设民兵。

民兵在我们大队一直是一支很活跃的力量，是我们党支部开展各项工作的左膀右臂。今年冬天，我们进一步加强了民兵建设，使我们小靳庄更战斗化了，更加生机勃勃了。现在，每天清晨，只要军号一响，民兵们便集合起来进行军政训练。民兵们写诗抒发战斗的豪情说：天刚破晓东方红，军号嘹亮震长空。五尺钢枪背在身，披着朝霞去练兵。学政治，炼思想，学军事，练硬功。五洲风云脚下踩，胸怀朝阳打冲锋。

以上汇报的是我们小靳庄大队学习毛主席的军事著作，批判林彪资产阶级军事路线的一些收获和体会。我们学得还不够好，批得还不够深，与领导的要求，和先进兄弟单位相比，还有很大的差距。我们决心借这次大会的东风，更加自觉地把注意力放在学习和批判上，把批林批孔运动普及、深入、持久地开展下去，发展大好形势，争取更大的胜利。

会议典型材料之四

我们是怎样学习《帝国主义是资本主义的最高阶段》进行批林批孔的

中共河西区委学习中心组

天津市学习马列和毛主席著作经验交流会

我 们 是 怎 样 学 习
《帝国主义是资本主义的最高阶段》
进 行 批 林 批 孔 的

遵照毛主席关于**"认真看书学习，弄通马克思主义"**的教导，在批林批孔斗争中，我们认真学习了列宁的光辉著作《帝国主义是资本主义的最高阶段》。（下面简称《帝国主义论》）

我们对学习《帝国主义论》，如何联系批林批孔，经历了一个由不大自觉到比较自觉的过程，是在学习中逐步提高认识得到解决的。开始，有的同志认为，这部书写在五十多年前，说的都是帝国主义的问题，既没有孔老二、林彪的名字，也找不到批判"克己复礼"、"中庸之道"的字眼，和批林批孔没有多大关系，学了也用不上。有的同志说，批林批孔运动这么紧张，哪有时间学《帝国主义论》，不如多学点批林批孔材料解渴。还有的同志要求市委作学习《帝国主义论》联系批林批孔的辅导报告，向上级要精神，要样板。当时，学习中存在着学不进，联不上的现象。

针对上述存在的问题，我们在中心组内组织学习了毛主席关于不但应当了解革命导师**"研究广泛的真实生活和革命经验所得出的关于一般规律的结论，而且应当学习他们观察问题和解决问题的立场和方法"**以及把研究理论、研究历史、研究现状紧密结合起来的有关教导，对学习《帝国主义论》如何联系批林批孔得到了新的启示。大家认识到，学习革命理论，不应当只是从马列的书中寻找自己所需要的词句，去死搬硬套和简单对号，而主要是从中学习和掌握马克思主义的立场、观点、方法。只有真正掌握了马克思主义的立场、观点和方法，才能在实际斗争中正确分析问题、解决问题，也才能解决学习《帝国主义论》如何联系批林批孔的问题。由于提高了认识，端正了学风，大大增强了学习的劲头。许多同志越学越感到这部光辉著作重要，不仅是划时代的马列主义的光辉文献，也是批林批孔的强大思想武器。

我们在学习《帝国主义论》的过程中，着重学习和运用了列宁以下几个基本观点来进行批林批孔：

一、学习列宁关于从自由资本主义发展到帝国主义，"帝国主义是无产阶级社会革命的前夜"的论述，加深对帝国主义必然灭亡，社会主义必然胜利的客观规律的认识，联系批判林彪、孔老二开历史倒车，推行"克己复礼"的反动路线

列宁在《帝国主义论》中，深刻地分析了帝国主义的特征、本质和基本矛盾，揭示了资本主义发展到帝国主义和帝国主义必然被社会主义所代替的客观规律，作出了帝国主义是垄断的资本主义，是寄生的或腐朽的资本主义，是垂死的资本主义，是无产阶级社会革命前夜的科学论断。在帝国主义时代，无产阶级及其政党的任务，就是按照社会历史发展的规律，领导广大劳动人民进行社会主义革命，推翻垄断资产阶级的反动统治，建立无产阶级专政，彻底摧毁资本主义的经济基础及其上层建筑，解放生产力，推动社会不断地向前发展。

可是，第二国际的叛徒考茨基，极力推行一条反革命修正主义路线，极力否认帝国主义是资本主义发展的一个必然阶段，而把帝国主义说成是金融资本"情愿采取"的一种政策。他站在垄断资产阶级一边，劝说金融资本家改变这种政策，不要用暴力去侵占领土，而要依靠单纯的经济因素的作用去扩大对国外的剥削。他说什么"资本主义扩大的愿望"最好通过和平民主来实现，也就是通过自由竞争来实现。考茨基的这一套，就是掩盖帝国主义的本质，否认资本主义发展为帝国主义和帝国主义必然被社会主义所代替的客观规律，取消无产阶级革命，以维护反动没落腐朽的资本主义制度。所以列宁一针见血地指出：**"考茨基在金融资本时代维护'反动理想'，维护'和平的民主'和'单纯的经济因素的作用'，从而背离了马克思主义，因为这个理想在客观上是开倒车，是从垄断的资本主义倒退到非垄断的资本主义，是一种改良主义的骗局。"**

通过学习列宁批判考茨基开历史倒车的有关论述，使我们认识到这样一个马克思主义的真理，即判断一条路线是革命的还是反革命的，不是看它用什么漂亮的词句来伪装，而是要看它是否符合社会发展的客观规律，看它是推动人类历史前进，还是开历史的倒车。我们用这个马克思主义的观点来分析批判林彪和孔老二"克己复礼"的反动路线，认清了这条路线违背社会发展规律，妄图开历史倒车的极右实质。两千多年前，在我国由奴隶制向封建制过渡时期，孔老二抗拒历史发展规律，打起"兴灭国，继绝世，举逸民"的破旗，推行"克己复礼"的反动路线，妄图维护腐朽没落的奴隶制。林彪在社会主义制度已经确立的中国，把"克己复礼"　复辟资本主义当做万事中最大的事，妄图拉历史大倒退，把社会主义的新中国拉回到半殖民地半封建的旧中国，这是更大的倒退。通过学习和批判，使我们认识到，考茨基同孔老二相距两千年，考茨基与林彪相隔万里，但他们都是逆社会潮流而动的反动派、开历史倒车的小丑。因为他们都是腐朽没落阶级的代表，有着共同的反动本质，也都遭到同样可耻的下场。

通过学习和批判，还使我们认识到，帝国主义必然灭亡，社会主义必然胜利，这是一条不以人的意志为转移的客观规律。只有认识和掌握这条历史发展的客观规律，才能正确地执行一条正确的革命的路线，从而加深了对党的基本路线的理解。毛主席全面总结了国内外无产阶级专政正反两个方面的历史经验，深刻分析了我国社会主义历史时期阶级斗争的规律和特点，提出了无产阶级专政下继续革命的理论，并为我们党制定了整个社会主义历史阶段的基本路线。这条基本路线反映了社会主义社会发展的客观规律，反映了无产阶级和劳动人民的根本利益和愿望。只有坚持党的基本路线，才能巩固无产阶级专政，防止资本主义复辟，进行社会主义建设，把社会主义革命事业进行到底。

二、学习列宁批判考茨基掩盖帝国主义的基本矛盾，宣扬阶级调和谬论的论述，联系批判林彪、孔老二鼓吹的"中庸之道"，坚持马克思主义的斗争哲学

历史唯物主义认为，社会的发展，是由社会的基本矛盾推动的。列宁在《帝国主义论》中深刻地分析了帝国主义的各种矛盾，强调指出，从自由资本主义发展到帝国主义，不仅没有消除资本主义固有的各种矛盾，却使其一切矛盾更加尖锐化，达到了空前的程度。无产阶级及其政党应该揭露帝国主义的矛盾，促使这些矛盾充分激化，爆发

无产阶级革命。无产阶级的叛徒考茨基为了挽救帝国主义的灭亡，抛出了臭名昭著的"超帝国主义论"。列宁指出：考茨基的"超帝国主义论"，**"就是拿资本主义制度下可能达到永久和平的希望，对群众进行最反动的安慰，其方法就是使人们不去注意现代的尖锐矛盾和尖锐问题，而去注意某种所谓新的将来的'超帝国主义'的虚假前途。"**通过学习列宁对考茨基"超帝国主义论"的批判，使我们认识到，这个谬论的要害就是掩盖帝国主义各种矛盾的深刻性和产生革命危机的必然性，鼓吹阶级调和，散布和平幻想，麻痹人民的革命斗志，取消革命，为帝国主义效劳。

学习列宁批判考茨基掩盖矛盾、鼓吹阶级调和谬论的论述，我们联系批判了林彪和孔老二鼓吹的"中庸之道"。孔老二的所谓"中庸之道"，就是抹杀矛盾，反对变革，反对社会前进，鼓吹折中调和，否定被压迫人民的革命斗争。林彪胡说什么"两斗皆仇，两和皆友"，并且把党内的路线斗争诬蔑为"搜索斗争对象"，"制造矛盾"，以"莫须有的罪名整人"。他还攻击我们的反修斗争是"整苏联"，"斗绝了"，"做绝了"。很明显，林彪宣扬这些谬论的罪恶目的，就是妄图抹杀和取消当前国内外极其尖锐和复杂的阶级斗争。通过学习和批判，使我们清楚地看到，回避矛盾、掩盖矛盾，鼓吹阶级调和，是中外一切反动派和机会主义的头子共同特点之一。不少同志深有感触地说，过去由于受刘少奇、林彪"阶级斗争熄灭论"的影响，对社会主义时期阶级矛盾、阶级斗争和党内两条路线斗争的长期性、复杂性缺乏认识，不能很好地用阶级和阶级斗争观点观察和分析问题，把阶级斗争的时起时伏，往往看成时有时无，总希望一次路线斗争的胜利能够一劳永逸。因此，每出现一次大的路线斗争，都感到吓一跳，吃一惊。我们还进一步认识到，矛盾、斗争、发展，这是事物的客观规律。我们无产阶级革命者的任务，就是要揭露矛盾，解决矛盾，坚持斗争，促使矛盾朝着有利于革命的方向转化。如果回避矛盾，不坚持斗争，我们的思想就会僵化，退化，就有跌入修正主义泥坑的危险。我们一定要坚持马克思主义的斗争哲学，与天斗，与地斗，与帝修反斗，与旧的传统观念斗，坚持毛主席的革命路线，把社会主义革命进行到底。

三、学习列宁揭露考茨基两面派手法的论述，联系批判林彪、孔老二大搞阴谋诡计的罪行，不断增强认真看书学习的自觉性，提高识别真假马克思主义的能力

列宁在《帝国主义论》中，对考茨基的反革命两面派手法进行了深刻的揭露和批判。考茨基在"正统"的马克思主义伪装下，打着批判帝国主义的旗号，把帝国主义的侵略和战争政策同帝国主义的经济基础割裂开来，只批评帝国主义的政策，而丝毫不触及决定帝国主义政策的经济基础，这充分表明考茨基对帝国主义是假批真保护，小骂大帮忙。考茨基口头上反对帝国主义的兼并政策，但恰恰把德国兼并亚尔萨斯——洛林的事实掩盖起来。在第一次世界大战以前，他伪装革命，表示反对帝国主义战争，并在巴塞尔宣言上签了字，但是大战刚爆发，他就立即背叛人民，转向帝国主义一边，极力支持这场非正义战争，成了地地道道的社会沙文主义者。列宁对考茨基这种无耻行径和伪善面孔，给予无情地揭露，指出："**这个理论的著名代表和第二国际的著名权威考茨基，就是头号伪君子和糟踏马克思主义的能手**"。

在学习中，我们运用列宁揭露考茨基两面派行为的科学方法，对照批判了林彪、孔老二大搞阴谋诡计的反革命权术。孔老二口头上念念不忘什么"仁者爱人"，可是上台不久就杀害了革新派人士少正卯。他背后咒骂奴隶起义的领袖柳下跖为"天下害"，可是，当着柳下跖的面，又是鞠躬，又是作揖。他口口声声说不想作官，可是三个月没有作官就惶惶不可终日。资产阶级野心家、阴谋家林彪集古今中外一切反动派的反革命策略之大成，长期以来，他把自己打扮成一个"志壮坚信马列"的英雄，实际上是孔孟的忠实信徒、马克思主义的凶恶敌人。他明明反对毛主席、反对毛泽东思想，却表面上高喊"高举"、"紧跟"；他明明要急于抢班夺权，阴谋复辟，嘴里却说什么"自己不称职，随时准备交权"，他明明是吃人的豺狼，却装出"面带二分笑"。真是一个"语录不离手，万岁不离口，当面说好话，背后下毒手"的典型的伪君子。

通过学习和批判，使我们进一步认识到历史上的一切反动派和机会主义的头子，在政治上搞倒退，在思想上搞唯心主义，必然在组织上搞分裂，在策略上大搞阴谋诡计。他们反革命的策略，是为其反动的政治路线服务的。

"马克思主义在理论上的胜利，**逼得它的敌人装扮成马克思主义者，历史的辩证法就是如此**。"特别是在无产阶级专政条件下，阶级敌人的反革命手法更加隐蔽，伪装得更加巧妙，具有更大的欺骗性。因此，我们只有坚持认真看书学习，弄通马克思主义，不断提高识别能力，才能识破阶级敌人的各种伪装，划清马克思主义同修正主义的界限，划清正确路线同错误路线的界限。不少同志在总结自己的经验教训时，深有感触地说，在文化大革命以前，由于没有认真看书学习，只埋头拉车，不抬头看路，结果上了刘少奇的当，偏离了毛主席的革命路线；在文化大革命当中，又由于没有认真看书学习，路线觉悟不高，对林彪一类骗子推行的修正主义路线，不能自觉抵制，认假作真。历史经验和现实斗争告诉我们，只有认真看书学习，弄通马克思主义，才能坚定不移地执行毛主席的革命路线，做好革命工作；才能提高识别能力和批判能力，对林彪反革命修正主义路线和反动的孔孟之道进行彻底的批判，才不致被阶级敌人制造的种种假象所迷惑，透过表面现象，看到问题的实质，在复杂、激烈的路线斗争中始终站在正确路线一边，永远立于不败之地。

四、学习列宁关于帝国主义五大经济特征和三大矛盾的论述，认清了时代没有变，帝国主义的本性没有变，增强了战备观念，加强了战备工作

列宁在《帝国主义论》中，全面地论述了帝国主义的五大经济特征，在此基础上深刻地分析了帝国主义之间、帝国主义国家的无产阶级同资产阶级之间、帝国主义同殖民地半殖民地之间的矛盾。这三大矛盾的存在和发展，决定了帝国主义和无产阶级革命时代的性质和特征。

通过学习列宁关于帝国主义五大经济特征和三大矛盾的论述，使我们进一步认清了当前仍然是帝国主义和无产阶级革命的时代。半个多世纪以来，世界形势发生了翻天覆地的变化，但是帝国主义的五大经济特征和三大矛盾没有变。今天"天下大乱"的形势，资本主义世界经济危机、能源危机、政治危机的日益加深，正是列宁分析的五大经济特征和三大矛盾进一步激化的集中表现。

在学习中，联系国际共产主义运动史，使我们认识到，时代问题历来是马克思主义同修正主义斗争的一个重大原则问题。考茨基借口所谓"经济发展中的新材料"，宣扬"超帝国主义"的时代；苏修叛徒集团胡说现在是"和平共处时代"，"谈判时代"，"核武器时代"；林彪也胡说我们的时代"和列宁的时代不同"，"时代变了"。在时代问题上，不管新老修正主义者抛出多少花样翻新的谬论，其共同目的，就是歪曲帝国主义和无产阶级革命时代的基本特征，抹杀帝国主义的基本矛盾，宣扬马列主义"过时"论，从而"修正"马克思列宁主义的根本原理，贩卖修正主义的黑货。

通过学习列宁对时代和帝国主义实质的分析，使我们进一步认清了帝国主义的本性就是侵略，就是掠夺，就是争霸。只要帝国主义存在，战争就是不可避免的。我们联系批判了叛徒、卖国贼林彪疯狂破坏战备工作的罪行。他极力散布"战争恐惧论"，诬蔑我们的战备工作是"劳民伤财，挖洞有害，自掘坟墓"。其罪恶目的就是破坏战备工作，为投靠苏修，卖国投降大造反革命舆论。通过学习和批判，我们加深了对毛主席关于"**备战、备荒、为人民**"，"**深挖洞、广积粮、不称霸**"伟大方针的理解，增强了战备观念。为了防备帝国主义特别是苏修社会帝国主义的突然袭击，我们对全区广大干部群众，进一步加强了战备教育，树立常备不懈的思想，组织全区人民认真做好战备工作。

通过学习，我们还进一步增强了把中国革命和世界革命进行到底的决心和信心。在国内，就是要坚定不移地贯彻执行党的基本路线，批判资产阶级，批判修正主义，批判一切反动没落阶级的意识形态，不断巩固和加强无产阶级专政，防止资本主义复辟，抓革命，促生产，促工作，促战备，把社会主义革命和社会主义建设进行到底。在当前，特别是要把批林批孔运动普及、深入、持久地开展下去。我们不仅要努力把中国的事情办好，还要争取对人类作出较大的贡献。我们决心坚决贯彻执行毛主席的革命外交路线，同全世界被压迫人民和被压迫民族结成最广泛的统一战线，反对美苏两个超级大国的霸权主义和强权政治，把反对帝国主义、社会帝国主义和各国反动派的斗争进行到底。

五、学习列宁关于反帝必反修的有关论述，加深对批林批孔运动目的、性质、意义的理解

列宁在《帝国主义论》中，深刻地分析了帝国主义和修正主义的必然联系，揭示了修正主义产生的根源。列宁指出，帝国主义腐朽性的一个重要表现，就是垄断资产阶级用垄断高额利润**"收买无产阶级上层，从而培植、形成和巩固机会主义。"**在讲到资产阶级思想影响时，列宁说：**"帝国主义的意识形态也渗透到工人阶级里面去了。工人阶级和其他阶级之间，并没有隔着一道万里长城。"**毛主席在论述修正主义产生的原因时发展了列宁的思想，指出：**"资产阶级影响的存在，是修正主义的国内根源。屈服于帝国主义的压力，是修正主义的国外根源。"**通过学习，使我们认识到，只要国内还存在着阶级、国际上还存在着帝国主义和社会帝国主义，产生修正主义的基础就依然存在，我们绝不能放松警惕，麻痹自己。

列宁在《帝国主义论》中，深刻分析了修正主义的危害性，指出：修正主义是**"资产阶级在工人运动中的真正代理人，是资本家阶级在工人中间的帮办，是改良主义和沙文主义的真正传播者。"**它能起到帝国主义分子所不能起到的作用。正像列宁所指出的：**"反对帝**

国主义的斗争如果不同反对机会主义的斗争紧密地联系起来，那只是一句空话或欺人之谈。"象考茨基、林彪之类的机会主义头子，总是要为帝国主义涂脂抹粉，并且寻找帝国主义、社会帝国主义作后台老板；而帝国主义和社会帝国主义，也都必然要到共产党里来找他们的代理人，以达到破坏革命的目的。我们党内两条路线斗争的经验，特别是建国以来四次重大路线斗争的经验证明，不反对修正主义，就不能彻底战胜国内被打倒的地主资产阶级；不反对修正主义，就不能赢得反对帝国主义斗争的胜利。毛主席亲自发动和领导的无产阶级文化大革命，粉碎了刘少奇、林彪为头子的两个资产阶级司令部，是对国内外阶级敌人的一次沉重打击，也是发动亿万革命人民进行反修防修的一次伟大实践。因此，"这次无产阶级文化大革命，对于巩固无产阶级专政，防止资本主义复辟，建设社会主义，是完全必要的，是非常及时的。"

当前正在深入开展的批林批孔运动，是无产阶级文化大革命的继续，是在上层建筑领域里马克思主义战胜修正主义，无产阶级战胜资产阶级的政治斗争和思想斗争。孔孟之道是历代反动阶级统治奴役中国人民的精神支柱，也是帝国主义、修正主义奴役中国人民的思想武器，也是林彪反革命修正主义路线的主要思想来源。所以，反帝必反修，反修必反孔，不反孔，反修就不彻底，防修就没有保证。孔孟之道在中国流传了几千年，渗透到上层建筑意识形态的各个领域，要彻底清除它的流毒和影响，必须经过长期、反复的斗争。消灭剥削阶级的意识形态比消灭生产资料的私有制还要困难得多。认识到这一点，就加深了我们对于批林批孔运动伟大意义的理解，进一步认识到意识形态领域里阶级斗争的长期性、艰巨性和复杂性。有的同志说，"要做到两个最彻底的决裂，必须深入开展批林批孔。"有的老同志说，

"我虽然参加革命几十年，但头脑中孔孟之道的流毒影响还没有彻底肃清。资产阶级的垄断高额利润虽然收买不了我们，但是资产阶级的思想有可能腐蚀我们的头脑。如果放松了思想改造，就可能滑到修正主义道路上去。因此，必须坚持继续革命，活一辈子，改造一辈子。"有的青年同志说，"党和人民把我们提拔到领导岗位上来，这是培养革命接班人，反修防修的战略措施。我们的地位变了，职务变了，反修防修的思想不能变。"

在提高认识的基础上，我们认真贯彻执行毛主席为我党制订的反修防修的各项措施。一方面，狠抓常委一班人的看书学习，不断提高阶级斗争、路线斗争觉悟，加速世界观的改造。同时，狠抓意识形态领域里的阶级斗争，加强对批林批孔运动的领导。我们分头下去蹲点，深入基层，注意听取群众的意见，分析运动的形势，掌握指导运动的主动权，不断解决运动中出现的"松劲"、"畏难"、"差不多"等错误思想。为了把反修防修的斗争进行到底，我们还狠抓了理论队伍的培养和建设。目前，全区已有理论研究小组一千一百多个，参加人数一万一千一百五十三人。他们在批林批孔和抓革命、促生产的斗争中发挥了骨干的作用。另一方面，我们还注意了在斗争实践中培养和造就革命接班人，把大批优秀的青年同志选拔到各级领导岗位上来，加强和巩固了各级老、中、青三结合的领导班子。为了不脱离群众，我们坚持了干部参加集体生产劳动的制度。常委还轮流到干校参加劳动锻炼。

总起来说，通过这一段学习《帝国主义论》，运用这部光辉著作的基本原理来回答当前两个阶级、两条路线斗争中提出的问题，使我们深深地体会到，认真看书学习，刻苦攻读马列著作和毛主席著作，这是把批林批孔运动推向深入的关键。我们学习马列著作和毛主席著作，联系批林批孔，这仅仅是开始。今后，我们决心遵照毛主席关于

"**坚持数年，必有好处**"的教导，刻苦攻读马列和毛主席著作，努力改造世界观，把批林批孔运动普及、深入、持久地开展下去。

以上发言，如有不妥，请领导和同志们批评指正。

会议典型材料之七

紧密结合批林批孔运动
做好经常性的思想政治工作

中共天津市胶管厂总支委员会

天津市学习马列和毛主席著作经验交流会

会议秘书处   一九七四年十二月

紧密结合批林批孔运动
做好经常性的思想政治工作

今年二月以来，我们遵照毛主席、党中央的指示，广泛、深入、细致地发动群众，轰轰烈烈地开展了批林批孔运动。在批林批孔运动中，全厂干部和群众，认真学习《哥达纲领批判》、《帝国主义是资本主义的最高阶段》、《关于正确处理人民内部矛盾的问题》等马列和毛主席著作，深入批判林彪反革命修正主义路线和反动没落阶级的意识形态孔孟之道，使大家的阶级斗争、路线斗争和继续革命的觉悟不断提高。特别是在中央领导同志视察天津，全市推广天津站、小靳庄的经验以后，我厂的批林批孔进入了一个新的阶段。我们学习小靳庄，办起了政治业校，系统学习马列著作和毛主席著作。我们学习天津站，开展了研究和宣讲儒法斗争史和整个阶级斗争史的活动，总结历史经验，推动现实斗争。我们学习毛主席九篇军事著作，深批林彪的资产阶级军事路线。到目前，我们已编出了一套儒法斗争史讲稿，一套儒法两家军事思想资料，一个批判《弟子规》的，题目叫《工人革命志》的小册子，一套反动谚语的批注材料，另外，还正在编写劳动人民斗争史和评价《盐铁论》的文章。批林批孔运动的普及、深入、持久的发展，有力地推动了生产和各项工作。全厂提前三十天完成了今年的总产值计划，生产水平比去年提高了百分之八以上，进一步发展了革命和生产的大好形势。

今天，在这里，想着重汇报一下，我厂认真看书学习，深入批林批孔的一个侧面。就是在批林批孔运动中，怎样结合这个中心开展经常性的思想政治工作，以及这样做有些什么好处？

（一）

在批林批孔运动中，还要不要做经常性的思想政治工作？起初，我们对这个问题认识是不明确的。在一部分领导成员中，存在两种模糊认识：有的认为，轰轰烈烈的批林批孔运动，猛烈冲刷着修正主义、资产阶级和一切反动没落阶级的意识形态，用不着再搞什么经常性的思想政治工作。还有的认为，当前的斗争大方向是批判林彪、孔老二，在这种情况下，还去抓群众中的经常性的思想政治工作，就会"干扰"斗争大方向。当时，我们也拿不定主意。于是，召开了不同类型的座谈会，广泛听取群众意见。许多老工人提出：批林批孔是全党、全军、全国人民的头等大事，当然要摆在首位，作为中心，必须大力抓紧抓好；但是，这并不是说就不应该结合批林批孔做好经常性的思想政治工作；如果对人民内部的一些思想问题不注意解决好，也会影响批林批孔和抓革命促生产。

老工人的意见，使我们受到很大启发。我们又反复学习了毛主席、党中央关于批林批孔的一系列指示和毛主席关于加强思想政治工作的教导。通过学习，我们认识到：批林批孔运动是上层建筑领域里马克思主义战胜修正主义、无产阶级战胜资产阶级的政治斗争。同时，它也是一场广泛、深入的马克思主义教育运动。这场斗争的根本目的，是使广大干部和群众用马列主义、毛泽东思想武装头脑，批判资产阶级，批判修正主义，提高人们的阶级斗争、路线斗争和继续革命的觉悟，巩固无产阶级专政，防止资本主义复辟，推进社会主义建设。而经常性的思想政治工作也离不开这个根本目的。因此，这两者是一致的，而不是矛盾的，更不是对立的。批林批孔斗争，由于它是亿万人民群众参加的伟大的政治斗争和思想斗争，所以能够更有力地、更迅速地提高人们的觉悟，同时也为做好经常性的思想政治工作打下良好基础。而经常性的思想政治工作，由于它有细致的一面，所以把它做好了，又有助于批林批孔运动向普及、深入、持久的方向发展，并且可以扩大和巩固批林批孔运动的思想成果。至于会不会干扰斗争大方向，这个问题，取决于两点：第一，是不是坚持把批林批孔作为中心，并且摆在第一位。如果坚持把批林批孔摆在第一位，并且结合这个中心去开展经常性的思想政治工作，那就不仅不干扰斗争大方向，而且有利于批林批孔运动普及、深入、持久地发展。第二，是不是严格区分和正确处理两类不同性质的矛盾。如果混淆了两类不同性质的矛盾，不仅经常性的思想政治工作会干扰斗争大方向，而且批林批孔本身也同样会偏离斗争大方向。因此，我们一致认为，要在坚持搞好批林批孔的前提下，密切结合批林批孔，抓好经常性的思想政治工作，用来保证批林批孔深入发展，用来促进**抓革命，促生产，促工作，促战备。**提高认识以后，我们先后举办了领导干部学习班、中层干部学习班和班组长学习班，专门研究如何结合批林批孔运动做好经常性的思想政治工作。党、政、工、团各级组织，也都把结合批林批孔开展经常性的思想政治工作列入议事日程，经常分析情况，研究具体措施，充分发挥党员、团员、班组长和积极分子的作用。我们还先后召开了四次经验交流会，交流在批林批孔运动中如何做好思想政治工作的经验，使全厂上下都重视做好深入细致的思想政治工作。

（二）

今年来，我们结合批林批孔这个中心着重抓了四个方面的教育：

一、批判林彪"克己复礼"的反动纲领，反复进行党的基本路线的教育，使干部、群众进一步认清阶级斗争的长期性，提高坚持继续革命的自觉性。

批林批孔运动是在党的基本路线指引下的一场伟大的斗争，同时也是保卫党的基本路线的一场伟大斗争。在整个批林批孔运动中，都要自始至终贯穿党的基本路线的教育。"克己复礼"是林彪效法孔老二搞复辟的反动纲领，抓住这个要害才能把林彪和孔老二批深批透；同时，结合深批"克己复礼"来进行党的基本路线教育，也更能提高广大干部和群众对党的基本路线的理解，提高执行党的基本路线的自觉性。在开始批判林彪"克己复礼"反动纲领时，有的同志对于林彪为什么要拼命效法孔老二搞"克己复礼"，认识不清。有的青年同志虽然认识到林彪搞"克己复礼"就是妄图复辟资本主义，但是对于旧社会究竟是什么样子，没有切身感受，所以批得不深刻，还有极个别的人认为林彪的"克己复礼"只不过是纸上谈兵，喊了半天也没"复"了，没嘛批头。针对这些问题，我们反复批判了林彪复辟资本主义的罪行，还召开了全厂批判大会，厂领导带头批判林彪"克己复礼"的反动纲领。同时我们组织大家反复学习了党的基本路线，引导广大职工从社会主义社会阶级斗争客观规律的高度上，认清林彪"克己复礼"的反动实质。我们还先后组织全厂团员、青年和二百多名职工参观了"三条石"阶级教育展览；组织全厂的班组长和共产党员，到三百里地以外参观了潘家峪阶级教育展览和日本帝国主义屠杀我们一千多名同胞的现场，同志们通过参观，进一步激发了无产阶级的义愤。党总支就在这个阶级教育的现场召开了批判大会，党员和群众争先恐后批判了林彪"克己复礼"的罪行。同志们愤怒地指出：林彪投靠苏修，他这种投敌卖国的罪行要是得逞，就会把历史拉向倒退，就会使潘家峪惨案重演。我们要增强阶级斗争观念，牢记党的基本路线，彻底批判林彪的反革命罪行。回厂后，我们还组织老工人用回忆对比的方法进行阶级教育；组织青年工人到老师傅家里访问，同老工人一起挖苦根、思甜源；有的车间还专门举办了党的基本路线教育展览会。总之，通过革命大批判和采取多种方式对广大群众反复深入进行党的基本路线的教育，使党的基本路线在人们的头脑中扎了根。全厂大讲基本路线，有力地推动了批林批孔的深入发展。有的同志说：林彪搞"克己复礼"，就是妄图改变党的基本路线，让我们人头落地，吃二遍苦，受二茬罪。我们只有坚持党的基本路线，坚持阶级斗争和路线斗争，才能进一步巩固无产阶级专政。

编织车间有个年近半百的老工人，叫王秀珍。由于在旧社会过度劳累，饱受摧残，得了肠结核、心脏病、关节炎、哮喘等多种严重疾病。过去她认为自己百病缠身，年纪又这么大了，好歹"凑合"着多活几年就算了，对学习和批判不够关心。车间领导和班组骨干就反复找她谈心，帮助她学习党的基本路线，认清阶级斗争的长期性和复辟资本主义的危险性，和她一起忆苦思甜，认清不搞阶级斗争的危险，激发了她对林彪一伙的无比仇恨。她登上讲台，用自己的切身经历狠批了林彪"克己复礼"的反革命罪行，给青年工人们上了生动的一课。有一次，团支部组织团员、青年利用周末增开夜班，她听说后也冒雨赶来参加。她对青年们说：你们是小青年，我是老青年。你们要大干社会主义，我也要大干社会主义。

成型车间青年工人王晓莉，过去一下班只是玩玩闹闹、蹦蹦跳跳，就是不在看书学习上下功夫。通过学习党的基本路线和参观阶级教育展览，她提高了觉悟，把主要精力都放在了学习和批判上。一年来，她刻苦攻读了《哥达纲领批判》、《帝国主义是资本主义的最高阶段》、《关于正确处理人民内部矛盾的问题》等著作，还编写了有关儒法斗争的宣讲稿和《关于正确处理人民内部矛盾的问题》辅导材料，写了二十多篇批判文章，担任了政治业校的辅导员，并且被选为团支部副书记，成为抓革命、促生产的骨干力量。

二、批判林彪诬蔑大好形势的谬论，对群众进行形势教育，提高广大群众用马克思主义的立场、观点和方法观察形势的能力，认清和努力促进大好形势的发展。

在批林批孔运动中，我们发现有极少数职工对于形势的看法存在一些模糊认识。这些问题如何解决呢？我们把形势教育同批林批孔结合起来。全厂各个车间和班组先后召开了一百二十多次批判会，从各个角度批判了林彪诬蔑无产阶级文化大革命的罪行，诬蔑大好形势的罪行。在批判过程中，我们对广大职工结合进行了正面的形势教育。回顾一年来，我们先后抓了几次大的形势教育：第一次，是结合学习元旦社论，开展了国内外大好形势的教育，着重解决了充分认识路线正确与否是决定一切的问题；第二次，是结合对林彪一伙和国内外阶级敌人否定无产阶级文化大革命的罪行的批判，发动群众大赞大颂文化大革命的丰功伟绩，着重解决如何正确对待文化大革命的问题；第三次，结合贯彻中央〔1974〕23号文件，批判林彪在辽沈战役、平津战役中的右倾机会主义路线，着重进行了必须用马克思主义的立场、观点和方法正确估量形势的教育；第四次，结合学习两报一刊国庆社论，大摆大议二十五年来各条战线的伟大成就，使广大职工进一步认清了毛主席在《关于正确处理人民内部矛盾的问题》这部光辉著作中阐述的 **"只有社会主义能够救中国"** 的真理，进一步坚定了走社会主义道路的信心。第五次，是结合传达、贯彻毛主席关于安定、团结的重要指示，又一次开展了形势教育，着重解决了如何进一步发展大好形势的问题。此外，我们还在"五一"、"十一"等重大节日中，进行了国际形势和毛主席革命外交路线的教育。

在形势教育中，我们以毛主席关于如何正确看待形势的论述为指导。除了根据报刊上的资料编写一些辅导材料外，主要方法是引导职工学习毛主席的有关论述，发动群众大摆各条战线的伟大胜利，大摆大好形势的由来；分析不同阶级对革命形势的不同估量。这样做，使广大职工不仅认清了大好形势，还懂得了要用马克思主义的立场、观点和方法看待形势、分析形势，同时也明确了在如何对待形势的问题上，始终存在着两条路线的斗争。

通过上述一系列的形势教育，广大职工提高了路线斗争觉悟。许多同志说：大好的革命形势是毛主席领导我们长期斗争得来的，是在毛主席革命路线指引下得来的，也是我们争取更大胜利的极为有利的条件。林彪一伙越是诬蔑大好形势，我们越要发展大好形势。

过去有个别群众认为无产阶级文化大革命好是好，但有"副作用"。针对这种错误思想，在进行形势教育中，我们和职工一起研究出几个讨论题：无产阶级文化大革命好得很，好在哪？涌现了哪些新生事物？哪个阶级说好得很，哪个阶级说"糟得很"？然后，组织职工学习《湖南农民运动考察报告》，发动大家边学，边议，用讨论的方法、民主的方法解决认识问题。编织车间四班的工人们在讨论中摆了文化大革命十条丰功伟绩，列举了二十一个新生事物，加深了对无产阶级文化大革命**"是完全必要的，是非常及时的"**理解。工人说：无产阶级文化大革命摧毁了以刘少奇、林彪为头子的两个资产阶级司令部，巩固了无产阶级专政，这是头等的大好，这是最大的收获。文化大革命，还出现了许多社会主义新生事物，促进了生产的大发展，这是好上加好。至于在那么大的群众运动中，出现一点儿不足之处，也不足为怪，而且现在已经基本解决了。总之，形势是越来越好。

在干部和群众提高认识的基础上，我们因势利导，引导大家为发展大好形势，为社会主义革命和社会主义建设多做贡献。从八月份开始，我厂连续掀起抓革命，促生产的新高潮。首先，我们掀起了"大干五十天，向国庆献厚礼"的生产高潮。当时，党总支向全厂职工提出的战斗口号是："学习大庆抓路线，批林批孔促大干。全厂大干五十天，以丰补歉多贡献，迎接国庆把礼献"。广大职工在这个口号的鼓舞下，抓大事，促大干，比觉悟，比贡献，人与人、组与组你追我赶，并肩前进。结果，五十天过去了，各车间的政治业校普遍建立起来了，批林批孔更加深入，全面超额完成了第三季度的生产计划。

面对这样的大好形势，是坚持前进，继续大干，还是停步不前？工人同志们回答说："工人阶级只有前进，没有倒退。大干了，还要再大干，有了贡献，还要做出更大贡献。"于是我们在全厂又掀起了大干红十月的高潮，一个月就超额完成产值七十万元。接着，又掀起了决战今年最后两个月，提前跨进七五年的大干高潮。结果，在十二月一日就完成了全年总产值计划。现在，广大职工正在为夺取今年的更大胜利，迎接明年社会主义革命和社会主义建设的新高潮而继续大干。

三、批判林彪妄图篡改党的性质的罪行，对党员进行党章和党的基本知识教育，使广大党员在斗争中更好地发挥先锋模范作用。

我们体会，批林批孔运动，也是一次加强党的政治建设和思想建设的运动。在运动中，为了提高党员的路线斗争觉悟，更好地发挥党员的先锋模范作用，我们引导广大党员认真学习毛主席的建党思想和建党路线，反复批判林彪妄图篡改党的性质的罪行，使广大党员进一步认清了党的无产阶级先锋队的性质，增强党的观念。与此同时，我们还采取开党员大会，举办党员学习班，定期讲党课以及健全党的生活制度等多种方法，加强对党员的教育。

运动一开始，绝大多数党员同志都能坚决执行毛主席的伟大战略部署，站到批林批孔的最前列，带领广大职工向林彪反革命修正主义路线和孔孟之道猛烈开火。但是，也有极少数党员同志，由于对这场运动的性质、目的和意义理解不深，思想和行动一时跟不上形势。我们就及时进行思想教育，号召大家紧跟形势，站到斗争的前列。党总支还把"共产党员在批林批孔中如何发挥先锋模范作用"作为党课教育的一个专题，组织党员进行讨论，教育党员一定要做刻苦学习的模范，当批林批孔的先锋，团结带领广大职工把这场斗争进行到底。

在批林批孔深入发展的形势下，我们又发现个别党员一度产生了松劲情绪，认为批得"差不多"啦，应该集中力量抓一抓生产啦。针对这种思想，我们又举办了全厂党员的学习班，组织大家认真学习新党章和毛主席、党中央关于批林批孔的一系列指示，使广大党员从党的基本纲领和基本路线高度，认清这场斗争的长期性、复杂性。

由于路线斗争觉悟不断提高，广大党员在斗争中的先锋模范作用发挥得越来越好。如编织车间党支部专门开辟了一个党支部的批判专栏，十二名党员同志先后写了一百五十多篇批判文章，给群众做出了榜样。党支部委员李树茂同志，是个分工抓生产的车间副主任，为了带领群众搞好学习和批判，坚持做到学在前头，批在前头。他工作时间没功夫学，就用业余时间学；业余时间还有事，就把书带回家晚上学，经常学到深夜才休息。在带领群众举办批林批孔展览会时，他亲自找素材，亲自写解说词，夜以继日地干。现在，他已经读了《共产党宣言》、《哥达纲领批判》、《反杜林论》、《帝国主义是资本主义的最高阶段》等著作。目前他正在通读《毛泽东选集》一至四卷。这个车间的一百零四名职工，在党支部和广大党员的带动下，一共写了六百多篇批判文章，推动着批林批孔运动朝着普及、深入、持久的方向发展。

四、结合批林批孔运动，做个别的深入细致的思想政治工作。

在我们厂，有个别后进的工人，学习不积极，工作不努力，纪律散漫。对这些后进的工人怎么办？批林整风运动时，我厂有的领导干部，总想用"上挂下联"的办法，对他们批一通。后来，我们认识到这种做法是不对的，会混淆两类不同性质的矛盾，扭转斗争大方向。但是，有的同志又产生了另一种思想，就是对这些后进人的思想问题，不敢抓，不敢管，以致问题得不到解决，群众也有意见。在批林批孔中，我们总结了经验教训，认识到上述两种思想和作法都是不对的。后进工人的思想问题，属于人民内部矛盾，绝不能同敌我矛盾混在一起。既然是人民内部矛盾，那就必须遵照毛主席的教导，采取说服的办法，教育的办法，开展批评与自我批评的办法去解决。因此，我们结合批林批孔，对后进人开展了大量的深入细致的个别教育工作。成型车间有个青年工人，过去经常无故旷工，前年一年才上了几十天的班，有的月份只是来领工资的那天来干一下活。他不光学习、工作不积极，而且不会过日子，有时一个月的工资九天就花完了。车间党支部认为，对于他不能放弃不管，更不能厌弃他。经过深入细致的个别谈心，了解到他主要是不能正确认识个人前途，工作不安心。因此，对症下药，反复进行教育，凡有参观阶级教育展览的机会就让他去看，终于启发了他的阶级觉悟，学习和工作积极起来了。同一班组的工人也都关心他，有的老工人还帮助安排生活，把日子过好。这样，他的积极性越来越高。有一次，别的车间搞会战，本来是派他去学习的，他却自动地同那个车间的工人同志加班加点苦战起来。就这样，一个原来相当后进的人，一变而成了学习和批判上的骨干、生产上的闯将，并且当上了副班长。象这样在批林批孔中，经过细致的思想政治工作，从后进迅速转变的事例，还有不少，充分说明批林批孔的威力，也说明结合批林批孔深入进行个别的细致的思想政治工作的必要性。

（三）

一年来，我们在结合批林批孔运动进行经常性的思想政治工作中，有如下几点体会：

一、坚持经常运用马列主义、毛泽东思想教育人，是做好经常性思想政治工作的根本。

我们抓思想政治工作，首先抓好厂各级领导班子自身的学习，不断提高我们的路线斗争觉悟。一年来，我们不管工作多么忙，挤时间也坚持学习，先后学习了《哥达纲领批判》、《帝国主义是资本主义的最高阶段》和《关于正确处理人民内部矛盾的问题》等著作。同时，组织全厂职工认真学习马列著作的有关章节和毛主席的哲学著作。我们认为这是抓好思想政治工作的根本，如果离开了这个根本，就事论事地抓，是不能从根本上提高群众觉悟的。一年来，我们厂有百分之八十的职工参加了政治业校，全厂逐步培养了一百二十名理论骨干。通过刻苦读书，广大干部和群众大大提高了马列主义、毛泽东思想水平。

二、必须处理好中心任务和经常性工作的关系。批林批孔是全党、全军、全国人民的头等大事，必须作为中心，摆在首位，抓紧抓好。不能放松了批林批孔而去强调加强经常性思想政治工作；也不能把经常性思想政治工作同批林批孔割裂开来，当作互不联系的工作各自孤立地去抓。而应该突出批林批孔这个中心，紧密结合这个中心去进行经常性的思想政治工作。通过实践，我们体会到，这完全是可以做到的。做到了这一点，不但把经常的思想政治工作开展起来了，更重要的是有利于批林批孔运动向着普及、深入、持久的方向发展。

三、要坚持调查研究，有针对性地做好思想政治工作。

我们深深体会到，只有坚持调查研究，把情况弄清楚，把思想摸准，才能有针对性地进行思想政治工作，也才能收到预期的效果。领导浮在上面是不行的，一定要深入下去，了解群众是怎么想的，怎么干的，还存在哪些问题，做到心中有数。否则，凭主观想像办事或简单从事，那就不但解决不了问题，还可能把事情搞糟。

四、针对不同情况，采取生动活泼、灵活多样的方式，进行思想政治工作。

一年来我们开展经常性思想政治工作的具体方法，主要是组织学习，还采取谈心、家访、开座谈会、办学习班、看革命样板戏和革命电影、推荐革命小说、以及参观展览等多种多样形式。其中，以家访、谈心搞得最为普遍。如，我们针对少数班组长存在"撂挑子"不愿意当班组长的想法，便组织班组长看了革命电影《青松岭》，启发同志们向张万山学习，争当社会主义"马车"的掌鞭人；针对一部分班组长不善于做人的思想转化工作，又组织他们看了革命样板戏的电影《海港》，启发大家象方海珍帮助韩小强那样，怀着无产阶级的深厚感情，做好后进青年的转化工作，担起培养革命接班人的重任；个别沾染坏习气的小青年，对于正面教育听不进去，我们就请后进变先进的同志给他们现身说法，讲自己过去犯错误的沉痛教训，讲领导对自己的关怀和思想转变过程。事实证明，这些教育方法，对于解决不同人的具体思想问题，各起到了一定作用。

五、使工人理论队伍成为党组织进行思想政治工作的一支骨干力量。

思想政治工作，不能单靠少数几个领导干部去抓，而必须实行群众路线，把领导、骨干和群众的积极性结合起来，大家都来抓，才能抓得及时，抓得得力。除了充分发挥党团员做思想政治工作的骨干作用外，我们还把在批林批孔运动中锻炼成长起来的工人理论队伍，作为一支很好的做思想政治工作的骨干力量。因为他们天天生活在群众之中，对群众的思想最熟悉，同群众的关系最密切，又具有一定的马列主义思想水平。在辅导群众学习、帮助群众搞批判，以及平时同群众谈心等各种场合中，都能见缝插针地开展思想政治工作。比如，编织车间有个四十来岁的女工，由于受封建礼教的毒害较深，成天陷于家务，被称为"炕上一把剪子，地上一把铲子"的能手，就是不关心国家大事，平时对学习和批判不动脑筋。车间理论骨干利用帮她整理批判稿的机会，引导她学习毛主席关于妇女解放的论述，回忆旧社会劳动妇女的悲惨遭遇，批判林彪、孔老二诬蔑和歧视劳动妇女的罪行，使她认清了封建礼教对自己的毒害，提高了路线觉悟，在车间批判大会上，登台狠批林彪、孔老二宣扬的"男尊女卑"的反动谬论。现在这位同志转变得很突出，主动参加了政治业校，成为车间批林批孔和抓革命、促生产的积极分子。

总之，今年以来，在上级党委的领导下，在批林批孔运动中，我们比较注意了加强经常性的思想政治工作，取得了显著效果。但是，同其他兄弟单位相比，我们还存在很大差距。我们要向兄弟单位学习，刻苦攻读马列和毛主席著作，普及、深入、持久地开展批林批孔运动，把思想政治工作搞得更深、更细、更扎实。

以上汇报，不当之处，请领导和同志们批评指正。

会议典型材料之八

坚持党的基本路线
端正服务方向 改变落后面貌

市政工程局排水管理处三队

天津市学习马列和毛主席著作经验交流会

会议秘书处　　　　　　　　一九七四年十二月

坚持党的基本路线

端正服务方向 改变落后面貌

我们市政工程局排水管理处三队，共有职工三百三十二人，负责排除河北区和红桥、河东一部分地方的雨水和污水，日常工作是管理二十三个抽水站和疏通二百三十多公里下水道。近几年，由于修正主义路线的流毒没有肃清，经营方向上产生了一些错误，加上阶级敌人的破坏，资产阶级思想严重泛滥，工作上不去，一直是个后进单位，经常完不成生产计划。去年有一个季度只完成计划的百分之三十，在排水管理上还多次发生事故。今年以来，在批林批孔运动中，我们党支部在上级党委的领导下，带领广大群众认真学习马列和毛主席著作，学习党的基本路线，紧密联系我们队的阶级斗争和路线斗争实际，深批"克己复礼"，进一步端正服务方向，使全队改变了落后面貌，出现了朝气蓬勃的新气象，提前三个月完成了全年计划。

一、学习党的基本路线，认清阶级斗争的复杂性、尖锐性和长期性

几年来，我们队上的阶级斗争是十分激烈的。批林批孔开始后，广大职工提高了阶级斗争和路线斗争觉悟，迫切要求揭开阶级斗争的盖子，改变落后面貌。三月十八日，我队所属的光荣道泵站发生了严

重跑水事故，污水淹了五条马路，迫使造纸二厂停产。许多老工人贴出大字报，一针见血地指出：这个跑水事件掩盖着严重的阶级斗争和路线斗争。

根据群众的要求，我们开始重视了这一严重事件。经过初步调查，揭露出这个泵站跑水的直接原因，是小修组的一个有严重政治历史问题、在旧社会欺压过劳动人民的坏家伙，把泵站的两台需要检修的抽水机拖了半年，没有修好。这件事使我们党支部受到很大的震动。针对这个问题，我们带领群众认真学习党的基本路线，联系我队阶级斗争的实际，反复批判"克己复礼"。在批判中，群众又揭发出不少问题。如三槐里沟班一个有重大政治历史问题的人，公开向青年工人宣扬"今不如昔"，煽动一些青年人在工作时间去看电影。他还在工作中捣鬼，使"疏通"过的管道，积存污泥更多。由于他的煽动和破坏，这个班负责疏通的管道，有三分之一被污泥严重堵塞，二百多个收水井被垃圾完全封死。有的同志揭露：就是小修组的那个坏家伙，今年年初在组内煽动经济主义的妖风，造成了停产一周的严重事件。他还经常鼓吹搞物质刺激，说什么："让大伙沾点便宜，积极性才能起来。"甚至公开叫嚷："你们的路线可以摆到桌面上，可是行不通；我的路线摆不到桌面上，却能行得通"，等等。气焰十分嚣张。

活生生的阶级斗争事实教育了我们。有的支部成员原来还认为："经过无产阶级文化大革命，揪出了刘少奇、林彪两个黑司令部，该批的批了，该斗的斗了，阶级斗争就不是那么激烈了。"由于存在这种思想，就看不到身边的阶级斗争，尤其是看不到意识形态领域里阶级斗争的严重性。通过联系本队的实际开展学习和批判，我们对基本路线所指出的"三个存在"理解得深刻了。认识到：刘少奇、林彪垮台了，但是失败的阶级还要挣扎。经过无产阶级文化大革命，广大革命群众的眼睛更亮了，阶级敌人的活动也更加隐蔽了。他们用种种阴谋诡计，捣乱、破坏，复辟资本主义之心没有死。我们不但要认清阶级斗争的长期性，还要认清在新的形势下，阶级斗争的特点和规律，更加提高革命警惕。

通过学习，我们还认识到，历史上每一个新制度的建立和巩固，总是要经过反复的阶级较量。过去，一个剥削阶级代替另一个剥削阶级，经过了一次又一次复辟和反复辟的斗争。今天，我们要消灭剥削制度，用社会主义战胜资本主义，这是比历史上任何一次革命都更深刻、更彻底的革命，就更要进行长期的斗争。我们不能只看到斗争后的胜利，更重要的是要看到胜利后的斗争。如果我们放松警惕，资本主义复辟就是随时可能发生的。党的基本路线必须**年年讲**，**月月讲**，**天天讲**。毛主席的教导，我们一时一刻也不能忘记。

二、学习党的基本路线，认清抓路线斗争的重要性

群众的揭发，促使我们思考一系列新的问题。为什么在我们单位，坏人胆敢这样嚣张？为什么长期以来，革命的正气压不倒邪气？我们觉察到这同党支部领导上的路线问题有关系，于是我们发动群众从路线上找原因。我们支部的一位前任书记，背离毛主席的革命路线，在泵站里叫一些工人，在工作时间，为他个人养猪，最多时养到三十头，他还拉拢一部分人，把污水作为谋取私利的手段，硬要附近的生产队请客送礼，低价卖给他们农付产品，否则就不给生产队放污

水灌溉农田，等等。过去我们支部成员也认识到他的这些行为是违背毛主席革命路线的，但一直不敢起来斗争。一怕得罪了这位已调到处里工作的前任书记，受到打击报复；二怕群众发动不起来，不好收场；三怕联系实际搞不好，整了群众。群众在批林批孔中提出这个问题后，党支部的思想并不完全一致。斗，还是不斗？我们就又反复学习党的基本路线和毛主席、党中央关于批林批孔的指示，总结了过去的经验教训。大家认为：我队存在的问题，是在排水管理工作上执行什么路线的大是大非问题。路线不对头，资产阶级思想泛滥，不但给阶级敌人以可乘之机，还会使我们的企业走到资本主义道路上去。我们过去对错误路线不敢斗，工作上提不起纲来，虽然辛辛苦苦，一心想把生产搞好，结果问题越来越多。大家还学习了《共产党宣言》和党章，联系自己的思想实际，开展了认真的批评与自我批评，认识到：斗还是不斗，从世界观上来说，是立党为公还是立党为私的问题。党支部作为无产阶级的战斗堡垒，首先要抓好阶级斗争和路线斗争这个头等大事。作为共产党员，必须反对"两斗皆仇，两和皆友"之类的"中庸之道"，敢于同旧的传统观念彻底决裂。一位支部委员说："身为无产阶级的先锋战士，对违背毛主席革命路线的现象，麻木不仁，不敢斗争，还谈什么党性呢？"大家还学习了毛主席关于群众路线的教导，坚定了依靠群众去争取斗争胜利的信心。

党支部成员思想统一以后，就带领群众深入批林批孔，彻底揭露林彪反革命修正主义路线的影响和流毒。我们多次派人到附近三个公社的八个生产大队去征求意见。通过贫下中农的揭发，使大家进一步认清了我们队在排水管理工作上的方向、路线问题。据统计，有一个泵站一年之内就向生产队要了鱼一千多斤，土豆两千多斤，蔬菜两万多斤。社员自己买鱼是每斤三角八分，而泵站只给两角。土豆每斤市价是一角一分，而泵站只给四分。广大贫下中农对此极为气愤。有一次，这个前任支部书记指使一个泵站班长到附近的一个生产大队去要一些小鸡。生产队因上交任务未完成，不愿卖。这个班长立即关闸，把流向这个大队的污水卡了，把全部污水都放给了另一个大队，致使两个生产大队发生了纠纷。过去，这位前任支部书记用"向生产队要点菜吃没什么要紧"之类的说法，把事关路线的问题，说成是生活小事。许多工人在这次学习中一针见血地指出：我们的闸门朝哪开，是向着社会主义开，使它为无产阶级政治服务，为工农业生产和劳动人民生活服务，还是向着资本主义开，使之成为个人营私谋利的工具，损害群众利益，影响农业生产和工农关系？这决不是"没什么要紧"的小事，而是两条路线斗争的大事。我们如果不坚持为人民服务的正确方向，不向资本主义倾向作斗争，就会使我们企业的社会主义性质发生变化，走上林彪、孔老二所鼓吹的复辟、倒退的道路，这是多么危险的情景啊！

三、 认真贯彻党的基本路线，坚持社会主义方向

认识提高以后，我们组织大家狠批林彪效法孔老二"克己复礼"的反革命罪行，对坏人的破坏活动开展了批判斗争，使大家进一步认清林彪反革命修正主义路线的极右实质。许多老工人纷纷忆苦批修。老工人李海顺，在旧社会一家三口，被骗去东北给日本帝国主义挖煤，不到三个月，死了两口，被扔进了万人坑。老工人张景林，三代是排水工人，他和父亲在旧社会受尽了折磨，而在新社会成长的儿子被选

送上了大学。工人们说："有了毛主席的革命路线，我们才有幸福的今天。林彪鼓吹'克己复礼'，要我们重吃二遍苦，受二遍罪，我们决不上他的当。"越批，大家对资本主义越恨，对社会主义更加热爱。大家一致表示："我们一定要批深批透'克己复礼'，坚决肃清林彪反革命修正主义路线的影响和流毒，坚持社会主义道路，巩固和发展无产阶级文化大革命的伟大成果。"

路线对了头，领导来带头，革命有劲头。广大群众的社会主义积极性空前高涨。为了改变落后面貌，我们在批林批孔中又着重抓了以下几件事：

第一，端正服务方向，使排水工作为巩固无产阶级专政作出更大贡献。我们组织职工广泛开展为工农业生产和人民生活服务的活动。泵站工人主动地到生产队征求意见，在农田缺水时积极排放污水；沟班工人积极配合生产队积肥，为他们贮存污泥，受到贫下中农的欢迎。有些生产队又给泵站和沟班送去蔬菜，说："我们的蔬菜丰收，也有你们一份功劳。"工人们立即把菜送回生产队，并和贫下中农一同开会，批判"克己复礼"。职工们在会上说："搞好排水工作，是我们的革命职责。人民的蔬菜，我们不能收。"大家表示：一定要以实际行动支援农业，巩固工农联盟。为了及时排除市区的雨后积水，大家积极行动起来，把多年来在排水设施上存在的一些老大难问题，很快解决了。例如：有一个新建泵站的尾工，拖了四年没有完工。这次，工人们在这个泵站一米多深的污水里，坚持战斗七天，把尾工完成了。有一些泵站的积水池，已十几年没有清挖淤泥，这次在队上新成立的"三八"妇女班的带动下，彻底进行了掏挖，提高了泵站排水效率。过去，工厂和居民找上门来要求帮助修管道，我们总认为队上的主要职责是管理马路上的下水道，马路以外的就可以不管。现在，各班组除了做好经常的养护管理工作外，利用业余时间和星期天，深入工厂、里巷，为人民服务。仅全顺里一个班，几个月来就帮助二十多个工厂解决了厂内排水问题。有一家工厂，由于生产发展，原有的下水道不够用，想利用一段已经完全堵塞的旧管道。这个班知道后，马上派人去支援。他们下到检查井里，用手和铁铣把堵塞物一把一把、一铣一铣地掏出来，干了整整一个星期，"复活"了这条旧管道，保证了工厂生产。今年夏天，这个班为了协助席厂街和辛庄街居民修建里巷下水道，一连几个星期天没有休息。他们看到军属郭大娘家里没有劳动力,就给她修好了门前的八十多米管道,还在她院内砌了一个污水池，使郭大娘深为感动。她说："我一定要写信给参军的孩子，要他好好保卫无产阶级的江山，保卫社会主义的幸福生活。"

第二，深批林彪分裂党、分裂革命队伍的罪行，加强革命团结。过去，由于修正主义路线的影响，造成泵站和沟班工人不够团结。有一个沟班，同泵站班住一个院。过去因为团结不好，一度有人提出要在院内垒一道墙，各走各的门，"互不干扰"。这次，大家反复学习了毛主席关于**要团结，不要分裂**的教导，提高了对于加强革命团结的重要性的认识，许多同志说："我们都是为了一个共同的革命目标，就是巩固无产阶级专政，建设社会主义。我们有什么根本的利害冲突？我们的不团结，都是林彪修正主义路线造成的。林彪分裂革命队伍，是为了复辟资本主义。我们要防止资本主义复辟，必须加强团结。团结才有力量，团结才能胜利。"从此，这两个班不但不再提垒墙，而且在工作中互相关心，互相帮助，互相支持。沟班工人经常帮助泵站擦机器，打扫卫生。泵站根据沟班疏通管道的需要，主动控制好水位，要高就高，要低就低。我们推广了这一经验，全队进一步掀起了学习和批判的热潮，出现了人人讲路线，处处讲团结的新气象。不但解决了泵站和沟班的团结问题，而且打破了班组和工种界限，密切了干群关系，作到了一方有困难，八方来支援。有一个班的管道严重淤塞，全队各班闻风而动，主动调人去支援，利用星期天搞了一个大会战，一天就把那里的管道疏通了。最近我们又组织大家认真学习和贯彻毛主席关于安定、团结的指示，进一步加强了革命团结。

第三，坚持自力更生，用自己的双手，改变落后工艺。几十年来，我们疏通下水道一直使用竹片、大勺、绞罐三件简单的工具。工作效率低，劳动强度大，二百多公里下水道，平均一年还疏通不了一次。在端正了服务方向以后，大家迫切要求推广利用污水冲洗管道的新工艺，使排水设施更好地为人民服务。我们就组织群众，大搞技术革新。当时有人认为："搞革新是技术人员的事，通竹片、摇绞罐的手，搞不出什么名堂来。"党支部带领职工学习毛主席关于**"人民，只有人民，才是创造世界历史的动力"**的教导，狠批林彪、孔老二所鼓吹的"上智下愚"和反动的"天才论"，使领导和群众大长了无产阶级的革命志气。大家说："实践出真知。只要我们用毛泽东思想武装头脑，一定能够用自己的双手，改变落后面貌。"大家废寝忘食地投入新的战斗，许多班组自己动手搞设计，利用废旧材料做机具，积极寻找水源。我们在一条马路上搞水冲，需要在检查井里接一段管道，接了几次都失败了。每次失败后，工人们就学习《愚公移山》，批判"克己复礼"，增强了坚持前进、反对倒退的决心和信心，终于试验成功。全队职工大干九十天，克服重重困难，制成了许多新工具，使百分之九十的管道疏通工作推广了新工艺，放下了竹片和绞罐。百分之七十的泵站实现了自动化开关。金钟路两千多米下水道，过去疏通一次要用一两个月，现在利用污水自冲，半天就能完成。去年，有些地区在雨后严重积水。今年八月的一场大暴雨，虽然大于去年，由于管道疏通得好，加强了泵站管理，使这些地区在雨后很快退了水。

批林批孔运动以来，我队学习马列和毛主席著作的空气越来越浓厚。过去，在工作时间办学习班，人还到不齐。在运动中，全队成立了八个业余学习小组，办起了政治业校。工人们在工地下班后，不论离队部多远，也要赶回来学习。大家说："毛主席教导指方向，革命路上不迷航。基本路线指航程，继续革命永不停。"

最近，我们党支部认真学习了十一月二十八日人民日报社论《继继搞好批林批孔》，总结了前一段批林批孔运动的经验，找出了思想上、工作上的差距。大家深深感到：我队的大好形势，完全是批林批孔的结果，是斗出来的。革命搞好了，路线对头了，群众团结了，才能把生产促上去。但在大好形势面前，支部的个别成员一度产生了自满、松劲情绪，认为："批林批孔差不多了，今后主要是抓生产了。"这种想法是非常危险的，实质上仍然是对于阶级斗争的长期性认识不足。正如人民日报社论指出的：批林批孔不是差不多了，而是要继续下功夫、用力气。坚持社会主义道路，批判资本主义倾向，把上层建筑领域里的社会主义革命进行到底，更有大量的工作要做，这是长期的战斗任务。任何自满、松劲情绪都不利于继续搞好批林批孔，不利于继续发展大好形势。党支部抓住这个苗头，立即举办党、团员和骨干学习班，同时进一步组织群众，刻苦攻读马列著作和毛主席著作，紧密联系阶级斗争和路线斗争的实际，把批林批孔运动普及、深入、持久地开展下去。我们要坚持抓大事，抓路线，在即将到来的新的一年里，夺取革命和生产的更大胜利！

会议典型材料之九

彻底砸碎铁锁链
三大革命挑重担

新河船厂"三八"女电焊班

天津市学习马列和毛主席著作经验交流会

会议秘书处　　　　　　　　　一九七四年十二月

彻底砸碎铁锁链　三大革命挑重担

我们"二八"女电焊班是一九七〇年四月建立起来的。四年多来，在市、区的亲切关怀和厂党委的正确领导下，在三大革命斗争中不断发展壮大。现在全班共有三十五名同志。在批林批孔运动中，我们运用马克思主义的立场、观点和方法，结合我们三大革命运动的斗争实践，对渗透孔孟之道的大毒草——《女三字经》进行了深入的批判。我们在批判中，紧密联系现实的阶级斗争和路线斗争实际，采取社会调查、忆苦思甜等方法，重点批判这本黑书鼓吹的唯心主义的"天命论"、反动的"中庸之道"和封建伦理道德。通过批判，提高了我们的阶级斗争、路线斗争和继续革命的觉悟，精神面貌发生了深刻的变化，在各项工作中，充分发挥了我们革命妇女"半边天"的作用。

不信天命干革命　敢于顶起"半边天"

《女三字经》相传是在《二字经》出笼之后，由反动儒生朱星源编辑而成的。通篇充塞着孔孟鼓吹的"天命论"。翻开《女三字经》，一开头就说什么："天地分　乾坤定　有男女　性各秉"。《女道章》说的更露骨："古生女　弄之瓦　明卑弱　卧床下"。照《女三字经》的说法，从开天辟地以来，老天爷就把一切都定下来了，有男有女，他们的"天性"各不一样，女人是天生"卑贱"、男人是天生"高贵"，男人就应该统治女人，女人就应该受男人的统治。而这一切又都是命里注定，不可改变的。这里贩卖的是典型的唯心主义的"天命论"，是孔孟之道的"三纲五常"之一的"夫为妻纲"的翻版，是地地道道的"男尊女卑"的反动观点。多少年来，历代反动统治阶级就是利用这条绳索，对广大劳动妇女进行残酷地压迫和剥削，构成了旧中国十分黑暗的一面。

我们开始批判《女三字经》所宣扬的"天命论"时，虽然也觉得它是荒谬的、骗人的，对它非常愤恨，但它的反动实质是什么，还说不清楚。为什么说不清呢？原因就在于我们没有很好地掌握理论武器。为了揭穿"天命论"的画皮，从理论和实践上认清它的反动实质，我们反复学习革命导师关于阶级和阶级斗争的论述，运用阶级分析的方法，对反动的"天命论"进行了剖析。恩格斯指出："**在历史上出现的最初的阶级对立，是同个体婚制下的夫妻间的对抗的发展同时发生的，而最初的阶级压迫是同男性对女性的奴役同时发生的。**"通过学习，使我们认识到，在人类历史上，妇女并非从来被视为天生"卑贱"的。原始社会的很长一段历史里，妇女同男子一样参加生产劳动，一样分享劳动果实，都是处在平等的地位。男女社会地位的不平等，是随着私有制的产生和阶级压迫的出现，而逐渐形成的。所以，男尊女卑根本不是什么天经地义，而是私有制的阶级社会里的产物。随着阶级的彻底消灭，男女不平等的现象也必然要消灭。处在春秋末期的孔老二所以大肆鼓吹"天命论"，并且宣扬"唯女子与小人为难养"的反动谬论，就是企图把妇女受剥削受压迫说成是"天经地义"的，以此来麻痹人民，叫广大劳动妇女听天由命，服服贴贴地忍受反动统治阶级的压迫和剥削。其实质也是为了维护奴隶主阶级的私有财产和社会地位，巩固奴隶主专政的反动政权。为了进一步调动大家的阶级感情，狠批"天命论"，在党支部的领导下，我们又进行了忆苦思甜。许多同志回忆了自己或家庭在旧社会的苦难历史。解放前，我们劳动妇女受压迫、受剥削，不被当人看待，被压在社会的最底层，在家庭里也处于受屈辱的地位。难道是因为我们的命不好吗？不是。解放后，在党和毛主席的领导下，我们广大劳动妇女的政治地位、经济地位和家庭地位发生了根本的变化。人还是我们那些人，我们每个人的生辰八字也还是那个八字，为什么我们就从社会的最底层，一变而成为国家的主人了呢？可见根本不是命好不好的问题，也根本不存在"命"这个东西。过去我们受苦受害的根子是万恶的旧社会制度，今天获得解放是党和毛主席领导我们进行斗争的结果。没有无产阶级革命的胜利，我们妇女解放是不可能的；没有无产阶级专政的巩固，妇女解放是没有保证的。毛主席的无产阶级革命路线是我们劳动妇女的命根子。这个道理，是我们每一个革命妇女从自己的生活和斗争实践中体会到的，是谁也否认不了的。

但是，林彪这个叛徒、卖国贼，继承孔老二的衣钵，极力鼓吹"天命论"、"天才论"，把自己打扮成"既受于天，且受于人"的"天马"，却恶毒诬蔑我们劳动妇女是天生"愚笨"、天生"落后"。其险恶用心就是把我们妇女重新捆缚起来，反对我们参加革命，妄图为他篡党夺权，建立林家世袭王朝制造反革命舆论，以便肆无忌惮地复辟资本主义。这完全是痴心妄想。新中国广大革命妇女不信天命信革命，勇敢地挑起三大革命重担，撑起了"半边天"。这是对历史上一切反动派和孔孟的信徒林彪所鼓吹的"天命论"和男尊女卑思想最有力地痛击。

就拿我们"三八"女电焊班来说，在毛主席无产阶级革命路线指引下，敢于破"天命"，勇于干革命。四年来，我们共焊接新船九艘，修船七十一艘，为社会主义建设做出了自己的贡献。

我们第一次接受二百八十方泥驳的焊接任务时，有一些人散布什么："妇女焊船船就漏"。这是"男尊女卑"的反动观点和封建迷信思想作怪。在风言风语面前，我们不灰心，不动摇。认真学习毛主席关于**"时代不同了，男女都一样"**的光辉教导，批判了束缚妇女起来革命的"天命论"和男尊女卑思想，使我们更进一步认识了自己的力量。既然男同志能焊船，我们女同志为什么就不能焊船呢？通过批判，提高了我们的阶级觉悟和路线觉悟，激发了我们的革命热情和冲天干劲。在战斗中，我们勇于实践、大胆创新，原计划两个月的任务，只用一个月就完成了，并且达到一次试水成功，创造了我厂焊船史的新记录。这是对林彪　孔老二鼓吹的"男尊女卑"反动观点的一次深刻、实际的批判。

第二次我们又接受了焊接"长江"号江轮的任务。这条船结构复杂，工艺要求高，对我们来说，任务确实是十分艰巨的。这时有的人又吹冷风说，她们费了牛大的劲儿才焊了一条泥驳。这回又想焊江轮，是"墙上挂门帘——没门儿"。真是"没门儿"吗？在困难面前，是前进，还是后退呢？这是对我们又一次考验。面对艰巨任务，我们又反复批判"天命论"和男尊女卑思想，进一步增强战胜困难的勇气，决心踢开"拦路虎"，夺下"长江"轮。青年女工沈宣主动要求挑重担，到油舱去焊接，那里狭窄闷热，气温高达四十多度。小沈想到革命妇女的"半边天"作用，决心一定要经受考验。一会儿，焊完十几根焊条，累得腰酸胳膊疼。在她刚要换焊条时，身体一斜，碰到船舱的铁壁上，顿时感到浑身麻木，她触电了！同志们立即把她拉到舱外，并要把她送到卫生所，但她不顾同志们劝告，一转身又钻进舱里继续战斗。像沈宣这样的好人好事，在我班是很多的。大家以大干、苦干加巧干的革命精神，只用四十天的时间，就提前一个半月完成了任务，又一次创造了我厂焊史船的新纪录。

在成绩面前，我们并没有满足。我们仍然继续不断批判"天命论"和男尊女卑思想，继续攀登生产的新高峰。第三次焊接二百八十方泥驳的任务时，我们认真总结经验，采取新工艺、新技术，只用十三天时间就完成了任务。比第一次焊船提前十七天，质量又有新的提高。第三次创造了我厂焊船史的新纪录。

这些事实充分证明：妇女是一支伟大的力量。在毛主席革命路线指引下，随着广大妇女在政治上、经济上、思想上得到翻身和解放，妇女在革命和建设中的作用得到了充分的发挥。林彪妄图把"天命论"和男尊女卑的精神枷锁重新套在我们妇女头上，这是白日作梦。在批林批孔深入发展的大好形势鼓舞下，我们班同志豪迈地说：用马列主义、毛泽东思想武装起来的革命妇女，不信天命干革命，越是艰险越向前，革命生产当闯将，敢于顶起"半边天"

揭穿"中庸"之道　斗争赢得胜利

《女三字经》不仅贩卖唯心论的"天命论"，而且拼命鼓吹"中庸之道"。在《叙论章》里，它要求妇女读《六经》，特别提出了读《诗经》里《刑于》篇的关于妇女如何顺从男人的《二南》章。并且在《懿范章》里还列举了妇女实行"中庸之道"的黑样板。这一切，都是要我们广大妇女做一个不偏不倚的"婉娩从"的奴隶，以达到他们"长治久安"的反动目的。它还不止一次地提出妇女要"和平"，胡说什么妇女只要"外是非　莫与论"，"勿专姿　行己意"，受压迫时也要逆来顺受，"无怨憎"、"忍吞声"，以便调和矛盾，取消斗争，"大小事 化解平"。这反动的"中庸之道"，说穿了就是要把我们劳动妇女的革命性、斗争性磨掉，解除我们的思想武装，"平熄"我们反抗剥削、反抗压迫的万丈怒火，"忍耐"统治阶级的压榨，变成任人摆布的驯服工具。而那些满口"中庸"的反动派，对人民是从来不"中庸"的，他们从来没有放下过手中的屠刀，时时刻刻地残酷镇压人民，坑害了我们妇女和广大劳苦大众二千余年。我班马云霞父亲马师傅的遭遇就是历史的见证。旧社会，马师傅被骗到"北塘号"船上卖过苦力，当时，船长欺骗大家说："四海之内皆兄弟，一条船上一家人，决不能让你们吃亏。"但马师傅他们上船后，真象进了水牢，在那四面环水的船上，一天干到晚，皮鞭子不知挨了多少，整整十年不让回家。其中，一个穷苦的阶级兄弟病得很重，他们不仅不给医治反而活活地扔到海里去了，后来他的妻子也在煎熬中死去了。这就是对"中庸之道"的血泪控诉。叛徒、卖国贼林彪和孔老二及《女三字经》弹的完全是一个调子。他们大喊大叫什么"执其两端，用其中"，"中庸之道……合理"，他们究竟合的那一家的理？不是别的，正是地主、资本家的"理"，是压迫我们劳动妇女的"理"。林彪一伙大喊大叫"中庸之道"，就是要让我们放弃斗争，好让地富反坏右纷纷出笼，颠覆无产阶级专政，复辟资本主义。我们车间就有一个隐藏很深的阶级敌人，他经常向妇女散布什么：妇女就应该在家做好饭，上班干活，少管那些"闲事"。他还叫嚷什么"船体车间风平浪静"，鼓吹阶级斗争熄灭论。可是正是他，暗地里却故意把生水倒在开水里，阴谋让工人喝了生病上不了班，破坏抓革命，促生产。他还恶毒攻击无产阶级文化大革命、反对无产阶级专政。我们"三八"女电焊班的同志以阶级斗争的观点，贴出了《揭开车间阶级斗争盖子》的大字报，并在党组织的领导下，和广大工人师傅一起，勇敢战斗，揪出了这个阶级敌人。同时，这也是给林彪、孔老二散布的"中庸之道"一记响亮的耳光。

我们不仅在阶级斗争中坚持斗争哲学，反对中庸之道，而且在生产斗争中也是如此。在批林批孔运动中，我们完成大型挖泥船——"中华轮"的抢修任务，就是通过斗争才赢得了胜利的。这条船是建港施工中急需的重要船只。在抢修过程中，坞期要求很紧，任务量很大，质量要求很高，需要换十八块大型船体板，并要把原来的铆接改为焊接。因为当时海河水位每天下降十厘米左右，如果耽误时间，这条船就会出不了坞，这样，就会直接影响建港施工。所以，厂党委决定把原计划二十天的坞期改为十五天。这么重的任务，这么紧的时间，对于我们是一场严峻的考验。怎么办？大家一致表示，只有发扬敢于斗争、敢于胜利的大无畏的革命精神，才能赢得胜利，完成"中华轮"的抢修任务。在战斗中，我们同男同志展开了劳动竞赛。轮内轮外，坞上坞下出现了热火朝天的劳动景象。大家在悬空的跳板上，一干就是十几个钟头。电焊的弧光把脸烤掉了一层皮，但没有一个人下火线。大家以船坞为战场，以焊把作刀枪，用敢打硬拚的实际行动向困难进军。为了加快前进的步伐，提前完成任务，我们决定采用大电流、粗焊条、稳运棒的快速焊接新方法。这种方法在修船换板上还是从来没有尝试过的　弄不好很容易把旧钢板烧穿；而且站在悬空的跳板上也不好掌握。于是，我们虚心向老师傅请教，攻克了重重难关，熟练地掌握了这种新技术。结果，半个月的任务，我们只用了六天时间就保质保量地完成了。这又是对林彪、孔老二的一次有力批判。

联系现实的阶级斗争和生产斗争的实际，我们组织大家认真学习了列宁的有关教导。通过学习，我们认识到，"中庸之道"是**"把两个极端'调和'起来"**，**"用折中主义代替辩证法"**；"中庸之道"就是否认对立面的斗争。它的现实含义就是否认社会主义时期的阶级、阶级矛盾和阶级斗争，反对社会变革，力图保持旧事物使之免于灭亡。因此，要贯彻执行党的基本路线，把社会主义革命进行到底，就必须坚持斗争哲学。这是无产阶级革命和无产阶级专政的一条历史经验，也是我们妇女获得进一步解放的根本途径。

狠批反动道德观　继续革命永向前

《女三字经》还竭力向广大妇女灌输"三纲五常"、"忠孝节义"、"二从四德"等封建伦理道德。喋喋不休地叫喊什么妇女只要"讲三从　说四德"，才能"女道修　母道德"，达到"贤妻良母"的标准。总之，《女三字经》给妇女从生到死，从坐卧起居到一言一行都规定了一大堆封建反动礼教的条条，其目的就是妄图把广大妇女紧紧地束缚在封建宗法制度和反动礼教之下，使我们成为维护封建秩序，巩固地主阶级专政的牺牲品。

我们运用马克思主义的阶级分析方法，剖析了《女三字经》的封建伦理道德的阶级性。恩格斯指出："**社会直到现在还是在阶级对立中运动的，所以道德始终是阶级的道德；它或者为统治阶级的统治和利益辩护；或者当被压迫阶级变得足够强大时，代表被压迫者对这个统治的反抗和他们的未来利益。**"经过学习和讨论，使我们认识到，道德是一种社会意识形态，是一定社会经济基础的产物，在阶级社会里道德始终是阶级的道德，服从于一定阶级的政治路线。《女三字经》中所宣扬的"三纲五常"、"忠孝节义"、"三从四德"，就是要使妇女思想言行都要恪守孔孟之道，服服贴贴地成为他们的奴隶，以便维护摇摇欲坠的地主阶级的统治。叛徒、卖国贼林彪一伙也极力贩卖孔孟之道，宣扬"三从四德"，胡说什么"丈夫的命运决定妻子的命运"，要我们妇女"不要想什么前途"，"管管家务"，做一个"好老婆"就行了。其罪恶目的就是反对我们妇女参加革命斗争，想使我们妇女永远当奴隶。伟大领袖毛主席历来十分关心我们劳动妇女的成长，他老人家早就教导我们：**"团结起来，参加生产和政治活动，改善妇女的经济地位和政治地位。"**我们正是遵照毛主席的教导，打碎封建礼教的枷锁，和男同志一起朝气蓬勃地战斗在三大革命运动第一线，为社会主义建设和支援世界革命做出了贡献。在批林批孔运动中，我们认真学习马列主义、毛泽东思想，同全厂职工一起杀上大批判的战场，发挥了主力军作用，在斗争中得到锻炼和提高。现在，已有三名同志加入了中国共产党，十五名同志加入了共青团，班长张淑英被选为厂党委委员。这些事实充分说明，不管林彪怎样污蔑和压制劳动妇女，都阻挡不住我们前进的步伐。

随着社会主义革命的不断深入，意识形态领域里的阶级斗争更加尖锐、复杂，我们革命妇女不但要在生产上当闯将，而且要在思想上敢于同旧的传统观念决裂，坚持无产阶级专政下的继续革命。我班女工崔宝荣同志，是两个女孩的妈妈。起初，她和婆婆都迫切要求再有一个男孩，因而怀了第二胎。批林批孔运动开始后，通过认真学习和深入批判《女三字经》鼓吹的"宗嗣接"的谬论，她把不要第三胎的想法告诉了婆婆。婆婆一听急坏了，说："不生男孩咱家的香火谁接啊，你不要儿子，我还要孙子呢！"于是，崔宝荣和婆婆一起回忆了苦难的家史，批判"不孝有三，无后为大"谬论对妇女的毒害，使婆婆深深感到，两种社会两重天，新社会要树立新道德，新风尚，于是，愉快地同意了崔宝荣做人工流产手术。我们班还有一个老师傅王宝荣同志，儿子要下乡，她总舍不得。通过批林批孔运动，她认识到子女不是个人的财产，而是革命的后代，是党和国家的宝贵财富，应该在大风大浪里把他们培养成为无产阶级革命事业的可靠接班人。觉悟提高后，她不仅积极地把孩子送到农村，而且还经常写信，鼓励孩子认真读马列的书、读毛主席的书，扎根农村干一辈子革命。

在批林批孔运动中，由于我们深批《女三字经》和其它宣扬孔孟之道的大毒草，振奋了我们继续革命的精神，我们决心以革命和生产的实际行动痛击林彪对我们妇女的恶毒污蔑。深入批判《女三字经》以来，我们抢困难，专拣困难挑在肩，先后焊接成功了油轮、抓石船、大型挖泥船等三条船只，修建了打桩船等十一条船只，并支援其它班组完成了六百方泥驳等焊接任务。特别是在建造十五米的大油罐时，我们打破了船厂女焊工不登高作业的传统习惯，勇敢地登上了高空，点起了电焊的火花。当时，时间紧迫，罐顶又是六十度的斜坡，如果稍不注意，就会发生严重的人身事故。面对这种情况，我班同志人人磨拳擦掌，个个抢登罐顶，白天干，晚上干，下雨天仍然坚持战斗。就这样，我们连续奋战十四个日日夜夜，终于把这座油罐的全部焊接任务提前完成了。

当前，我厂批林批孔运动正在普及、深入、持久地开展下去。我们正在积极贯彻毛主席关于安定、团结的指示，把革命和生产推向新的高潮。我们在批判《女三字经》，批判林彪反革命修正主义路线和孔孟之道的斗争中，虽然取得了一些成绩，但是，按照党的要求，我们还有许多差距。我们决心在今后坚持看书学习，掌握理论武器，把批林批孔进行到底，争取更大的胜利。

会议典型材料之十

狠批林彪、孔老二的复辟倒退路线 坚定不移地走社会主义道路

宝坻县大钟庄公社大钟庄大队党支部

天津市学习马列和毛主席著作经验交流会

会议秘书处　　　　　　　　　　一九七四年十二月

狠批林彪、孔老二的复辟倒退路线
坚定不移地走社会主义道路

我们大队位于宝坻县大钟庄洼的中心，是个地多人少、自然条件较差的大村队。长期以来，我们大队一直处于比较后进的状态。学习马列主义、毛泽东思想的群众运动开展得不深入；资本主义倾向比较严重；农业生产上不去。批林批孔以来，在公社党委的领导下，在市、县工作组的帮助下，我们党支部提高了抓大事、抓路线的自觉性，认真看书学习，深入批林批孔，狠批资本主义倾向，坚持社会主义道路。经过了一年的时间，全村的精神面貌发生了巨大的变化，使我们这个多年迈不开步的后进单位，焕发了革命精神，更加朝气蓬勃地前进在社会主义的大道上。现在，把我们认真看书学习，深入批林批孔，实现一年巨变的情况，向领导和同志们汇报一下。

一、认真看书学习，狠批"克己复礼"

一年来，我们认真看书学习，狠批"克己复礼"，大体经历了三个高潮。

第一个高潮，是狠批"克己复礼"，进一步认清林彪反革命修正主义路线的极右实质，坚定走社会主义道路的方向。中央〔1974〕1号文件下达以后，我们立即放手发动群众，认真学习中央文件，对文件中指出的林彪鼓吹孔孟之道八个方面的罪行，一个一个地进行了反复批判。在这个基础上，我们进一步把批判的火力集中在林彪效法孔老二搞"克己复礼"的反动政治纲领上。为了深入批判"克己复礼"，我们认为必须要掌握马列主义、毛泽东思想的理论武器。只有认真学，才能深入批。于是，我们集中了一段时间，用举办读书班、开展业余自学活动等形式，组织广大干部群众，认真学习毛主席的光辉著作《论人民民主专政》。

在学习《论人民民主专政》中，我们着重引导大家认清加强无产阶级专政与巩固、维护社会主义制度的关系，运用马列主义的国家学说，剖析林彪"克己复礼"的极右实质。通过反复学习，使广大干部、群众认识到，毛主席发表这篇光辉著作，是具有十分重大的历史意义的。当时，正是全国解放前夕，我们要建立一个什么样的国家，我们的国家要走一条什么道路，是全党、全国人民面临的最重大、最根本的问题。毛主席深刻地总结和高度地概括了我党所领导的民主革命的基本经验。民主革命二十八年的经验，**"集中到一点，就是工人阶级（经过共产党）领导的以工农联盟为基础的人民民主专政"**，也就是无产阶级专政。建立无产阶级专政，我们工人、农民和其他劳动人民才能掌握印把子，当国家的主人，才能镇压地主资产阶级的反抗，不让他们翻天，才能抵御帝国主义的侵略，防止我们的国家重新变成帝国主义的殖民地和半殖民地，才能利用无产阶级专政这个强大的武器，建立社会主义的经济，推动社会主义革命不断深入，保证社会主义建设顺利进行。因此，无产阶级专政，是我们工人、农民和其他劳动人民的传家宝。通过反复学习，大家对于毛主席教导的："**革命的人民如果不学会这一项对待反革命阶级的统治方法，他们就不能维持政权，他们的政权就会被内外反动派所推翻，内外反动派就会在中国复辟，革命的人民就会遭**

殃", 有了更深刻的理解,对林彪"克己复礼"的极右实质也看得更加清楚了。许多同志说:林彪恶毒地咒骂无产阶级专政是"暴政", 鼓吹什么"恃德者昌,恃力者亡", 叫嚷要对被打倒的地、富、反、坏、右"一律给予政治上的解放",其实质就是要通过颠覆无产阶级专政, 达到"兴灭国, 继绝世, 举逸民",复辟资本主义, 建立封建买办资产阶级的"林家王朝"的罪恶目的。所以, 林彪的路线, 就是一条倒退的路线, 复辟的路线,要把我们拉向旧社会的路线, 它的实质是右得不能再右了。

为了把学习、批判再引深一步, 我们在学习《论人民民主专政》的过程中,广泛开展了忆"三史(村史、苦难家史、个人翻身史)"的活动。在忆苦中,大家回想起解放前的悲惨生活。以前, 我们村是个有二百五十户、一千多口人的大村子,在国民党反动派和地主阶级的残酷剥削下, 人们背井离乡, 逃荒要饭, 不少人冻死、饿死在外地。到解放时, 全村只剩下七十多户, 不到五百人。特别是在一九四七年二月八日, 国民党、地主还乡团对广大劳动人民实行了"三光"政策, 制造了耸人听闻的火烧大钟庄洼事件,使我们这个地区的三十二个村庄化为一片灰烬,仅我们村就被烧毁了四百五十八间房子。大家回顾了这些悲惨的历史,更加激发了对林彪搞"克己复礼"、妄图复辟资本主义滔天罪行的无比仇恨。许多贫下中农气愤地说:"林彪搞'克己复礼', 妄图复辟资本主义, 就是想让我们重新回到万恶的旧社会, 我们一定要针锋相对,坚持社会主义, 反对资本主义。"这是我们批判"克己复礼"的第一个高潮。通过这个高潮, 使走社会主义道路的思想在全村进一步深入人心。

第二个高潮,是狠批林彪诬蔑无产阶级文化大革命的罪行, 引导群众进一步认清要坚持社会主义道路,就必须坚持两个阶级、两条路线的斗争。进入四月份,我们根据《人民日报》"再批'克己复礼'"社论的精神,组织广大干部和群众,认真学习毛主席关于无产阶级文化大革命的一系列论述,畅谈文化大革命的伟大成果,深入批判林彪"克己复礼"的反动纲领,联系批判林彪一伙诬蔑和攻击无产阶级文化大革命的罪行。在不到一个多月的时间,全大队召开各种批判会一百一十多次。社员们说:"文化大革命的好处,三天三夜也说不完。最大的好处是挖出了刘少奇、林彪这两个定时炸弹,更加巩固了我国无产阶级专政"。而叛徒、卖国贼林彪睁着眼睛说瞎话,颠倒黑白,造谣污蔑,竭力攻击无产阶级文化大革命,他的罪恶目的就是要抹煞文化大革命的伟大成果,把历史拉向倒退,我们绝不能让他的阴谋得逞。

接着,我们组织群众再次学习党的基本路线,认真总结文化大革命中两个阶级、两条路线的激烈斗争,进一步加深对社会主义革命时期阶级斗争规律性的认识。在无产阶级文化大革命前期,我们摧毁了以刘少奇为首的资产阶级司令部,批判了他的修正主义路线;时间不长,林彪又跳了出来,还是要搞复辟,搞倒退。我们联系这个事实,学习毛主席的哲学著作《矛盾论》和《关于正确处理人民内部矛盾的问题》中的有关章节,使大家认识到,在社会主义历史阶段,无产阶级和资产阶级两个阶级的斗争,社会主义和资本主义两条道路的斗争是长期的、曲折的,有时甚至是很激烈的。要革命、要前进、要搞社会主义,就必须要狠抓阶级斗争和路线斗争。只有通过不断的斗争,才能不断地巩固无产阶级专政,发展社会主义经济。

第三个高潮,是研究、宣讲儒法斗争史,进一步批判林彪、孔老二倒退复辟的路线。今年六月以来，我们学习天津站、小靳庄的经验，在群众中广泛开展了研究、宣讲儒法斗争史和整个阶级斗争史的活动。在半年多的时间里，我们结合农村的特点，编写出一套儒法斗争史的宣讲材料，同时，采取骨干和群众相结合的方法，对一些重大事件和法家的重要代表人物进行深入地研究。在开展这一活动的过程中，我们坚持把研究历史同学习毛主席著作结合起来，同研究现实的阶级斗争、路线斗争结合起来，注意了从路线上和阶级实质上总结历史经验，指导现实的斗争。由于我们较好地坚持了**"古为今用"**的原则，所以，通过半年多研究、普及儒法斗争的活动，使广大社员和干部进一步从理论和实际的结合上，提高了阶级斗争、路线斗争觉悟。特别是认清了这样三个问题：一是认清了林彪和孔老二的内在联系，进一步懂得了孔孟之道就是林彪反革命修正主义路线的主要思想根源。在研究儒法斗争史时，我们系统地学习了毛主席关于反孔批孔的一系列指示，逐个剖析了党内历次机会主义路线头子尊儒反法、宣扬孔孟之道的反革命罪行。使大家从历史斗争的经验中，逐步认识到，儒法斗争在我国古代史上进行了两千多年，一直影响到现在。这种斗争，在不同的历史时期，虽然有着不同的阶级内容和表现形式，但从根本上说，都是前进与倒退、革新与守旧、革命与复辟的斗争。今天林彪又大搞尊儒反法，宣扬孔孟之道，这完全是为他那条复辟倒退的政治路线服务的。我们同林彪的斗争，归根结底，是前进与倒退、革命与复辟的斗争。二是认清了复辟与反复辟的长期性和复杂性。在这方面，我们主要是发动群众，系统地研究了秦汉之际两个阶级、两条路线的斗争。在研究的过程中，使大家看到，封建制从战国时期初步建立起来，一直到西汉中期才得到巩固，先后用了三百多年的时间，中间经历了先秦法家商鞅等人的变法,秦始皇统一中国、建立中央集权制的多民族的统一的封建国家,赵高篡权和秦王朝的覆灭,刘邦同项羽的楚汉战争,贾谊、晁错维护西汉王朝反对工商奴隶主和地方割据势力的分裂复辟活动,以及桑弘羊在盐铁会议上同儒家的大论战等一系列斗争,才把复辟势力彻底打垮。通过研究这些历史,大家受到了极为深刻的路线斗争教育。不少群众说:封建制代替奴隶制,只是用一种剥削制代替另一种剥削制,斗争就如此的激烈、复杂,我们现在是用社会主义战胜资本主义,是要消灭一切剥削阶级和私有制,当然就更需要经过长期复杂的斗争。所以,坚持社会主义,反对资本主义,不是批判一次、两次就能解决的,而必须长期、反复地进行下去。三是更加体会到,必须要热情歌颂、大力支持新生事物。法家在历史上是革新派,许多掌握权力的法家,都采取过一些革新的措施,而他们在历史上总是受到反动势力的攻击、诬蔑和迫害,有的被迫害而死,比如商鞅、李斯和桑弘羊等等,有的死后,被儒家和历代反动派骂了一两千年。这些历史事实对于我们今天有什么教育意义呢?我们组织广大群众,围绕着这些历史,学习毛主席的有关教导,逐步懂得了:在建立或巩固一个新的社会制度时,新生力量同衰朽力量的斗争是非常激烈的。反动势力为了搞复辟,搞倒退,先是竭力攻击和扼杀革命的新生事物。因此,要巩固新的社会制度,就必须同破坏新生事物的反动势力进行不懈的斗争。明确了这一点之后,许多群众自觉地联系当前的斗争,深有感触地说:我们干的社会主义事业,是人类历史上最伟大的事业,是要彻底改造整个社会,我们贫下中农一定要大力扶持社会主义的新生事物,彻底批判林彪一伙攻击诬蔑社会主义新生事物的谬论和罪行,打击一小撮阶级敌人破坏社会主义新生事物的罪恶活动。许多群众通过学习,提高了觉悟，还自觉地同旧思想、旧风俗实行彻底决裂。

总之，三个高潮一个比一个深入，大大提高了广大干部和社员群众的阶级斗争和路线斗争觉悟，增强了执行党的基本路线的自觉性，也有力地推动了我大队批林批孔运动，不断普及、深入、持久地向前发展。

二、坚持社会主义道路，反对资本主义倾向

批林批孔运动中，我们在组织群众认真学、深入批时，还注意紧密联系本大队的实际，解决现实的阶级斗争和路线斗争的问题。在市、县工作组的帮助下，我们党支部经过分析，一致认为我们大队长期处于后进状态的根本原因，在于方向、路线不够端正，资本主义倾向比较严重。因此，我们在"三批'克己复礼'"的过程中，始终结合批判资本主义倾向，坚持社会主义道路。我们主要抓了这样几个问题：

一是狠批"以钱为纲"、"重副轻农"的资本主义倾向，坚持**"以粮为纲，全面发展"**的正确方针。批林批孔开始不久，我们在全大队开展了一场"是以粮为纲，还是以钱为纲"的大讨论，开始时，有些干部想不通，认为抓钱是为了集体，为了群众，没啥问题。为了使广大干部从思想上提高认识，我们运用解剖典型的办法，引导大家从路线斗争的高度来观察和分析这个问题。我们大队的第五生产队，原来是个比较先进的单位。后来，有些干部受到资本主义思想的影响，一心想抓钱。他们停办了直接为农业生产服务的小烘炉，改为生产自行车轴皮，一下子投进十多个强劳力，由两名队长专门抓。生产队的大车，常年出外跑运输，连肥料都送不出

去。去年，全队只往地里送了十多车粪，还扔在了地头上，一直没往地里施。由于只抓钱不抓粮，结果闹得"人心散了，土地荒了，粮食产量下来了。"弄了个粮钱两落空，社员越干越没劲，集体经济受到了严重损害。去年，他们的粮食亩产比别的队少八十多斤，样样工作上不去，成了全大队有名的"拉稀队"。我们组织大家认真分析了五队由先进变落后的教训，对大家教育极大。许多干部社员深有体会地说："不抓粮只抓钱，是害了集体，乱了思想，坑了群众，丢了方向，长期下去，就会断送集体经济，破坏无产阶级专政的经济基础。"随着大家路线斗争觉悟的提高，在全大队，"以粮为纲"的思想越来越深入人心。今年，各生产队自觉地停办了那些不利于农业大上的工副业，做到主要干部管农业、强壮劳力干农业，绝大多数资金用于农业。全大队的二十四辆大车，始终战斗在农业第一线，没有一辆出外拉脚赚钱。五队也停办了"以副伤农"的轴皮厂，恢复了直接为农业服务的小烘炉，大家心往农业上想，劲往农业上使，全队的粮食亩产，由去年的二百三十斤，猛增到五百斤，翻了一番多。

二是狠批只顾小集体，搞自由种植的资本主义倾向，坚持顾大局，服从国家的统一计划。社会主义经济是计划经济。国家计划是根据全国人民的利益制定的。但是，过去我们大队自由种植的现象比较严重。"利大多种，利小少种，无利不种。"例如，有些生产队，为了卖高粱秸多赚几个钱，硬是离开国家计划，不种高产优种的杂交高粱，偏种低产的本地高粱。有的勉强种上一点，也是两种"待遇"。工往本地高粱上使，肥往本地高粱上用，弄得杂交高粱"吃不饱，喝不上，满地是野草"，高产作物反而低了产。再如去年，我们提出：按照国家计划多种高产粮食作物，实现"保五争六"

（亩产保证五百斤,争取六百斤）。可有的生产队却提出：多种经济作物，弄个"保豆吃油"。在批林批孔运动中,我们把解决这种错误倾向，做为端正集体经济方向的一件大事来抓。反复组织干部群众，从两条不同路线、两种不同性质的经济的高度，来分析这些问题。并引导大家回顾了解放初期,我们地区受灾，十四个兄弟省市支援我们口粮的历史,使大家提高了路线觉悟，增强了全局观念。有的干部深有感触地说："我们作计划，办事情，都要想到国家，想到社会主义。要站在大钟庄,胸怀全世界。"大家这样说了，也是这样做的。今年,我们严格执行国家的种植计划,种了四千多亩杂交高粱和杂交玉米，经过广大社员精心管理，获得了空前的大丰收。为了多为国家作贡献,有些生产队还在开荒地里也自觉地种上了杂交高粱，增加了粮食耕地面积，仅这一项,就多向国家交售粮食五万多斤。

三是狠批不顾集体，"分光吃净"的资本主义倾向，坚持正确处理国家、集体、个人三者的关系。在批林批孔运动中，我们多次组织干部群众,围绕着收益分配问题上的两条路线斗争，反复批判修正主义,批判资本主义。为了帮助大家从理论上弄清这个问题，我们组织干部、群众反复学习了马克思的《哥达纲领批判》的有关章节,深入批判林彪叫嚷的要在经济上实行"真正解放"的反动谬论。使大家认识到,在分配与积累问题上，历来存在着马克思主义同机会主义两条路线的斗争。马克思主义的积累和分配原则，就是正确处理国家、集体和个人三者的利益。而一切机会主义分子为了在政治上搞复辟、搞倒退，总是从不同的方面来破坏马克思主义的这一原则。林彪疯狂地叫嚷在经济上实行"真正的解放"，鼓吹什么"多分点""多拿点",就是妄图取消集体积累，搞垮社会主义经济,使我们无产阶级的国家蜕化为资本主义国家,达到他"克己复礼"的罪恶目的。由于大家从路线上分清了是非,正确处理三者关系的自觉性更高了。今年,我们夺得了生产上的大丰收,粮食多了,收入高了。有些地富分子又在背后煽动分光吃净的妖风。广大干部、社员进行了针锋相对的斗争。大家表示:"丰收了要多贡献、多积累。"今年,按全大队收入,每个工分值可分到一元五角钱左右。在讨论今年的分配时,广大干部社员首先想到的是,为了农业大上快上,我们要艰苦奋斗,多留积累。最后,一致决定,把工分值定到一元钱以下。今年是我们大队积累最多,储粮最多的一年。再如我们这个地区,社员吃油的供应办法,是按照国家供应的标准,集体种值一些油料作物。今年由于丰收,产量折合起来,超过了吃油供应标准。在分配时,广大社员自动提出,要把超余部分交售给国家。有的贫下中农说:"交的数量虽然不多,但这是我们贫下中农对国家的一点心意。"

四是进一步肃清"三自一包"的修正主义流毒,不断地巩固社会主义的集体经济。在反革命修正主义路线的影响和一小撮阶级敌人的煽动下,过去,在我们大队,一些人存在着"吃粮靠集体,化钱靠自己"的错误思想。如有的不安心集体生产,热衷于搞"小自由";有的任意扩大自留园、宅基地;还有极少数人甚至常年不参加集体生产劳动,出外做买卖,搅私活。这种现象,严重地影响了集体生产,使全大队缺乏那种改造山河、大上快上的劲头。对于这些事情,过去我们只是抱怨群众"落后",很少从我们领导身上找原因。批林批孔开始以后,驻队工作组帮助我们认真分析这些问题,对我们教育很大。我们认识到,资本主义自发倾向,是阶级敌人煽动的,但是长期以来,我们放松了党的基本路线的教育,对一小撮阶级敌人煽动的资本主义倾向斗争不力,应负主要责任。我们还认识到:认真贯彻党的基本路线,不断地向群众灌输社会主义思想,就能充分调动广大群众大干社会主义的积极性;离开了党的基本路线,忽视了政治思想工作,阶级敌人、修正主义路线就会引诱群众偏离社会主义方向,搞资本主义。基于这种认识,我们在组织群众学习马列主义、毛泽东思想的过程中,把认真学习毛主席为我党制定的基本路线,作为一项重要内容,结合批林批孔,在广大群众中,深入持久地开展了一场党的基本路线的教育活动。在这场教育中,我们一是教育群众把坚持社会主义方向,抵制资本主义自发思想,同巩固无产阶级专政、防止资本主义复辟联系起来认识,这就大大提高了广大群众坚持社会主义方向的自觉性。有的社员说:"资本主义得了逞,社会主义就建不成。我们贫下中农绝不做不利于革命、不利于前进的事情。"二是用党的基本路线,狠批剥削阶级的意识形态,引导群众与旧的私有观念实行彻底地决裂。我们组织群众反复批判了林彪和孔孟之道散布的"上智下愚"、"小人喻于利,君子喻于义"等反动谬论,使广大干部社员进一步树立起"一心为公""为革命种田"的社会主义新思想。三是开展忆比活动,组织大家忆单干的苦,比走集体化道路的甜;忆修正主义路线干扰破坏的苦,比执行毛主席革命路线的甜。使广大群众进一步懂得了"只有社会主义能够救中国"的伟大真理。一年来,我们通过政治夜校、举办学习班等多种形式,反复学习党的基本路线,深入批判林彪、孔老二的复辟倒退路线,使党的基本路线在广大群众的头脑中扎下了根。

三、思想大变样,生产大飞跃

伟大领袖毛主席说:"……**群众知道了真理,有了共同的目的,**

就会齐心来做。"一年来，由于我们紧紧抓住坚持社会主义，反对资本主义这个根本问题，联系实际，认真看书学习，狠批林彪、孔老二的复辟倒退路线，使广大群众走社会主义道路的积极性更高了，大干社会主义的劲头更足了。全大队到处呈现出一派生气勃勃的革命景象。

由于走社会主义道路的思想更加深入人心，"热爱集体经济，关心集体经济"已愈来愈成为广大群众的自觉行动。我们大队原来有五十三户社员准备今年盖新房，当他们听说为了农业大上，队里搞农田水利基本建设需要资金和物料时，有四十多户社员放弃了盖新房的打算，主动地把钱和物料送到了生产队。他们豪迈地说："咱们要象大寨那样，先治坡，后治窝"。今年，是我们大队购买农业机械最多的一年，先后买了七十多台（件）机器，共化了六万多元，其中有一万五千元是广大社员自觉凑的资金，这里面有准备用来盖新房的、有给子女结婚的、还有准备添置自行车、缝纫机的。他们说："为了农业大上，自己的事拖一拖，少办点，有啥了不起"。

由于走社会主义道路的思想更加深入人心，先进的更先进了，一些原来资本主义自发思想比较严重的人，也提高了觉悟，在社会主义大道上大踏步地跟了上来。二队有个社员，几年来很少参加集体生产劳动，热衷于搞"小自由"，白天去杀猪宰羊，晚上去逮黄鼠狼。今年，通过认真看书学习，狠批林彪"克己复礼"的极右实质，使这位社员提高了觉悟，思想上发生了深刻变化。一年来，他积极参加集体生产劳动，从没误过一天工。今年大秋，群众选他担任护秋工作，他白天黑夜地长在地里，工作一丝不苟，并且还抽空为生产队打猪饲料，经常连饭都顾不上吃。前不久，有人找上门请他去杀猪，搞"小自由"，他丝毫没有犹豫地说："那是歪门邪道，给多少钱，也坚决不干。"现在，他已成为生产队"抓革命、促生产"的骨干。

由于走社会主义道路的思想更加深入人心，广大社员群众艰苦奋斗，自力更生的革命精神大大发扬。过去，在我们这里，地多人少成为一些人"慢上有理"的根据，如今，广大社员说：地多，我们更应该为国家多打粮食、多贡献。人少，更应该大干、快干、拚命干。就拿搞水利工程来说，过去喊了多少年，也到过不少地方去学习参观，但由于资本主义倾向作怪，每次都是"看了人家就叫好，一比自己就检讨，看完说完就拉倒。"以致造成我们大队水利渠系不配套，土地大平小不平。今年，全大队干部、社员树立了大办社会主义农业的雄心壮志，掀起了一场改天换地的农田基本建设高潮。大家冒着数九寒严，大搞水利工程，把往日冷冷清清的冬闲，变成人欢马叫的冬忙。今年春节时，广大社员连续作战，一直干到大年三十，坚持过节不休息。许多群众说："我们要大干快干，把林彪修正主义路线耽误的时间抢回来！"从去冬到现在，全大队除了按时、按量地完成了县办、社办工程之外，还新挖渠道五十七条，总长近万米，动土十三万多方，同时新建了条田一千五百多亩。再拿锄草抢苗荒这件事来说。往年，我们的秋庄稼，好的能锄上一遍，有不少地根本不锄，弄得草和庄稼一块长，严重地影响了粮食收成。今年，我们的大田作物比往年多，共种了五千多亩。在夏锄时，又正赶上搞社办水利工程，劳力非常紧张。当时，按在家的劳力计算，每人得合十五、六亩地。在这种情况下，广大社员响亮地提出：就是掉几斤肉，脱几层皮，也要把草锄净。在六、七两个月里，全队社员为了抢锄草荒，天天是披着星星下地，伴着月亮收工，没有睡上一天安稳觉，经过奋战，保证了五千多亩地都锄了三遍以上。过去，我们大队的不少妇女是"看孩子、养个猪、打点草、卖点钱"，很少参加集体生产劳动。今年，广大妇女也为农业大上操心，为农业大上使劲，在抓革命，促生产中，真正顶起了半边天。一年来，她们和男同志一样，修河打埝，下地上场，赶车送粪，扶耧点种，为我们粮食大上做出了很大贡献。

经过广大社员群众的艰苦奋斗。今年，我们人没增加，地没减少，在春遇旱灾，秋遇虫灾的情况下，粮食亩产由去年的二百八十七斤，猛增到五百三十五斤，一跃跨过了"黄河"，平均单产比去年增长了百分之八十一；总产达到了三百二十多万斤，比去年增长了百分之七十多；上级分配的全年粮食征购任务是四十三万九千斤，我们实际交售了一百六十多万斤，超过任务近三倍，为国家做出了应有的贡献。

同志们，今年由于我们狠抓认真看书学习，深入开展批林批孔，使我们大队初步改变了后进面貌。但与兄弟单位相比，还有很大的差距，我们仅仅是万里长征迈开了第一步。特别是在认真学、深入批这两个方面，还有不少薄弱环节。在这次会上，我们受到了教育，学到了经验。我们决心，乘这次大会的东风，在我们大队，进一步掀起学习马列著作和毛主席著作群众运动的新高潮，掀起批林批孔的新高潮，掀起农业学大寨运动的新高潮，在新的一年里，夺取革命和生产的更大胜利！

会议典型材料之十一

我们是怎样学习马克思主义用来指导研究儒法经济斗争史的

河北区东六经路付食基层店

天津市学习马列和毛主席著作经验交流会

会议秘书处　　　　　　　　　一九七四年十二月

我们是怎样学习马克思主义
用来指导研究儒法
经济思想斗争史的

我们河北区东六经路付食店共有职工一百七十八人。在批林批孔运动中，在党支部领导下，成立了一个老职工、青年职工和干部"三结合"的理论小组。从今年七月份开始，理论小组和职工群众相结合，认真学习马列和毛主席著作，研究了儒法经济思想斗争史，总结历史经验，用于促进批林批孔深入发展。在财贸学院的帮助下，大家团结一心，共同奋斗，排除万难，势如破竹，已经编写出《春秋到宋朝的儒法经济思想斗争史初稿》。职工们深有体会地说："学马列，眼睛明，路线是非分得清，千秋功罪我们评，批林批孔干革命"。

下面，向领导和同志们汇报一下，我们是怎样学习马克思主义，用于指导研究儒法经济思想斗争史的。

一、研究儒法经济思想斗争史必须破除迷信，敢想
敢干

研究儒法经济思想斗争史，对我们商店职工来说，是一个有不少困难的课题。我们商店理论小组的同志，年龄最小的二十岁，最大的五十八岁。文化程度低，一般是小学水平，少数念过初中，有的还没上过学。同时也没有人专门学过历史，甚至不懂什么叫经济

思想，更不知道儒法经济思想斗争是怎么回事。在这种情况下，有些同志产生了畏难情绪。有的说："让我们卖菜的研究历史，简直是没门！"针对这种情况，我们从提高认识入手，组织大家反复学习毛主席关于要了解历史的教导，围绕"为什么要研究儒法经济思想斗争史"展开讨论。通过学习讨论，大家逐步认识到：儒法经济思想斗争，是历史上整个阶级斗争的一个侧面。研究儒法经济思想斗争史，就是要研究两千多年来儒法两家在经济领域中进行的两种思想和两条路线斗争，从中总结出历史上在经济领域中阶级斗争和路线斗争的经验，找出规律性的东西，用来指导现实的阶级斗争和路线斗争，进一步认清林彪反革命修正主义路线的极右实质和思想根源，把批林批孔运动的普及、深入、持久地开展下去，巩固和发展社会主义的经济基础，巩固无产阶级专政，防止资本主义复辟。因此，这是具有重大现实意义的政治任务。

在明确研究儒法经济思想斗争史的目的和意义的基础上，我们进一步组织职工学习了毛主席关于在战略上藐视困难，在战术上重视困难的教导，学习了中央领导同志关于研究儒法斗争史的重要指示和天津站工人研究儒法斗争史的经验，使大家受到极大鼓午和启发，进一步增强了战胜困难的决心。同志们说：毛主席号召我们研究历史，批林批孔需要我们研究历史，天津站工人同志已经为我们作出了榜样，我们一定要研究历史。历史是我们劳动人民创造的，我们也一定能够研究历史。要迎着困难上，再硬的仗，也要打。大寨人能制服虎头山，我们也一定能攀登"历史山"！

在研究儒法经济思想斗争史的过程中，遇到了不少困难和问题，同志们以破除迷信，敢想敢干的革命精神和实事求是的科学态度，一个一个地战胜了困难。如一开始就遇到缺乏历史资料的问题，我们发动群众想办法，有的到图书馆去抄，有的回家去找，有的向亲友去借，这个困难很快得到了基本解决。在研究过程中，字不认识查字典，内容不懂问别人。为了弄清一个问题大家日夜奋战，有的中午连饭也顾不得吃，有的搞到深夜不睡觉。我们先后翻阅了四十多种书籍和报刊，抄录了二百多张分类卡片。在大家共同努力下，终于冲破了难关，仅用一个月的时间就编写出了儒法经济思想斗争史初稿。当然，这个初稿很粗糙，我们一直在不断地反复地研究修改。

二、研究儒法经济思想斗争史，必须坚持马克思主义的基本观点

我们在研究儒法经济思想斗争史的过程中，明确地认识到：以儒评史不行，以法评史也不行，只有以马克思主义为指导研究，才能揭示儒法经济思想斗争史的阶级内容和实质，做出符合历史发展情况的结论。因此，在研究中，我们始终注重看书学习，认真阅读了马克思的《〈政治经济学批判〉序言》、《哥达纲领批判》和《资本论》的有关部分，恩格斯的《家庭、私有制和国家的起源》，列宁的《土地问题和"马克思的批评家"》，毛主席的《实践论》、《矛盾论》和《关于正确处理人民内部矛盾的问题》等著作。通过学习，力求把握马克思主义关于研究历史，尤其是研究经济思想的基本观点，用以指导研究工作。

（一）学习和运用马克思主义关于社会生产方式决定社会面貌和生产关系一定要适合生产力发展要求的历史唯物主义观点，初步

弄清了儒法经济思想斗争的阵线和焦点。

开始时，大家对于两千多年的儒法经济思想斗争，到底应当从那里着手研究，什么问题才是关键，心里是没有底儿的。通过学习前面所说的那些马克思主义经典著作，大家认识到：社会生产方式决定着整个社会面的经济、政治、思想、文化面貌。正如恩格斯所说的：**"一切社会变迁和政治变革的终极原因，不应当在人们的头脑中，在人们对永恒的真理和正义的日益增进的认识中去寻找，而应当在生产方式和交换方式的变更中去寻找"**。社会生产方式的内在矛盾，也就是生产关系与生产力的矛盾，是人类社会的基本矛盾。生产关系一定要适合生产力发展要求的规律，是人类社会的普遍的共同的基本规律。凡是为先进的生产关系服务，从而促进生产力发展的思想，在历史上就是起进步作用的；凡是为腐朽的生产关系服务，从而阻碍生产力发展的思想，在历史上都是起反动作用。儒法两家在经济领域里的路线斗争，归根结底也就是促使生产的发展，是倒退呢，还是前进的？因此，研究儒法两家的经济思想，就要紧紧把握儒法两家对生产关系变革的态度这个根本问题。我们又进一步分析：在生产关系中，生产资料的占有问题起着决定性的作用。所以，我们决定拿儒法两家在各个时期对土地占有和使用方式上的不同主张和看法，作为研究儒法经济思想斗争的第一位的问题。

明确了应该如何抓根本问题，如何抓关键以后，我们对历史资料进行了分析，初步弄清了儒法经济思想在各个时期斗争的焦点。我们得出的看法是：在从奴隶制向封建制的转变时期和封建社会初期，儒法两家在土地所有制问题上斗争的焦点是"废井田"还是"复井田"。井田制是我国奴隶社会的土地制度，集中体现了奴隶制的生产关系。到春秋战国时期，随着生产力的发展，奴隶制的生产关系已经不再适应，必然要被新的生产关系所代替。当时新兴地主阶级废除井田制，建立封建的土地所有制，顺应了生产关系一定要适合生产力发展要求的规律。代表新兴地主阶级的思想家——商鞅等人都是坚持废井田的，在经济发展中起着促进的作用。而以孔孟为代表的维护没落奴隶主贵族利益的儒家，则逆社会潮流而动，竭力维持旧的生产关系，主张"复井田"，妄图复辟奴隶制经济，在经济发展中起着倒退的作用。所以儒法两家在废井田，还是复井田上展开了激烈的斗争，这是当时儒法两家在经济路线上最根本的分歧。

在封建社会中后期，儒法斗争已经成为地主阶级内部不同阶层和政治集团之间的斗争。因为他们都是地主阶级的思想家，所以尽管是属于革新派的法家，也是维护封建土地所有制的。但是，他们在土地占有问题上，并不是没有重大分歧。这时的分歧，集中表现在主张土地兼并，还是限制土地兼并。儒家代表的是豪强地主、大地主，他们是主张土地兼并的。而法家是代表地主阶级中比较低的阶层，所以他们是反对大地主兼并土地的。在他们掌权的时候，往往都实行限制土地兼并的经济政策。如曹操采取了"重（禁）豪强兼并之法"；王安石推行了打击大地主大官僚的"青苗法"和"均输法"等等；都说明，法家在一定程度上起了限制大地主兼并土地的作用。这些措施虽然是为了维护中小地主阶级的利益，但在客观上对发展社会生产，从而对劳动人民，也有一定的好处。豪强大地主的代表袁绍、孔融和司马光等人极力反对曹操和王安石推行的限制大地主兼并的政策，这就表明他们实行的儒家的反动的经济路线和政策。

总之，在各个时期儒法两家经济思想斗争的阶级内容和焦点虽然不同，但实质上都是前进与后退，革新与保守的路线斗争。儒家的经济思想和路线，是极力维护已经腐朽的生产关系，反对任何变革或调整，起着阻碍社会生产力发展的反动作用。法家的经济思想和路线是主张变革旧的生产关系或作某些调整，起着促进社会生产力向前发展的进步作用。在我国，儒法经济思想斗争有两千多年的历史，人物很多，内容庞杂。但是只要我们把握马克思主义关于社会生产方式决定社会面貌和生产关系一定要适合生产力发展要求的唯物观点，并运用这个基本观点进行具体的分析，就不难划清儒法两家经济思想斗争的焦点。

（二）只有坚持马克思主义阶级观点和阶级分析的方法，才能透过历史现象，抓住儒法经济思想斗争的阶级本质。

我们在研究儒法经济思想史的过程中，常常碰到一些复杂的历史现象。对于这些问题，必须运用马克思主义的阶级观点，进行阶级分析，才能找出正确答案。不然的话，就容易受迷惑。比如：文化大革命前，有个经济思想史教授在编写《中国经济思想史》里，讲到盐铁会议时，把桑弘羊说成是"政治上的法家，经济上的儒家"。他的根据是，先秦的法家都重农抑商，而桑弘羊在盐铁会议上却主要讲商业，维护盐铁官营。所以他说桑弘羊是"经济上的儒家"。今天应当怎样看待这个问题呢？开始时，在我们理论小组内部也是有分歧的。有的同意这位教授的看法，多数同志不同意这种看法。针对这个问题，我们学习了列宁和毛主席的有关教导。列宁说："马克思主义给我们指出了一条指导性的线索，使我们能在这种看来迷离混沌的状态中发现规律性。这条线索就是阶级斗争的理论。"毛主席指出："**我们看事情必须要看它的实质，而把它的现象只看作入门的向导，一进了门就要抓住它的实质，这才是可靠的科学的分析方法。**"大家遵照列宁和毛主席的教导，首先分析了先秦法家和桑弘羊所处的不同时代的特点。春秋战国时期，儒法在经济领域里的斗争，集中在土地所有制问题上。当时封建制正在代替奴隶制，或者刚刚代替奴隶制，封建土地所有制还不巩固，所以新兴地主阶级极力维护封建农业经济，而限制工商奴隶主的活动。所以，先秦法家一般都是重农抑商的。但是到了西汉武帝、昭帝时，封建土地所有制已经巩固了，这时西汉王朝面临的主要问题，是维护中央集权制的西汉王朝，防止工商奴隶主同封建地方割据势力搞分裂和复辟。在这种情况下，汉武帝和桑弘羊实行盐铁官营政策，实际上就是新兴地主阶级的中央政权，从工商奴隶主贵族和地方割据势力手里夺取经营工商业的权力。这正是法家路线在新的历史条件下的新发展，而并不是轻视农业，更不是实行了一条与先秦法家路线相对立的儒家路线。而是有利于农业发展的。当时文学、贤良等儒生，口口声声讲发展农业，其实并不是真要发展农业，而只是反对西汉王朝的中央政府经营工商业，主张让工商奴隶主和地方割据势力任意发展他们自己的工商业。大家还分析了盐铁官营经济政策的政治意义。认为这项经济政策的目的是：对内打击工商奴隶主和地方割据势力，巩固地主阶级中央集权；同时，增加国库收入，壮大军事力量，对外抵抗匈奴奴隶主贵族的侵犯。在盐铁会议上，贤良、文学们打着"为民请命"的旗号，攻击桑弘羊，攻击盐铁官营是"与民争利"，实际上是为工商奴隶主和地方割据势力讲话。他们的政治目的，就是要改变汉武帝巩固国家统一、加强中央集权，抗击匈奴奴隶主贵族侵犯的政治路线，推行投降、复辟的反动路线。

经过阶级分析，职工们对桑弘羊的评价取得了一致看法，认为桑弘羊在政治上是法家，在经济上也是法家。那个教授给桑弘羊作的结论，是把政治路线和经济政策割裂、对立起来，是只看表面现象不看事情本质的形而上学的观点。

我们运用马克思主义的阶级分析，剖析儒法经济思想斗争史，还进一步认识到儒家经济思想的虚伪性。孔丘、孟轲及其信徒们，为了掩盖他们搞复辟、倒退的真面目，总是以什么"贵德而贱利"、"重义而轻财"、"子罕言利"等反动说教，进行招摇撞骗。孔老二就是一个地地道道的伪君子，他在表面上却装洋算，摆出一付"重义轻利"的清高派头，其实他内心追求名利达到了贪得无厌的地步。他是一个见利眼红的牟利狂，是个"食不厌精"的家伙，是个官迷，几个月不做官就惶惶如也。儒家之徒的虚伪性是由他们的反动阶级本质决定的。他们不仅欺骗别人，而且也在欺骗自己，那一天不搞欺骗，就意味着完蛋。

（三）坚持马克思主义关于"奴隶们创造历史"的基本观点，正确认识和处理儒法经济思想斗争和整个阶级斗争的关系。

儒法经济思想斗争是整个社会阶级斗争的一个侧面，因此，如何认识和处理儒法经济思想斗争和整个阶级斗争的关系，是一个十分重要的问题。在这个问题上，我们是走过弯路，有教训的。开始时，我们只注意研究儒法经济思想斗争，忽视了劳动人民的经济思想；只看到法家的历史作用，忽略了人民群众在历史上的决定作用。结果，在编写的儒法经济思想斗争史初稿里，有不少地方只讲法家的经济思想和路线，以及他们对社会变革的促进作用，却不提劳动人民在社会变革中的决定作用。

究竟应当怎样认识和处理法家和儒家经济思想斗争和整个阶级斗争的关系呢？在理论小组内部和职工中间都有争论，认识不一致。在这种情况下，我们反复学习了马克思主义关于奴隶们创造历史的有关论述，统一了大家的思想，认识到，研究儒法经济思想斗争史，要同研究整个阶级斗争史结合起来，把儒法经济思想斗争放在整个阶级斗争中进行考察，这样才能摆正儒法经济思想斗争在历史上的地位和作用。

斯大林指出：**"历史科学要想成为真正的科学，就不能再把社会发展史归结为帝王将相的行动，……而首先应当研究物质资料生产者的历史，劳动群众的历史"**。毛主席教导我们：**"人民，只有人民，才是创造世界历史的动力。"** 我们根据马克思主义的这个基本观点，来研究儒法经济思想斗争和整个阶级斗争的关系，就清楚地看到，在先秦时期，正是由于奴隶起来造反，动摇了奴隶制的经济基础，促进了封建经济的产生和发展，才使新兴的地主阶级及其政治代表法家登上了政治舞台。没有奴隶造反对井田制的破坏，也就不可能有李悝的"尽地力"和商鞅的"废井田，开阡陌封疆"的经济思想和政策。在封建社会里，正是由于一次又一次的大规模的农民起义和农民战争，促使地主阶级内部的分化，推动了儒法斗争。同时，由于农民起义和农民战争严重地打击了保守的反动的势力，在客观上也为法家经济政策的贯彻扫清了道路。

还有一个问题：在旧的经济思想史书中，根本不承认奴隶和农民有单独的经济思想。我们驳斥了这种剥削阶级的偏见，认为奴隶起义领袖柳下跖提出的"耕而食，织而衣"的主张，就是奴隶们的经济思想。在封建社会里，农民起义和农民战争中提出来的"均贫富，等贵贱"等口号，就是农民的经济思想。通过这样研究，职工们进一步认识到，归根到底，人民群众是社会发展的真正动力。法家代表人物只能在人民群众创造历史的过程中起一定的进步作用。

（四）坚持马克思主义的辩证法，对法家的经济思想和路线进行一分为二的评价。

列宁指出：**"判断历史的功绩，不是根据历史活动家沒有提供现代所要求的东西，而是根据他们比他们的前辈提供了新的东西。"** 根据马克思主义的这个观点，我们对商鞅、秦始皇、刘邦、桑弘羊、曹操、武则天、柳宗元、王安石等法家代表人物的经济思想和政策进行了分析和评价，既充分肯定了他们在历史上的进步作用，又指出了他们的阶级和历史的局限性。

开始时，对有些法家代表人物的评价，在职工中有争论，经过讨论，最后才取得了一致的认识。例如，评价曹操时，大家都感到他的一生政治活动是很复杂的，一开始对如何评价，都拿不定主意。经过和职工一起讨论，大家认为，曹操虽然镇压过黄巾起义，但是长期推行法家路线，统一中国北方，在经济上主张限制土地兼并，实行"以农治国"、"兵农合一"的屯田政策，对恢复和发展生产起了促进作用，是三国时期一个杰出的法家人物。在肯定曹操在历史上的进步作用的同时，我们还看到他限制兼并和推行屯田制，并不是为了农民的利益，也不是不要剥削。他搞屯田时，规定使用官方耕牛的，应上缴收获的六成，使用私人耕牛的，应上缴收获的五成，剥削量虽比当时的豪门地主有所减轻，但对农民来说负担仍然是很重的。

三、研究儒法经济思想斗争史，必须为现实斗争服务

我们研究儒法经济思想斗争史，从一开始就注意了总结历史经验为现实斗争服务的问题。但是，对于怎样运用历史经验为现实斗争服务，部分同志在思想上是不太明确的。在研究中，有些同志整天忙于翻资料，写讲稿，对联系实际想得少。针对这种情况，我们组织职工再次学习了毛主席关于**"古为今用"**的原则，使大家进一步统一了思想，在研究过程中，注意了研究儒法经济思想斗争和现实斗争的关系。在这方面，我们体会较深的有以下两点：

（一）通过研究儒法经济思想斗争史，进一步认识到，要巩固社会主义经济基础，必须狠抓上层建筑领域的革命。

毛主席说：**"经济是基础，政治则是经济的集中的表现。"**通过研究儒法经济思想斗争史，一方面使大家更清楚地看到，历史上任何阶级的产生、发展和灭亡，都是由于经济上的原因；社会的发展变化，其根源都深藏在经济的事实之中。另一方面也看到，上层建筑对经济基础又起着巨大的反作用。历史上的各阶级都利用本阶级的意识形态，为形成、发展和巩固自己的经济基础服务。孔孟之道是一切反动没落阶级的意识形态。孔孟之道一出世就是为维护腐朽的奴隶制服务的，后来被历代反动阶级继承和发展成为完备的维护反动阶级之道。由于历代反动阶级的大力提倡和强制灌输，孔孟之道成为旧中国的统治思想。到了社会主义革命时期，它又成了被推翻的地主阶级和党内修正主义路线头子妄图复辟资本主义的思想武器。因此，彻底批判孔孟之道，实现无产阶级在上层建筑其中包括

各个文化领域中对资产阶级的全面专政，就成了我们在无产阶级专政下继续革命的一项战略任务。无产阶级的意识形态——马克思主义不占领整个上层建筑，社会主义的经济基础就不能巩固和发展，无产阶级专政就不能巩固和加强。

我们商店在批林批孔运动中，结合研究儒法经济思想斗争史，狠抓了意识形态领域的阶级斗争，发动群众，搜集了地主、资产阶级生意经三十多条，对浸透孔孟之道毒汁的反动谚语如"和气生财"、"买卖不成仁义在"、"见什么客人下什么菜"等等，进行了深入地揭发和批判，深挖了资本主义经营思想的老根子，进一步划清了社会主义商业与资本主义商业的界限。同时，我们还抓住业务活动中正反两方面的典型事例，开展了路线教育活动，提高了职工、干部的阶级觉悟和路线觉悟，端正了商店的政治方向，推动业务工作沿着社会主义道路阔步前进。

（二）通过研究儒法经济思想斗争史，加深对以农业为基础，以工业为主导发展国民经济总方针和**"发展经济，保障供给"**财经工作总方针的理解，进一步树立了为工农业生产服务，为工农兵服务的思想。

马克思说："**……如果我们把外国贸易丢开不说……就很明白，能够投于工商业上面而无须从事农业的劳动者人数，……是取决于农业者在他们自身的消费额以上，能够生产多少的农产物。**"通过研究两千多年的儒法经济思想斗争，我们同时也了解到，历史上每个时期商业的发展，贸易的扩大，都是以生产发展为基础的。社会生产的发展必然带来商业上的繁荣，相反，社会生产遭到破坏，商业就会出现衰退。在封建社会前期，法家重农抑商的思想，在一定程度上反映了生产和流通的正确关系。儒家在"重义轻利"的幌子下，反对发展生产，这就是必然使商业衰退。职工们总结了这方面的历史经验，进一步加强了对毛主席关于**"以农业为基础、以工业为主导"**发展国民经济的总方针和**"发展经济，保障供给"**的财经工作总方针的理解，认识到这两个方针都正确的反映了社会主义时期工业和农业，生产和流通的辩证关系。只有以农业为基础，才能为工业大发展提供前提，而工业的发展反过来又支援农业，加速农业现代化的步伐。只有发展工农业生产，才能保障供给，保障供给反过来又促进工农业生产的发展。同时，通过研究儒法经济思想发展史，我们也进一步批判了刘少奇、林彪在商业上鼓吹的"流通决定生产"和商业的任务是"吃穿加赚钱"的谬论。这两个修正主义路线头子，都在颠倒生产和流通的关系，其罪恶目的在于瓦解社会主义的经济基础，颠覆无产阶级专政，复辟资本主义。大家说：我们社会主义商业职工要自觉地贯彻执行**"以农业为基础、以工业为主导"**、**"发展经济，保障供给"**两个总方针，牢固树立为无产阶级政治服务，为工农业生产服务和为工农兵服务的思想，充分发挥社会主义商业的作用，更好地支持生产，促进工农业的发展。职工、干部认真贯彻这两个总方针，本着对人民对党负责的精神，努力改善服务态度，提高服务质量，改革了"坐店经营，等客上门"的老规矩，实行"以店为主，服务上门"，"一业为主，兼营其它"，坚持"早晚服务部"，增添了"工厂代销店"，一切从方便工农兵着想。各门市部对我们基层商店供应范围内的十二个工厂和六千七百多户居民进行了调查访问，建立了经济户卡。根据工农兵的不同情况和要求，对出门买东西有困难的烈军属、孤老户和病残职工，专人包户，每天送货；对双职工、单身汉实行定量商品定期送货，和节日用品集中送货的办法；对六个距离商店较远的军属大院、工人宿舍，实行定期出车，送货上门。今年八月下了暴雨，积水没膝，居民出来买东西不方便，我们商店几十名职工冒雨蹚水，推着售货车，或肩挑人抬，走街串巷售货，把蔬菜、猪肉、调料等副食品送到工农兵手里，许多工人同志感动地说：我们一定用增加生产的实际行动答谢党和毛主席对我们的亲切关怀！

同志们，我们学习马克思主义，研究儒法经济思想斗争史，还仅是开始。我们的研究工作还存在着不少缺点和问题。但是，通过前一段的实践，我们深深的体会到，历史这门学问并不神密，经济思想史也不是高不可攀，只要认真学习马克思列宁主义、毛泽东思想，工农兵完全能够占领经济史学的阵地。通过这次大会，我们要把兄弟单位的先进经验带回去，在我们商店开花结果，把看书学习再提高一步，推动批林批孔更加普及、深入、持久地发展。**团结起来，争取更大的胜利。**

会议典型材料之十二

坚持用马列主义指导现实阶级斗争切实把巩固无产阶级专政的任务落实到街道

中共红桥区邵公庄街委员会

天津市学习马列和毛主席著作经验交流会

会议秘书处　　　　　　　　　　一九七四年十二月

坚持用马列主义指导现实阶级斗争
切实把巩固无产阶级专政的任务落实到街道

今年以来，在市、区委的领导下，在批林批孔运动中，我们认真学习马列著作和毛主席著作，提高了阶级斗争和路线斗争觉悟，进一步明确了街道工作的任务和方向，狠抓了对敌斗争和意识形态领域的阶级斗争，坚持用无产阶级思想占领街道阵地，使街道面貌发生了深刻变化，推动了各项工作的深入发展。

下面，汇报一下我们的学习体会，有错误的地方，请领导和同志们批评指正。

一、牢记党的基本路线，明确街道的根本任务

街道工作内容广泛，涉及方面很多，它的根本任务是什么，过去我们不是很明确的。有的同志认为，"街道街道，九河下梢，各项工作都归街道，哪个抓的紧，哪个就重要。"也有的认为，"街道工作是游击战，只能打一枪换一个地方。"在比较长的时间里，由于我们对街道工作的根本任务认识不清楚，表现在日常工作上，缺乏统筹安排，抓不住重心，分不清主次，多是来什么干什么，工作经常"赶着瞧"，处于"东来东挡，西来西搪"的忙乱被动局面。结果，领导陷于忙忙碌碌的事务主义，工作不见起色。

在批林批孔运动中，我们遵照毛主席关于"**认真看书学习，弄通马克思主义**"的伟大教导，反复学习了《哥达纲领批判》、《帝国主义是资本主义的最高阶段》和《关于正确处理人民内部矛盾的问题》等光辉著作，学习了党的基本路线和毛主席、党中央关于批林批孔的一系列指示，深入批判了林彪效法孔老二"克己复礼"的反动纲领，和他妄图颠覆无产阶级专政，复辟资本主义的反革命罪行，从而对马列、毛主席关于加强无产阶级专政的教导加深了理解，增强了阶级斗争观念，更加牢固地树立了巩固无产阶级专政的思想，使我们对街道工作的根本任务逐渐地明确起来。

马克思在《哥达纲领批判》中指出："**在资本主义社会和共产主义社会之间，有一个从前者变为后者的革命转变时期。同这个时期相适应的也有一个政治上的过渡时期，这个时期的国家只能是无产阶级的革命专政**。"毛主席发展了马克思这一伟大理论，科学地总结了无产阶级专政的历史经验，制定了党在社会主义历史阶段的基本路线，为我们坚持和巩固无产阶级专政，进行社会主义革命和社会主义建设，指明了方向和道路。在无产阶级文化大革命中，毛主席又教导我们："**团结起来，为了一个目标，就是巩固无产阶级专政，要落实到每个工厂、农村、机关、学校**。"通过学习，大家深刻认识到，在整个社会主义历史阶段，阶级斗争、路线斗争是长期的、曲折的、复杂的。这个历史阶段有多长，无产阶级专政就有多长。在这个历史阶段里，无产阶级的根本任务，是巩固无产阶级专政，防止资本主义复辟，建设社会主义。街道是城市里的基层政权组织。街道工作的内容虽然很多，但是它的根本任务，就是贯彻落实党的基本路线，狠抓两个阶级两条道路的斗争，加强无产阶级专政。如果忘记了党的基本路线，忘记了阶级斗争，忘记了巩固无产阶级专政，街道工作就会迷失方向。毛主席教导我们，**"路线是个纲，纲举目张。"** 街道工作千头万绪，更必须突出地抓住贯彻党的基本路线，巩固无产阶级专政这个**纲**，这样，才能把一切工作带起来。

认识提高以后，我们党委改变了过去整天忙忙碌碌、埋头日常事务的现象，坚持以党的基本路线为纲，以组织干部、居民学习马列和毛主席著作为根本，以居民政校为重要阵地，以加强居民区的政治建设和思想建设为基础，切实把巩固无产阶级专政的任务落实到基层。同时围绕这一总的指导思想，制定了几条具体任务，并且坚持不懈地抓了下去，收到了较好的效果。

二、狠抓阶级斗争，不断加强无产阶级专政

我们在抓阶级斗争，巩固无产阶级专政中，主要抓了三个方面的工作：

(一)狠抓对敌斗争。

毛主席指出：**"专政的第一个作用，就是压迫国家内部的反动阶级、反动派和反抗社会主义革命的剥削者，压迫那些对于社会主义建设的破坏者，就是为了解决国内敌我之间的矛盾。"** 遵照毛主席的教导，我们把加强对敌斗争，加强对阶级敌人的专政切实摆在了全街工作的主要地位。林彪反党集团是最主要最凶恶的阶级敌人，而社会上的地富反坏右牛鬼蛇神则是他们的阶级基础。加强对敌斗争，就必须把批林批孔摆在一切工作的首位，当作头等大事来抓，并且结合深入开展批林批孔，加强对社会上的五类分子的监督改造工作。为此，我

们在大力搞好批林批孔的同时，加强了对公安机关、民兵组织和群众治保组织的一元化领导，加强了对我们管区内的五类分子的监改工作。今年以来，党委讨论研究专政工作十五次；对于四大节日的安全保卫、重大案件的侦破工作，都由党委统一安排部署。同时，本着**"无产阶级专政是群众的专政"**的原则，放手发动群众，依靠群众，采取多种措施，实行对阶级敌人的专政。我们街除了有公安派出所和工人民兵小分队以外，还有五百多名群众治安员、五百多名红卫兵和一批其他社会力量，形成一支较大的对敌专政队伍，显示了强大的威力。

为了把广大群众真正发动起来，形成对敌专政的天罗地网，我们在批林批孔运动中，引导大家联系本街现实阶级斗争的事实，狠批了林彪效法孔老二"克己复礼"，妄图让地富反坏右牛鬼蛇神重新上台，颠覆无产阶级专政的罪行，狠批了孔老二、林彪鼓吹的"德"、"仁义"、"忠恕"和"中庸之道"等反动谬论，使全街干部、群众加深了对党的基本路线的理解，增强了阶级斗争观念，提高了抓阶级斗争的自觉性，进一步打击了阶级敌人的反革命破坏活动和流氓犯罪活动，加强了无产阶级专政。过去，我们对五类分子的监改工作，只管无正式职业的，不管在职的；现在对本管界的五类分子一律管了起来，建立了包改小组，由单位和街道共同监改。我们街同西郊区交界的杨庄子、咸阳桥一带，是坏人搞流氓盗窃、投机倒把活动的集中点，几年来有关部门多次清理都没有彻底解决。批林批孔运动中，经过民警、民兵小分队和广大群众密切配合，很快清除了这个黑据点，使坏人不敢到那里去活动了。广大干部、居民深有体会地说："街道街道，实在重要，搞好街道，人民欢笑，放松街道，敌人就跳。"

（二）狠抓意识形态领域的阶级斗争。

毛主席指出："**要抓意识形态领域里的阶级斗争**"；"**无产阶级必须在上层建筑其中包括各个文化领域中对资产阶级实行全面的专政**。"重温毛主席的教导，使我们认识到，普及、深入、持久地开展批林批孔运动，抓紧意识形态领域里的阶级斗争，对于加强无产阶级专政，巩固街道的无产阶级阵地，进一步发展大好形势，有着十分重要而深远的意义。过去，我们对这个问题的重要性认识不足，抓得也不紧。一部分同志曾经片面地认为，巩固无产阶级专政，只要管好地富反坏右就行了，对阶级斗争在意识形态领域里的反映缺乏警惕，往往是抓一阵子，放一阵子，不能持之以恒。在批林批孔运动中，在联系阶级敌人散布和煽动"四旧"的活生生的事实，批判林彪、孔老二的过程中，我们又反复学习了毛主席《关于正确处理人民内部矛盾的问题》，认识到，在基本上完成了生产资料所有制的社会主义改造以后，"**我国社会主义和资本主义之间在意识形态方面的谁胜谁负的斗争，还需要一个相当长的时间才能解决**。"批林批孔运动就是一场意识形态领域里的大革命，是上层建筑领域内马克思主义战胜修正主义、无产阶级战胜资产阶级的政治斗争和思想斗争。只有把批林批孔运动普及、深入、持久地开展下去，才能把林彪的反革命修正主义路线批深批透，把反动腐朽没落的剥削阶级的意识形态孔孟之道批深批透，才能用马列主义、毛泽东思想改造街道，建设街道，把街道变成反修防修、打击阶级敌人、防止资本主义复辟的前哨阵地。如果对意识形态领域的阶级斗争不认真持久地抓下去，反动的孔孟之道和资产阶级意识形态就会自由泛滥，巩固无产阶级专政的任务就不能真正落实到基层。根据这个认识，我们重点抓了两个方面的工作：

一是，组织居民群众，搞好学习和批判。在居民政治夜校里，我们组织居民群众学习马列著作和毛主席著作，学习党中央关于批林批孔的文件，不断深入批判林彪反革命修正主义路线和孔孟之道。通过学习和批判，培养了二百四十多名街道妇女理论骨干。我们充分发挥了这些理论骨干的战斗作用，组织和指导她们运用马克思主义的立场、观点和方法，研究儒法斗争史和整个阶级斗争史，评注法家著作，狠批林彪的反革命修正主义路线，狠批浸透孔孟之道毒素的《三字经》、《弟子规》、《朱子治家格言》、《女儿经》等反动小册子以及在街道流传较广的反动谚语。她们破除迷信，解放思想，先后写出了二十多万字的宣讲和批判材料。在她们的带动下，广大居民群众通过学习和批判，进一步认清了林彪路线的极右实质和孔孟之道的反动性，提高了阶级斗争和路线斗争觉悟，自觉地同旧的传统观念决裂。第八居民片有个妇女，过去整天围着丈夫和孩子的衣食住行转，侍候的稍不如意，就受男人的打骂。可是她自己认为一切听从丈夫的，是做妻子的"本分"。经过批林批孔运动，使她的思想发生了很大变化。在小组批判会上，她控诉了孔孟之道对自己的毒害。在居委会的帮助下，她和她爱人共同学习了毛主席关于**"时代不同了，男女都一样"**的教导，并召开了家庭批判会，夫妻二人一道批判了"男尊女卑"的旧思想，共同分担家务，互相尊重。从此，这位家庭妇女努力学习革命理论，积极投入批林批孔斗争，并且参加了街道生产。

二是，开展各种文化活动，用社会主义的新思想、新文化占领街道阵地。我们遵照毛主席关于革命文艺是**"团结人民、教育人民、打击敌人、消灭敌人的有力的武器"**的教导，以小靳庄为榜样，在全街广泛开展了学唱革命样板戏、做革命人的活动。参加居民政治夜校的学员有一千三百多人，百分之八十五以上能唱一段或几段样板戏。有六百多人参加了全街性的样板戏的调演活动。不少家庭从老人到小孩都会演唱样板戏，并且唱英雄、学英雄。居民董淑云，有个上山下乡的男孩，过去她认为自己有四个闺女，就这么一个儿子，舍不得让走。学唱了《红灯记》里李奶奶教育铁梅继承革命遗志的选段以后，决心教子务农。她说："李奶奶教育孙女走革命路，接革命班，我要教育孩子上山下乡干革命。"她愉快地送儿子去农村插队落户。广大居民群众还自编自演了紧密配合中心运动、形式多种多样的八十多个文艺节目；创作新诗歌一千七百多首，召开了五十九次赛诗会，有九百多人登台赛诗。这些诗歌语言简练生动，内容丰富，战斗性强，很受群众欢迎。过去，在里巷、院落，打扑克成风，说坏书，讲坏故事的现象也不断出现；今年各居民片政治夜校都培养了革命故事员，利用晚上时间，在里巷、院落、炕头开展讲革命故事的活动。另外，街有图书馆，各居民片也都有图书站，吸收群众来看书学习。通过开展多种多样的文化活动，用毛泽东思想占领街道思想文化阵地，使整个街道的政治空气和人们的思想面貌发生了变化。

（三）狠抓青少年教育，同封资修展开争夺青少年的斗争。

毛主席教导我们："**新中国要为青年们着想，要关怀青年一代的成长。**"我们对毛主席这一教导的理解也是有一个过程的。过去一段时间，我们虽然也看到了由于阶级敌人的拉拢和封资修思想的侵蚀，使一些青少年沾染上了坏习气，甚至走上了犯罪的道路，深深感到意识形态领域阶级斗争的严重性和复杂性，但是，又总觉得这是由于学校管教不严，家长纵容子女，公安部门处理不狠，似乎没有我们街道工作的责任。少数同志甚至认为，"青少年在家有家长，在校有老师，出了问题有派出所，我们再抓这件事，就是多此一举。”通过学习和实践，使我们逐渐扭转了这种错误看法，认识到，街道是青少年校外活动的重要场所，这个阵地无产阶级不去占领，资产阶级就必然乘虚而入。我们又进一步学习了毛主席关于培养无产阶级革命事业接班人的论述，批判了"阶级斗争熄灭论"，并且开展了"街道要不要抓好青少年校外教育"的大讨论，从而使大家进一步理解了毛主席教导的现实意义和深远意义。我们认识到，教育好青少年，是培养千百万无产阶级革命事业的可靠接班人，巩固无产阶级专政，防止资本主义复辟的百年大计。就现实来说，如果有的青少年被阶级敌人争夺过去，就直接影响社会治安；就长远来说，如果青少年们被阶级敌人争夺过去，那么被打倒的剥削阶级就会后继有人，而我们无产阶级专政的巩固也会受到威胁。现在的青少年，生在新社会，长在红旗下，只要对他们加强教育，都能迅速茁壮成长，成为对国家对人民很有用的人材。他们中间的许多人，现在就已经是具有一定觉悟的，特别红卫兵、红小兵，在街道工作中是一支不可忽视的力量。因此，加强对青少年的教育和领导，是街道组织义不容辞的责任。认识到这些，就使我们在加强对青少年的教育方面更加自觉起来。

我们街共有中、小学生一万一千四百八十五人。为了抓好青少年的校外教育，全街十个居民片都建立了校外活动站和校外活动组，挑选了二百八十八名同志担任校外辅导员。在校外教育活动中，我们组织青少年学习马列主义、毛泽东思想，开展革命大批判，普及儒法斗争和整个阶级斗争史的知识，讲革命传统故事，瞻仰烈士墓，听忆苦报告，读红书，学英雄，用各种办法进行思想和政治路线教育。我们还组织青少年经常帮助烈军属、孤老户做好事。还针对青少年的特点，组织他们开展文体活动．使青少年在德、智、体几个方面得到全面发展。通过大量的工作，使先进的更加先进，后进的有了转化，教育和挽救了极少数有恶劣行为，甚至违法活动的青少年。

三、狠抓阶级斗争带来的变化

"阶级斗争，一抓就灵。" 一年来，通过批林批孔，狠抓阶级斗争，全街发生了很大变化。

第一，干部、群众精神面貌发生了深刻变化。

现在，广大干部、群众学习马列和毛主席著作更自觉了，参加革命大批判更积极了，革命干劲更足了，使街道的批林批孔运动不断向普及、深入、持久的方向发展。

广大群众按照《共产党宣言》的原则，自觉地同旧的传统观念决裂，破旧俗，立新风，社会主义的新思想、新文化、新风俗、新习惯大大发扬。过去，一有婚丧等事，旧的风俗习惯就有了活动的市场。现在喜事新办，丧事简办，以勤俭为荣。今年全街有一百零二对青年结婚，都是新事新办；死了一百一十九人，有一百零一人实行火葬。群众编诗歌赞扬说："破旧立新换新天，移风易俗写诗篇。新事新办不浪费，订婚不要彩礼钱；棺材装裹都不用，实行火葬多节俭。批林批孔结硕果，革命风尚到处传。"

居民群众还批判了孔老二的"不孝有三，无后为大"、"生儿福大，生女赔钱"的反动谬论，全街有百分之九十五的育令妇女实行了计划生育，人口出生率显著下降，预计今年可降到千分之六左右，比去年降低千分之三。

邻里团结互助、拾金不昧、热心为群众服务的事迹到处涌现。第一片有个老大娘在路上拾到一块梅花牌手表，立即送到了派出所。第十居民片小学生唐正明，在马路上拣到一个提包，发现里面有一百七十元钱，还有一封信。他马上跟父亲按照信封上的地址找到了失主（青年工人）。失主一家十分感动，连声称赞唐正明不愧是毛主席的红小兵。类似这样拾金不昧的事迹，今年以来，全街共有一百二十多起。

居民群众满腔热忱地支持社会主义新生事物，蔚然成风。在批林批孔中，批判了林彪对知识青年上山下乡的攻击和污蔑，广大群众积极支持子女上山下乡。第三居民片居民张淑文，共有五个女儿，她先后送走了三个到边疆、农村插队落户。她还支持在吉林省插队落户的大女儿同当地农民结了婚，鼓励她扎根农村。她的女儿和女婿进步很快，女儿被评为大队的劳动模范，担任了大队的团支部书记，女婿当了生产大队的队长。全街今年有四百一十三名知识青年上山下乡，是几年来完成动员任务最好的一年。

第二，干部、群众精神面貌的变化，带来了各项工作的变化。

今年一至十月份，全街刑事和治安案件的发案率比去年同期下降百分之三十，而破案率则上升百分之二十四。街道五·七生产进一步端正了方向，坚持了为工业、为出口、为人民生活服务，加工总收入比去年同期增长百分之八点七六。战备人防、群防群治、环境卫生等工作，也都取得了较好的成绩。

总之，一年来的实践，使我们深深感到，只有遵照毛主席**"认真看书学习，弄通马克思主义"**的伟大教导，坚持读书，反复实践，按党的基本路线的要求，抓好对敌斗争和意识形态领域里的革命，才能把巩固无产阶级专政的任务真正落实到基层，使街道这个阵地在社会主义革命和社会主义建设中发挥应有的作用。

我们对马列和毛主席著作学习得还不好，特别是对用革命理论指导现实斗争还很不够，同上级的要求和兄弟单位的先进事迹相比，还有很大差距。今后，我们一定要按照毛主席的教导，下苦功夫认真看书学习，在斗争中学，在斗争中用，不断提高马克思主义的理论水平，坚决贯彻执行毛主席的革命路线，继续搞好批林批孔，进一步加强和巩固无产阶级专政，更好地完成党交给我们的各项战斗任务。

会议典型材料之十三

学习靠自觉　关键在坚持

中共河东区委学习中心组

天津市学习马列和毛主席著作经验交流会

会议秘书处　　　　　　　　　一九七四年十二月

学习靠自觉　　关键在坚持

同志们：

我们河东区委学习中心组，遵照毛主席关于"**认真看书学习，弄通马克思主义**"的教导，今年以来，按照中央的指示和市委的规定，紧密结合批林批孔运动，重温了毛主席的《我的一点意见》、《毛主席致江青同志的信》和《毛主席在外地巡视期间同沿途各地负责同志的谈话纪要》三篇光辉文献，反复地学习了毛主席关于无产阶级文化大革命以来的一系列重要指示和毛主席、党中央关于批林批孔的一系列指示以及有关的社论，逐篇地学习了毛主席的十一篇军事著作，认真读完了列宁的《帝国主义是资本主义的最高阶段》，有重点地研究了春秋战国至新民主主义革命时期的儒法斗争史和党内的两条路线斗争史。有的同志还利用业余时间读了欧洲哲学史、中国哲学史、中国通史等历史书籍。通过学习，进一步提高了党委"一班人"的阶级斗争、路线斗争觉悟和马克思主义的理论水平，增强了识别真假马克思主义的能力，促进了思想作风的转变，加强了领导班子的团结，指导了批林批孔运动和各项工作的胜利进行。我们学习中心组的同志们在总结座谈这段学习体会时，一致认为，我们今年的学习所以有所进步，收效较好，一点初步体会就是：学习靠自觉，关键在坚持。

我们是怎样坚持学习的？大家在座谈时归纳为"四个坚持"。

一、坚持不断提高学习的自觉性

认真看书学习是毛主席的一贯教导，是党组织和党员的第一项任务。平时谁都说学习很重要。但是，过去在学习与工作的关系上，往往工作一忙挤了学习；在时间的利用上，规定的学习时间利用还较好，业余时间就不能充分利用；在机关时学习还较好，下去搞调查、蹲点以及外出时就不能坚持学习；在"班长"在时，班长抓得紧，学习就较好，班长不在时，学习就松散。出现这些现象，根本的原因是学习的自觉性不高。因此，今年一开始，我们就注意不断提高中心组成员的学习的自觉性。一年来，针对不同时期的问题和要求，比较集中地抓了五次：

(一)总结历史经验，提高学习的自觉性。今年年初，在学习"十大"文件的基础上开展整风。我们对照元旦社论提出的"在批林整风中要认真看书学习"的要求，联系过去，特别是联系无产阶级文化大革命以来在两条路线斗争中的正反两方面的经验教训，学习了毛主席关于党的高级干部，不管工作多忙，都要挤时间，读一些马列的书，提高识别真假马克思主义的能力的教导，认识到只有认真学习马列和毛主席著作，才能在两条路线的斗争中，明辨是非，看清方向。因此，是不是认真学习马列著作和毛主席著作，对于领导干部来说，不仅是个人进步快慢问题，而是是否认真执行党章规定的问题，是否坚持"**要搞马克思主义，不要搞修正主义**"的原则的问题，是路线问题。

(二)认清革命形势，激发学习的自觉性。批林批孔初期，运动来势猛，发展快，当时我们思想跟不上形势，对这场斗争有着不同的理解。于是，我们联系自己的认识，反复学习了毛主席、党中央关于批林批孔的重要指示，认识到批林批孔是上层建筑领域里马克思主义战胜修正主义、无产阶级战胜资产阶级的政治斗争和思想斗争。要跟上革命的新形势，掌握斗争的大方向，指导运动胜利展开，深入发展，就必须认真看书学习，掌握马克思主义。

（三）明确战斗任务，调动学习的自觉性。中央〔1974〕12号文件下达后，对于领导机关作为运动重点这一新的战斗任务，认识很不一致，不知如何搞法。于是，我们联系自己的认识和领导机关所处的地位、作用，认真学习了毛主席关于社会主义社会生产力与生产关系、经济基础与上层建筑之间又相适应，又相矛盾的论述。通过学习，认识到领导机关是上层建筑的重要组成部分。要使我们机关的工作不断改进和提高，以适应巩固无产阶级专政，加强社会主义建设的要求，就必须认真看书学习，提高我们的路线觉悟和思想理论水平。

（四）学习先进典型经验，促进学习的自觉性。天津站工人研究和宣讲儒法斗争历史的经验介绍以后，对我们震动很大。我们对照天津站的经验，学习中央领导同志的重要讲话，认识到我们的差距就在于学习的自觉性不如人家高，钻研的劲头不如人家足，刻苦的精神不如人家强，必须以知难而进，努力作战的革命精神，刻苦学习，迎头赶上先进。

（五）总结学习收获，增强学习的自觉性。国庆社论发表以后，我们学习了国庆社论提出的"要认真看书学习，刻苦攻读马列著作和毛主席著作，这是把批林批孔运动推向深入的关键"，对照检查了前段的学习情况，总结了学习的收获和体会。进一步认识到批林批孔运动，也是一场学习马列主义、毛泽东思想的群众运动，领导干部只有带头搞好学习和批判，才能带领群众前进，同心协力搞好这场伟大的斗争。

经过坚持不断提高领导班子自身学习的自觉性，大家对学习重要性的认识越来越高，学习的空气越来越浓厚，钻研的劲头越来越大。中心组基本做到了："班长"在时，大家学习认真，"班长"不在时，大家同样认真学习。同志们都深有感触地说："过去是领导推着自己学，现在是自己逼着自己学。"现在中心组的成员，除了坚持规定的学习时间外，有的同志还坚持每天早晨学，晚上学；有的利用休息日和节假日写发言稿；有的经常跑图书馆查阅资料；有的同志去北戴河休养，还坚持学习和研究儒法斗争史。例如，区革委常委张树标同志，虽然年岁较大，但今年以来学习的劲头挺足，为了弄清《帝国主义是资本主义的最高阶段》这本著作产生的历史背景和全书的基本观点，又为了弄清从辛亥革命到新中国成立之前尊孔与反孔斗争的历史，他查阅了十几本参考资料，亲自动手写出了这两个问题的发言稿，共有两万八千余字。

实践使我们体会到，坚持学习的关键在自觉。只有不断地反复地提高党委"一班人"学习马列和毛主席著作的自觉性，才能保证学习步步深入，不断提高，坚持始终。

二、坚持学习互助，落实学习计划

我们学习中心组十五名成员，有在抗日战争时期参加革命的老干部，有在解放前后参加革命的中年干部，有在无产阶级文化大革命中提到领导岗位上来的青年干部。大部分同志过去对毛主席著作比较熟悉，但是，对马列的著作，有计划地联系现实斗争进行学习，是比较少的。研究历史上儒法斗争，对我们看来，更是新课题。我们对马列主义和历史知识知之不多的状况，与我们所担负的领导工作是不相适应的。必须把中心组成员认真组织起来，按照毛主席的教导，扎扎实实地、有计划地联系现实斗争进行认真学习。因此，我们根据老、中、青和文化理论水平高低的情况，互相搭配，组成五个互助小组，开展学习互助。根据不同时期的要求和学习的内容，分段安排学习计划，按照互助小组分专题落实学习计划。例如今年第三季度，区委学习中心组安排了两部分学习计划：一部分是学习《帝国主义是资本主义的最高阶段》。重点学习两版序言和第七、八、九、十章，共五个单元。另一部分是研究儒法斗争史和党内两条路线斗争史。按春秋战国到秦、两汉到隋、唐到清、辛亥革命到新中国成立和党内两条路线斗争史的顺序，也分为五个单元。每个互助组负责上述两部分内容中的各一个单元，分题进行重点准备，分头看书、阅读材料、小组议论、写发言稿，然后在大组讨论会上作重点发言。大组讨论则按计划规定的进度，定期进行讨论。比如第二互助小组，是按照老、中、青的特点结合起来的，有的是老干部，经历过民主革命时期的战争考验，实践经验比较丰富；有的是中年干部，有一定的实践经验和理论基础；有的是在无产阶级文化大革命中提到领导岗位上来的青年干部，有革命朝气，学习热情高。这样具有不同特点和长处的"三结合"小组，在学习中能够取长补短，互相帮助，共同提高。他们这个小组在学习《帝国主义是资本主义的最高阶段》第七章和研究党内两条路线斗争史中，采取的主要作法是：先分头自学；在自学的基础上互相交换意见，共同研究原著的重点和精神实质；自己动手分别写学习心得体会；写完后在互助小组会上集体讨论，相互补充；最后，在大组会上进行发言，开展讨论。他们通过学习《帝国主义是资本主义的最高阶段》第七章，明确了三个重点：一是明确了什么是帝国主义，认识到帝国主义是资本主义的最高阶段，也是最后阶段，是无产阶级革命的前夜；二是明确了在对待时代问题上，列宁同考茨基进行了针锋相对的两条路线斗争，联系现实，认识到今天我们同苏修在对待时代问题上的论战，是一场具有重大和深远意义的两条路线的斗争；三是明确了考茨基鼓吹的"超帝国主义论"的反动实质，认识到新老修正主义都是帝国主义的辩护士，反帝必反修。

我们感到坚持小组学习互助的好处是：（1）有利于学习计划的落实。每个互助组和每个成员都有自己的重点专题，按照时间、进度要求有计划地进行，就使学习计划的实现较有保证。（2）有利于共同提高。每个互助小组人员少，具有不同特点，便于活动，可以互相交谈议论，经常交流思想，取长补短，增强团结，互相促进，共同提高。（3）有利于加深对马克思主义基本观点的理解。由于在大组讨论前各小组有准备，讨论时有重点发言，其他同志互相补充，议题比较集中，发言比较系统，既加深了对马列主义、毛泽东思想的一些基本观点的理解，又克服了过去那种在讨论中出现的东拉西扯，浮皮了草的现象。（4）有利于促进领导作风的转变。实行每个成员分题准备重点发言以后，绝大多数同志都亲自动手写发言稿和批判稿，有的写了几十页，改了好几遍，不少同志还坚持写学习笔记，扭转了过去那种"领导干部自己不动手写稿，个人学习心得体会也靠秘书代笔"的作风。

三、坚持发挥领导的带头作用

在实践中我们还体会到，领导说话千万句，不如亲自带头有威力。领导坚持发挥带头作用，对于推动大家学习、批判深入持久地发展，作用很大。

在领导带头上，我们中心组正副"班长"首先带头遵守学习制度。为了督促每个中心组成员认真看书学习，根据市委规定，我们严格了学习时间和请假制度。安排工作时，注意不使工作占用学习时间。有时，中心组的个别成员因为紧急工作或外出开会，我们都要求他们利用业余时间自觉补上学习。

再有就是，领导带头刻苦攻读。我们正副"班长"共有四人，有的年龄大，有的文化低，有的身体弱，在学习中也遇到一些困难。但我们决不在学习上马马虎虎，无论是自学或集体学，我们都严格要求自己，坚持做到"坐下来，学进去"，做好学习笔记，写出学习心得。今年以来，我们有三位同志先后到北戴河休养。在休养期间，我们坚持把学习马列和毛主席著作作为首要任务。其中张诚斋同志不仅照中心组的学习计划完成了学习任务，而且还记了不少学习笔记，写出了心得体会。

"喊破嗓子，不如做出样子"。领导带头讲心得，带头批判，是促进自己学习，带动大家搞好学习的好方法。今年以来，我们正副"班长"在学习会上、批判会上，注意自己的带头作用。"班长"解永光同志，在学习中有股子钻劲，善于动脑，学习中，经常提出一些问题引导大家讨论，把讨论搞得很活跃。他并且坚持带头讲、带头批。今年四月，全区干部开始学习《帝国主义是资本主义的最高阶段》。为了帮助大家学习好，他亲自写稿子，做辅导，对大家帮助很大。今年以来，他为全区干部先后做了五次学习辅导报告，并在两次全区性的批判大会上，带头做了批判。我们中心组的其他成员，在学习和批判中也都注意发挥带头作用。有的在全区学习、批判会上带头发言；有的在全区干部会上作辅导报告；有的在机关批判会上带头批判；有的在"点"上带头谈学习体会。据初步统计，今年以来，中心组十五名成员写出学习、批判和研究儒法斗争、党内两条路线斗争史文章共二十多篇，十二万多字，阅读了一百零六本参考书，并在不同场合进行了五十六次学习辅导和批判。由于中心组成员在学习、批判中坚持发挥了带头作用，不仅促进了自己的学习提高，而且推动了全区学习、批判的不断深入。

四、坚持理论联系实际

理论联系实际是毛主席一贯倡导的无产阶级革命学风，是学习马列主义的指导方针。我们看书学习的根本目的，就是为了掌握和运用革命理论，指导革命实践。正如伟大领袖毛主席指出的，马列主义普遍真理和中国革命具体实践相结合，结合得好，问题就解决得好些，结合得不好，就会失败受挫折。遵照毛主席的教导，我们中心组在学习马列和毛主席的每一部著作时，坚持从中学立场、学观点、学方法，运用马列主义、毛泽东思想指导现实阶级斗争和路线斗争，指导实际工作和改造自己的世界观。

今年以来，随着批林批孔运动的深入发展和实际斗争的需要，我们认真学习马列和毛主席著作，加深了对党的基本路线的理解，运用阶级、阶级斗争和路线斗争的观点，批判了林彪效法孔老二搞"克己复礼"妄图复辟资本主义的罪行，进一步认清了林彪推行的是一条复辟、倒退的反革命修正主义路线，进一步增强了在各项实际工作中讲阶级、讲路线、讲革命、讲团结的自觉性，推动实际工作的深入开展。例如，我们区委有位常委，在批林批孔运动中，到一个基层商店持深入基层，深入实际，深入群众，不懂就向群众请教，不会就向实际学习。几个月来，他坚持到一个工厂一个工厂去调查学习，到目前，已去过四十多个工厂，对一些厂的主要产品、工艺过程、企业管理等情况，有了初步的了解。今年六月份的一个晚上，他听说一个工厂的大气锤发生故障，立即跑到这个工厂，深入车间了解情况，查找原因，帮助这个厂采取措施，很快就修复投产了。在深入基层深入群众的过程中，他从工人中学到了好思想、好作风。今年八月八日晚上下起特大暴雨，他想到几个工厂的车间可能漏雨和进水，会影响生产，就亲自冒雨到工厂察看。这天晚上他跑了八个单位，夜间两点多钟才回机关。

　　总之，今年我们区委中心组的学习比去年有了一定进步，也初步尝到了坚持看书学习的甜头。但是，用毛主席关于"**一分为二**"的观点进行分析，与先进单位和基层的同志们比较，还有不少的问题和差距。我们要认真学习先进经验，在今后的学习中加以改进，不断提高学习水平。并且领导和推动全区认真学习马列主义、毛泽东思想，普及、深入、持久地搞好批林批孔，推动各条战线的工作，以实际行动迎接"四届"人大的胜利召开，迎接一九七五年的胜利到来。

会议典型材料之十七

坚持用马列主义、毛泽东思想建设工人理论队伍

中共天津动力机厂委员会

天津市学习马列和毛主席著作经验交流会

会议秘书处　　　　　　　　　　一九七四年十二月

坚持用马列主义、毛泽东思想建设工人理论队伍

批林批孔运动以来，我们遵照毛主席、党中央关于要加强党的理论工作的指示精神，培养了一支不脱产的工人理论队伍。这支工人理论队伍，随着运动的深入发展，迅速成长壮大，现在已由原来六十多人，发展到二百二十多人。这支理论骨干队伍始终站在运动前列，带头学习，带头批判，充分发挥了骨干作用。在批判孔孟之道，研究儒法斗争史和法家著作中，他们和全厂职工一起，研究了七十多个专题，搞出了一批成果，其中被中央和地方报刊、电台采用了二十多篇。

总结我们培养这支工人理论队伍的实践，感到一条比较深刻的体会，就是：必须引导他们刻苦攻读马列著作和毛主席著作，注意世界观的改造，不脱离实际，不脱离劳动，不脱离群众，成为一支能够运用马克思主义立场、观点、方法去分析问题、解决问题的有战斗力的理论队伍。

现在，汇报一下我们是怎样用马列主义、毛泽东思想建设工人理论队伍的：

一、坚持在斗争中认真看书学习，弄通马克思主义

我厂工人理论队伍是从一九七〇年底开始建立的。批林批孔运动以来，特别是进入群众性的研究儒法斗争史和整个阶级斗争史的

151

经验，深入批林批孔的高潮以来，工人理论队伍积极站到斗争的最前列，热情很高，干劲很足，发挥了很大作用。但是有些同志却一度出现了单纯钻研历史资料的偏向，放松了对马列著作和毛主席著作的学习。这种现象的出现，引起了我们党委的重视，使我们清醒地认识到：研究儒法斗争史和整个阶级斗争史，批判孔孟之道，肯定法家在历史上的进步作用，如果不用马列主义作指导，就看不清问题本质，抓不住要害，这样不仅总结不出指导现实阶级斗争的经验，甚至会得出错误结论，使研究工作走到邪路上去。

为了扭转某些同志单纯钻研历史资料的偏向，我们从两方面入手，提高理论骨干在斗争中认真看书学习的自觉性。首先引导大家从批林批孔运动的性质、目的和意义，看坚持看书学习的重要性，使大家认识到：批林批孔是上层建筑领域里的无产阶级战胜资产阶级、马克思主义战胜修正主义的一场政治斗争和思想斗争。我们工人理论队伍是在上层建筑领域里向阶级敌人打思想仗和政治仗的军队，我们不学马列，没有马列理论作指导，就不能战胜孔孟之道，就不能揭露林彪的反革命修正主义路线的极右实质，也不能正确地总结和吸取历史经验用于现实的斗争。其次，我们组织大家重温党的历史，看毛主席在党内历次路线斗争中，是怎样运用马克思主义批判"左"右倾机会主义的。通过学习党内两条路线斗争的历史经验，使大家进一步认识到：在批林批孔斗争中学习和掌握马列主义，是每个无产阶级革命战士的首要任务。这样就大大地提高了工人理论队伍看书学习的自觉性。

除了从思想上提高认识外，我们还为理论骨干创造更多的学习条件。根据他们大多数人担负工作多，业余时间少的特点，我们一方面让他们参加厂举办的马列业校学习，使他们能够比较系统地读几本马列和毛主席著作；另一方面规定每周有两次理论组研究活动日，每周有半天时间脱产集中学习马列和毛主席原著。批林批孔以来，全厂理论队伍比较系统地学习了《哥达纲领批判》、《帝国主义是资本主义的最高阶段》、《关于正确处理人民内部矛盾的问题》等三本书。还有不少同志结合斗争的需要，学习列宁的《国家与革命》、毛主席的《中国社会各阶级的分析》、《湖南农民运动考察报告》、《论人民民主专政》等著作。在研究儒法斗争史中，还选学了马列和毛主席有关研究历史和评价历史人物的论述。通过学习，使他们着重领会了马克思主义关于社会存在决定社会意识；关于人民群众创造历史；关于阶级和阶级斗争；关于暴力革命；关于批判地继承和古为今用等观点。在批判林彪资产阶级军事路线中，全厂工人理论队伍普遍地学习毛主席在解放战争时期的十一篇著作，对毛主席关于用辩证唯物论和历史唯物论科学分析形势；关于人民战争；集中优势兵力，打歼灭战；党指挥枪等思想，有了进一步理解，为批判林彪资产阶级军事路线的极右实质提供了强大的思想武器。许多同志深有体会地说：批林批孔运动是个大学校，今年是我们理论队伍读书最多的一年，收获最大的一年，提高最快的一年。

我们在抓理论队伍认真看书学习时，牢记毛主席关于"**对于马克思主义的理论，要能够精通它、应用它，精通的目的全在于应用**"的教导，注意引导他们发扬理论联系实际的革命学风，在研究儒法斗争史和整个阶级斗争史，批判孔孟之道，肯定法家在历史上的进步作用中，坚持用马列主义、毛泽东思想为指导。我们在引导他们系统读书，掌握基本观点的同时，还针对他们在研究中遇到的难点，引导他们选学马列和毛主席的有关论述。例如，厂法家著作注释小组，最近在注释荀子《天论》一文过程中，翻阅了许多所谓专家、学者对《天论》的注释。发现这些专家们只看到荀子的自然观，而根本看不到他的社会观，把荀子"天论"简单地看成是"论天"。他们为了正确地评论荀子的《天论》，认真学习了马克思的《'黑格尔法哲学批判'导言》一文，自觉地运用马克思主义的阶级观点，分析了荀子《天论》一文产生的社会背景。认识到荀子的《天论》不是简单的论天，而是论人，论社会，是针对孔老二、孟轲之流的"天命论"而写的。这样就有力地批驳了一些人对荀子《天论》一文的歪曲。在研究中，他们还遇到这样一个难题，就是荀子自称是个大"儒"，历史上的反动阶级和儒家代表人物都抓住这一点大肆歪曲荀子思想，叫嚷荀子就是儒家。如何弄清事实真象呢？只有用马列主义这个科学世界观才能认识事物本质。他们学习了列宁在《唯物主义和经验批判主义》一文中关于**"判断一个人，不是根据他自己的表白或对自己的看法，而是根据他的行动"**的教导，对荀子进行历史的具体的分析，认识到荀子虽然自称是大"儒"，但他在战国末期的阶级斗争中，总结了李悝、吴起、商鞅等前期法家的思想路线和政治路线，主张"制天命"，反对"畏天命"；主张"天人之分"，反对"天人合一"；主张"法后王"，反对复古倒退，在一系列重大原则问题上都与儒家格格不入，而是为新兴地主阶级大造革命舆论。这样一分析，便进一步证实了荀子虽然口称是"儒家"，而实际上是个法家。通过注释工作的实践，他们深有体会地说：马列主义、毛泽东思想的基本理论是我们的战斗武器，只有用马列主义立场、观点、方法去研究法家著作才能透过现象看本质，在错综复杂的斗争中明辨是非。

二、坚持在斗争中抓好理论队伍的世界观改造

实践使我们认识到，社会上的阶级斗争必然要反映到工人理论队伍中来。要建设一支有战斗力的工人理论队伍，必须坚持用马列主义、毛泽东思想不断加强这支队伍的思想建设，引导他们在改造客观世界的同时努力改造主观世界，不做那种"嘴上会讲一大篇，实际不沾边"的口头革命派。这是关系到工人理论队伍能不能巩固和发展，向什么方向发展的大问题。因此，我们党委比较注意了经常分析理论队伍的思想状况，及时发现问题加以解决，并教育各车间、班组对工人理论骨干也不能只抓笔头不管思想，以保证了工人理论队伍在毛主席的无产阶级革命路线指引下，健康成长。

例如，有少数同志参加了理论组后，便滋长了一种优越感，总觉得自己书看得多，会听得多，文章写得多，自满起来，不注意自己的世界观改造。我们抓住这种苗头，组织他们反复领会毛主席在《实践论》中指出的："**无产阶级和革命人民改造世界的斗争，包括实现下述的任务：改造客观世界，也改造自己的主观世界——改造自己的认识能力，改造主观世界同客观世界的关系。**"使他们认识到，做一个无产阶级的理论战士，就必须思想上真正红，并且言行一致，说到做到，这样才能取得群众信任，团结群众，打击敌人。同时，还对他们进行党的基本路线教育，使他们联系斗争实际认识到，在社会主义历史阶段，意识形态领域里的阶级斗争是尖锐的复杂的。阶级敌人决不甘心他们的失败，必然要同我们争夺阵地，争夺队伍。我们要特别警惕敌人的拉拢腐蚀，自觉抵制资产阶

级思想。因此，必须注意在斗争中自觉改造世界观。

又如，开始时，在我们理论队伍中，比较普遍存在着不能很好处理革命和生产的关系的问题。不少同志认为：我是生产工人，完成好生产任务是真格的，其它再好，生产任务不完成，说话不硬。因此，在任务急或月底忙时，有些同志为完成任务加班加点，便放弃了参加理论组的研究活动。针对这种情况，我们一方面要求各车间、班组支持理论骨干的研究活动，保证他们的学习和研究活动的时间，同时，我们组织理论骨干认真学习毛主席关于政治与业务的辩证关系的论述，使大家弄清，我们工人理论队伍肩负革命和生产两付重担，这两方面任务都要完成好，并且必须坚持政治作统帅，在首先搞好批林批孔的前提下，去努力完成生产任务。随着思想认识的提高，理论队伍中涌现出许多抓革命促生产的好典型。厂理论组成员赵连顺同志，在批林批孔斗争中严格要求自己。他发扬"钉子"精神，充分利用一切业余时间，刻苦钻研革命理论。他在编写民主革命时期尊孔与反孔斗争史讲稿时，坚持不脱产，白天写稿，晚上上夜班坚持生产，一天只睡三、四个小时觉。批林批孔运动以来，他曾多次参加厂举办的短期脱产学习班，不但没有影响生产，而且月月超额完成生产任务，每日完成工时平均都在十一小时以上，深受群众好评。厂里举办"七·二一"工人大学时，车间领导和群众一致推荐他上"七·二一"工人大学。上了"七·二一"工人大学后，他仍自觉地坚持理论工作，利用业余时间主动为群众服务。最近，厂和车间两级中心组学习法家著作时，他利用业余时间认真备课，给领导干部做了学习商鞅《更法》一文的辅导，受到大家热烈欢迎。

三、坚持在斗争中向群众学习，充分发挥工人理论队伍的骨干作用

工人理论队伍是扎根班组、扎根群众，还是脱离群众，关门搞提高，这是关系到建设什么样的理论队伍的重大问题。对这问题，我们开始是不够明确的。在建立理论队伍的初期，我们只是把车间理论辅导员集中起来，给他们讲大课，灌输理论知识；他们回到车间，也就照本宣讲理论知识。这样，群众不欢迎，车间不支持。在深入批林批孔的实际斗争中，我们总结了经验教训，警惕到：脱离政治，脱离实际，脱离群众，是培养理论队伍工作中的修正主义路线，这条路绝不能走。马克思主义的理论队伍只能在群众斗争的大风大浪中培养，也必须这样培养。于是，我们反复组织理论队伍学习了毛主席关于**"群众是真正的英雄"**的教导，使他们认识到，工人理论队伍只有坚持和广大群众结合，扎根群众，才能更好地发挥骨干带头作用，也只有坚持这个结合，才能搞好理论队伍自身的建设。我们又采取了一些措施，促使他们更好地和群众结合。①各车间的理论小组普遍坚持和班组群众共同学习、共同批判，并且从中向群众学习，接受群众的帮助；②理论小组写出的文章和材料，都向广大群众宣讲，广泛征求群众的意见，不断修改提高；③各车间、班组党组织采用各种方式收集群众对理论队伍的意见和要求，发现问题，及时解决。这些措施，收到了较好的效果。

由于坚持了理论骨干同广大群众相结合，所以推动了批林批孔的普及、深入，也促进了理论队伍本身的提高。批林批孔运动以来，厂和车间两级理论组在全厂职工群众的帮助下，写出了儒法斗

争史和尊孔与反孔斗争史九讲，共十万字；研究了二十多个法家代表人物和四十多篇法家代表著作，写出了一批文章。理论骨干紧紧依靠群众，群众也积极支持和帮助理论骨干。动力车间理论组的青年工人许永华写了一篇批判"仁政"的文章。征求群众意见时，大家反映，说理不充分，没有击中要害，文章比较干巴。一位老工人就向小许讲述了苦难的家史，用亲身经历揭露了林彪和孔孟鼓吹的"仁政"的反动性和虚伪性。同时，小许又反复学习了毛主席的《论人民民主专政》、《在延安文艺座谈会上的讲话》等著作，运用马克思主义的阶级斗争和无产阶级专政的学说，联系老工人和自己的血泪斑斑的家史，几次修改了批判稿，最后写成了一篇有理论有实际，质量较好的批判文章。

马列主义　毛泽东思想哺育着工人理论队伍茁壮成长。批林批孔运动以来，全厂发展了一批党员，其中百分之七十是工人理论队伍的成员。这支队伍不仅在批林批孔斗争中是一支骨干力量，而且在生产上同样是一支生气勃勃的突击队。动力车间工人理论组在车间搞铸工小线会战中，专门组织了理论队伍参加的突击活动，全体理论组成员，发扬连续作战的作风，早班连中班，出色地完成了分给他们的任务。不但解决了生产上的矛盾，也锻炼了理论队伍，密切了他们同群众的关系。目前，全厂战斗在第一线的理论骨干中有百分之九十以上的同志都提前两个月跨入七五年。有的同志甚至提前一个多月跨入了七五年，模范地落实了**抓革命，促生产**的伟大方针。广大职工高兴地赞扬他们是工人学理论的辅导员，批林批孔的战斗员，抓革命，促生产的闯将。

同志们，我们用马列主义、毛泽东思想建设工人理论队伍的工作，还只能说是刚刚开始。今后我们要继续坚持用马列主义、毛泽东思想建设理论队伍，为加强党的理论工作，培养一支有战斗力的马克思主义的工人理论队伍而努力。

会议典型材料之十八

在 斗 争 中
加强工人理论队伍的建设

中共天津第四棉纺织厂委员会

天津市学习马列和毛主席著作经验交流会

会议秘书处   一九七四年十二月

在斗争中加强工人理论队伍的建设

无产阶级文化大革命以来，特别是批林批孔运动以来，我厂广大工人群众密切结合阶级斗争和生产斗争的实际，努力学习马列主义、毛泽东思想，涌现了一支工人理论队伍，从车间各班到科室，普遍建立起三结合的批林批孔理论研究小组。目前，全厂共有三结合理论小组五十三个，有工人学习辅导员和理论小组成员六百二十二名，占全厂职工总数的百分之十一。这支理论队伍在党委领导下，带动全厂职工把认真看书学习和对林彪反革命修正主义路线及孔孟之道的批判紧密结合起来，推动着批林批孔运动朝着普及、深入、持久的方向发展。在这支理论队伍中，有的是研究马列原著的，有的是研究哲学的，有的是研究历史的。现在，把我们通过研究儒法两家在认识论上的斗争，培养理论队伍的作法及体会向领导和同志们汇报一下：

一、 坚持无产阶级政治挂帅， 发扬敢想敢干的革命精神，在斗争中培养理论队伍

无产阶级的理论队伍，是无产阶级在意识形态领域里作战的部队。这支队伍的任务，就是要在党的领导下，以马克思列宁主义、毛泽东思想为武器，批判修正主义，批判资产阶级，批判一切剥削

阶级的意识形态，用马克思主义占领包括哲学、历史、教育、文学、艺术、法律等在内的整个上层建筑，使上层建筑更好地为巩固无产阶级专政、维护社会主义的经济基础服务。因此，这支队伍不能在温室里培养，而必须在群众斗争的大风大浪中成长。

在研究认识论的过程中，如何培养理论队伍呢？我们认为，首要的问题就是要使所有参加这项研究工作的理论骨干，明确研究的目的，明确研究工作的政治方向。这是在研究工作中坚持无产阶级政治挂帅的一个十分重要的问题。

哲学是为政治服务的，是阶级斗争、路线斗争的工具。思想路线是政治路线的理论基础，而一定的思想路线，又都是为一定的政治路线服务的。在我国历史上，围绕儒法两条政治路线的长期的激烈的斗争，也展开了儒法两家在思想路线上的激烈斗争，这种认识论上的斗争，始终是为儒法两家的政治斗争服务的。研究儒法两家在认识论上的斗争，吸取历史经验，对于我们今天认清叛徒、卖国贼林彪在新的历史条件下，宣扬唯心论和形而上学的反革命目的，深入批林批孔，是十分有益的。因此，我们首先向理论骨干们反复讲清，研究认识论上儒法斗争的目的，就在于吸取历史经验，推动批林批孔斗争，巩固无产阶级专政，防止资本主义复辟。

参加这项理论研究工作的同志，刚一接受任务时，有些同志是有思想负担的。我们听到了这样的议论："哲学史，是尖端，学问深，不好攀。"还有的说："咱理论少、基础差，还是先好好学学再接任务。"针对这些思想，我们组织编写人员认真学习党中央和毛主席关于批林批孔的一系列指示，使大家认识到：用马列主义、毛泽东思想占领上层建筑领域阵地，是党和毛主席交给我们工人阶级的光荣任务,为了巩固无产阶级专政,我们要昂首挺胸地登上并且永远占领整个上层建筑领域的阵地。我们又和大家一起回顾了几年来我厂工人学哲学的战斗历程,总结了工人理论队伍在批林批孔运动中起到的巨大作用,使大家进一步认识到:实践出真知,斗争造人才。不懂可以学,不会可以练,而学和练都要在斗争中进行。批林批孔斗争,就是培养理论队伍的一个好课堂,我们要勇于接受斗争的考验,**从战争学习战争**。

在认识初步提高的基础上,我们又组织大家动手分析旧哲学史资料。在分析中,大家发现这些资料本厚词深,晦涩难懂,刚一看,确实很唬人。但是,却架不住用马克思主义观点进行分析。只要深入分析,就马上发现,这些资料立场、观点错误很多,有些历史真相还被肆意歪曲了。这样就进一步激发了大家的斗志,坚定了大家的信心。同志们表示:"我们要破除迷信,解放思想,不吃现成饭,勇于闯新路,编写新的哲学史,为工农兵服务,为巩固无产阶级专政做出贡献。"

当时,正好是中央领导同志到我市来视察工作,对天津站、小靳庄的经验给以相当高的评价,并且对发动工农兵占领上层建筑领域作了重要指示,我们听了受到很大鼓舞。通过学习天津站工人同志研究、宣讲儒法斗争史的经验,也使我们受到很大启发。大家一致表示,在这场占领上层建筑领域的斗争中,一定要站在最前线。

为了打好意识形态领域内的这一仗,我们厂党委正副书记和一名常委亲自参加理论骨干的讨论研究,带领大家看书学习,及时解决思想上和工作上的各种问题,发扬敢想敢干的革命精神,抓紧学习和批判,共同搞好研究和编写工作。

在研究和编写过程中，大家发扬了工人阶级的硬骨头精神，克服了很多困难。一纺场老工人张锡海翻阅《三国志》，搜集有关曹操的材料，遇到看不懂的地方，就拿着书向别人求教。孩子妈妈王琳回家后，料理完家务，还在灯下学习研究两三个小时。二布场青年工人张兰、王风雪，为了弄清两宋时期儒法两家在认识论上的斗争，连续三天夜以继日地看书、讨论、做笔记。困了，两个人就倒换打个盹，醒来再接着干。许多同志都是不分黑天白日地看书，研究问题，整理材料。经过短短一个月实际锻炼，使大家提高了运用马克思主义分析问题的能力，培养了战斗意志，增加了历史知识。同志们深深体会到："不怕有压力，就怕不能把压力变动力。只有挑重担才能长才干。"

二、坚持看书学习，掌握理论武器

研究哲学史以什么为指导？以什么为武器？必须以马列主义、毛泽东思想为指导，以无产阶级革命理论为武器。这是在研究工作中坚持无产阶级政治挂帅的根本问题。但是开始研究儒法两家认识论上的斗争时，有些同志对于这一点认识不很清楚，他们急于出成果，因而对学习马列著作和毛主席著作有些放松。有的同志成天在哲学书、历史书、报纸、词典中打转转，一头扎进了史料堆里出不来。针对这种情况，我们帮助大家总结批林批孔以来坚持认真看书学习和开展革命大批判的重要经验，使大家认识到，要把理论和实际、历史和现实结合得更好，把研究和批判水平提高一步，就必须认真学习马列主义，掌握理论武器。比如韩愈这个人，在许多过去的资料中，都说他是"反佛英雄"，有的甚至说他是属于唯物主义一边。如果只看这些资料，不用马克思主义进行分析，就会上当。首先，对韩愈不能只看"反佛"这一点，要看他的整个思想体系，看他的思想体系的核心是什么？韩愈是孔丘、孟轲、董仲舒之后，在唐代的儒家的突出代表人物，是"道统说"的创造者，是"天道观"鼓吹者，是一个孔孟之道的大卫道士，整个思想体系是唯心的。那么他为什么反对佛教？因为当时的封建统治阶级中一部分人迷信佛教，丢了孔孟的一套，而韩愈一套则认为佛教不如孔孟之道对维护唐王朝的统治更有利，所以，极力鼓吹孔孟之道，反对佛教。因此，韩愈的反佛，从根本上说来，并不是用唯物论反佛教，而是用孔孟之道反佛教。通过对这一问题的研究，大家对掌握全面观点、阶级观点的重要性有了新认识。实践告诉我们：研究历史固然要学历史，但是首要的应该是学习马克思主义，不掌握马列主义这个望远镜和显微镜，研究历史就没有方向，评价历史人物就没有尺度，甚至要走到邪路上去。

在提高认识的基础上，大家自觉建立了学习制度，坚持利用每天一小时和每周两次业余时间系统地学习马列著作和毛主席著作，并且将研究过程中的难点作为学习中要解决的重点，边学习、边查资料、边研究。我们还及时在各小组间交流学习经验，促使大家用马列主义、毛泽东思想指导研究工作的全过程。

由于加强了学习，使理论小组的同志们能掌握思想武器，解决了许多疑难问题，克服研究过程中的不少困难，推动了研究工作，也提高了理论水平。

第一、学习马列和毛主席关于哲学基本问题的论述，使我们认清儒法两家在认识论上斗争的根本分歧。

　　我们首先研究的是春秋战国时期儒法在认识论上的斗争。这个社会大变革时期，阶级斗争异常激烈，儒法两家在认识论上的斗争也是错综复杂的。如何抓住儒法两家在认识论上斗争的主要分歧，是一个很重要的问题。一开始，大家感到很困难，理不出个头绪来。于是，我们重新学习了马列和毛主席的有关著作的有关章节。革命导师恩格斯在《路德维希·费尔巴哈与德国古典哲学的终结》中，十分明确地指出：**"全部哲学，特别是近代哲学的重大的基本问题，是思维和存在的关系问题"**。通过学习，大家认识到，在思维与存在的关系上，有史以来始终存在着两条根本对立的认识路线。唯物论与唯心论的第一个根本性的区别点，就是在这个问题上。这种争论，集中表现在：世界是物质的，还是精神的；人的认识是实践得来的，还是先天就有的；认识是不断发展变化的，还是僵死不变的等一些问题上。我们就运用这些基本观点作指导，来分析春秋战国时期儒法认识论上的斗争。由于指导思想明确了，一下子就抓住了问题的根本。在比较详细地占有材料的基础上，我们归纳出春秋战国时期认识论上儒法斗争是集中在：尊天命还是反天命；人的认识是"生而知之"，还是从感官接触外界事物而来；思想是僵死的，应该"法先王"，还是思想应根据客观情况的变化，要"法后王"等问题上。

　　第二、学习阶级和阶级斗争的观点，运用阶级分析的方法，透过复杂的历史现象，认清事情的本质。

　　遵照革命导师列宁关于**"马克思主义给我们指出了一条指导性的线索，使我们能在这种看来迷离混沌的状态中发现规律性。这条线索就是阶级斗争的理论"**的教导，理论小组的同志注意运用阶级和阶级斗争观点解释一些复杂的历史现象。比如，在研究"天人合一"这个反动观点时，我们遇到了一个问题：为什么孟轲这个奴隶主阶级的反动思想家主张"天人合一"，而在封建社会里，许多地主阶级的反动思想家也鼓吹"天人合一"呢？为什么同样一种观点，却被两个阶级都采纳和鼓吹呢？经过运用马克思主义的阶级观点和历史观点来分析，我们认识到：剥削阶级也是有发生、发展、灭亡的过程的。当一个剥削阶级是新兴阶级的时候，他要打倒另一个已经腐朽没落的剥削阶级。这时他是可以讲一些唯物论的。例如，荀子是新兴地主阶级的代表人物，他就"反天命"，反对"天人合一"。但是，当一个剥削阶级已经掌握了政权，已经走向反动的时候，他就要拚命维护反动统治。这时，他们就要鼓吹"天命论"、鼓吹"天人合一"，目的在于借助"神权"来维护他们的反动政权。因此，奴隶主阶级成为反动阶级时，他们的思想家极力鼓吹"天人合一"；地主阶级走向反动的时候，他们的思想家也鼓吹"天人合一"。这并不奇怪，不过说明"天人合一"这一反动观点，是适合历代反动派需要的。

第二、学习一分为二的观点和无产阶级革命导师关于评价历史人物的论述，正确评价法家人物。

在研究过程中，如何正确评价法家人物呢？开始，有的同志存在着"儒家、法家都是剥削阶级的一家，无产阶级都要打倒它，干嘛还要研究它"的模糊认识。研究起来以后，有的同志看到法家用朴素的唯物论与孔孟之道进行了坚决的斗争，又往往给他们以过高的评价。针对这两种偏向，我们组织大家学习了马列和毛主席的有关论述，使大家认识到：脱离历史条件，不做具体分析，把儒、法两大对立派别笼统地混为一谈，或把法家和无产阶级革命家相提并论，都是违反了历史辩证法和阶级分析的。为了正确认识法家人物的进步性和局限性，我们运用马克思主义唯物辩证法的观点，一分为二地分析法家人物。比如，先秦法家，我们认为他们主张"世异则事异，事异则备变"，是包含朴素唯物主义的，因为他们这是主张根据客观情况的变化来决定政策。这种主张，与儒家鼓吹的"循礼无过"，"法古无邪"的观点针锋相对，在当时是一种进步的可贵的思想，对新兴地主阶级起来打倒奴隶主统治起了积极作用，但是，先秦法家毕竟是地主阶级的思想家，他们的朴素唯物主义不可避免地具有阶级的和时代的局限性，是不彻底的。例如他还不懂得实践在人类认识中的作用，不懂得认识发展的辩证法，等等。

通过这一段用马克思主义指导研究认识论斗争的实践，同志们深有感触地说："结合斗争学习马列主义、毛泽东思想，感到格外亲切。理解的深刻，记得牢靠。"我们体会到，斗争实践是学习马克思主义的最好课堂，只有组织工人理论队伍在斗争中认真看书学习，不断提高马列主义水平，才能肩负起占领上层建筑的历史使命。

三、密切联系群众，使理论队伍在群众运动中得到锻炼和提高

马克思主义的理论队伍是无产阶级的队伍，是为无产阶级和广大人民群众服务的。这支队伍必须密切联系群众，而绝不能脱离群众。它只能在群众斗争的大风大浪中造就，而不能关在书斋里培养。对这个问题，有的同志曾经有过一些模糊认识。他们认为自己"生在工人中，来自第一线，下去不下去，不算是关键，抓紧时间

造者》为题，大量搜集、占有材料，经过研究，进一步明确了法家的进步思想不是从天上掉下来的，也不是头脑里固有的，而是在人民群众的斗争的推动下产生的。农民起义领袖柳下跖当面痛斥孔老二为"盗丘"、"巧伪人"，根本不把"天生德于予"的孔老二放在眼里；陈胜、吴广响亮地提出"王侯将相宁有种乎"；黄巾起义则举起"苍天已死，黄天当立"的战斗旗帜；近代史上的太平天国运动，更是"敢将孔孟横称妖，经史文章尽日烧"。正是这种声势浩大的群众阶级斗争，推动影响了历代法家革新思想的形成。人民群众是创造历史的动力，他们不仅是物质财富的创造者，也是精神财富的创造者。

总之，我们的理论骨干，不断从群众中吸取营养，才搞成了儒法哲学思想斗争史的初稿，同时也使自己在群众火热的斗争中逐渐成长起来。

以上讲的，是关于在研究儒法两家认识论的斗争中，培养理论队伍的情况。这个小组的情况，也代表了我厂其他理论小组成长的情况。

事实证明，有了一支工人理论队伍，它的作用是很大的。批林批孔以来，我厂各级理论小组和群众一起，研究了六十多个评价法家著作和批判儒家反动思想的专题；搞了荀况的《天论》、韩非的《五蠹》、柳宗元的《封建论》三篇法家著作的译文和评论文章；对《三字经》、《弟子规》、《千字文》、《名贤集》四本儒家反动小册子和一百多条反动谚语进行了批判；各科室分别从法律、教育、文学艺术、政治经济学等方面研究儒法两家的斗争；厂级理论小组编写了从原始社会到近代的通俗中国哲学史。十月份以来，二布场等理论小组研究了儒法两家在军事思想上的斗争，并在班组向工人宣讲，使批判林彪资产阶级军事路线更深入一步。目前，一部分理论骨干正在学习《路德维希·费尔巴哈与德国古典哲学的终结》，并着手编写这本书的注释材料。

总之，我厂的理论队伍，在党委的领导下，带动全厂职工，推动批林批孔向着普及、深入、持久的方向发展，促进了生产和技术革命也迅速前进。目前，全厂革命生产的形势越来越好，广大职工团结战斗，力争为社会主义革命和建设多做贡献。但是我们同先进单位比，还有不少差距。通过这次会，我们要认真学习先进经验，推动我厂学习马列主义、毛泽东思想的群众运动更加普及、深入、持久地发展，夺取批林批孔和抓革命促生产的更大胜利。

以上汇报，有不妥当的地方，请首长和同志们指正。

会议典型材料之十九

举办政治理论业余大学
的一些体会

中共天津市河北区委宣传部

天津市学习马列和毛主席著作经验交流会

会议秘书处　　　　　　　　　一九七四年十二月

举办政治理论业余大学的一些体会

（一）

遵照毛主席关于"**认真看书学习，弄通马克思主义**"和"**坚持数年，必有好处**"的教导，根据市委宣传部的建议，我区在南开大学、市人民图书馆等单位的大力协助下，从今年五月中旬起开办政治理论业余大学。

我们开办政治业大的目的，是为了适应革命斗争的需要，培养不脱产的马克思主义理论队伍。政治业大培养的主要对象，是机关和工厂、商店、学校等基层单位的宣传干部和理论骨干。学员由各级党组织选送，文化程度不限。讲课由南开大学担任。每周教学活动一天，每届学员计划学习三年。内容是比较系统地学习马克思主义三个组成部分的基本理论，包括哲学、政治经济学、科学社会主义。

我区这期政治业大共招收学员905名。其中市属区、局理论工作干部241人，本区各局、公司、街道系统宣传干部和理论骨干220人，中学和小学政治教员444人。学员中间，青年人比较多，女同志比较多。整个政治业大团结、紧张、严肃、活泼，显得很有朝气。

根据现实斗争的需要，我区政治业大今年学习的内容是国际共产主义运动史。到目前为止，已经学完从马克思主义诞生到十月革命的国际共运史，重点学了《共产党宣言》、《法兰西内战》、《哥达纲领批判》、《帝国主义是资本主义的最高阶段》、《国家与革命》五本书的基本观点。

办学的道路不是笔直、平坦的。开办五个多月以来，经历了一个由高到低、又由低到高的波浪式发展过程。我们边干边学，边实践边总结，取得了一些成效，初步摸索了一点经验和体会。

（二）

开办政治业大，是现实斗争的需要。随着批林批孔运动的开展，群众看书学习的积极性越来越高。在运动中，群众提出许多问题，比如：马克思主义有哪些基本原理？毛主席是怎样继承和发展马列主义的？林彪是怎样背叛马克思主义的？林彪路线和国际修正主义有什么联系？等等。我们感到，要及时地解决群众提出的问题，促进批林批孔运动普及、深入、持久地开展，就必须培养一支密切联系群众的、不脱产的理论骨干队伍，让他们比较系统地了解马克思主义的三个组成部分，了解马克思主义是怎样在同修正主义的斗争中不断发展的，以便在群众运动中，更好地发挥作用。我区政治业大，正是在这样的情况下开办起来的。

区委决定开办政治业大后，由区委领导同志挂帅组成领导班子，日常校务工作责成区委宣传部理论组和区宣传站同志承担。业大刚开办起来那一阵子，从上到下，大家热情高，干劲足，要求报名入学的很多。学员都能准时到校，认真听课，认真记录。课后讨论，发言也很热烈。总之，业大一开头就出现一个高潮，办得挺火热。

但是，办这样的政治业大，对我们来说，毕竟是第一次，经验不足，工作跟不上，因此业大开学一段时间后，出现了一个低潮。突出的表现是学员的出勤率显著下降。请假的多了，迟到早退的多了，还有的学员要求退学，有的学员干脆就不来了。

这个现象的出现，向我们提出一个问题：政治业大能不能继续办下去？我们进行了研究，认为开办政治业大符合毛主席的教导，符合上级党委的要求，也符合现实斗争的需要；开办政治业大是党委抓路线、抓上层建筑、抓意识形态的一件大事。因此，我们一定要坚持办下去，而且一定要把它办好。同时我们还认为，政治业大这样一个新生事物，在前进的过程中碰到一些困难和矛盾，遇到一些问题和曲折，是很自然的，关键在于我们抱什么态度。是回避矛盾蹓下坡呢，还是迎着困难爬上坡呢？我们的回答是：只能前进，决不后退，一定要深入调查研究，查明原因，采取措施，解决矛盾，把低潮再转化为高潮。

学员们上学出勤率为什么下降？我们组织人力进行了调查，一共走访了五十多个单位，开了各种类型的调查会。经过调查了解，发现主要有三种情况：一种情况是兼职多，工作忙，想学来不了。有些学员是单位负责人，有的学员在单位既是团支部书记、民兵排长，又是理论小组组长、生产班组负责人，每天工作、会议排得满满的，他们说："想上业大，但脱不开身。"另一种情况是文化低，有困难，想学跟不上。相当一部分学员只有小学或初中水平，从前没学过共运史，这方面知识少，他们反映："老师讲课满堂灌，历史资料一大片，听不懂，记不住，跟不上班，怕白白浪费时间。"再一种情况是，有些学员来上学，原想"趸点货，回去卖"，以为业大是需要什么学什么。听了几课，感到"远水不解近渴"，就不愿再来了。

针对这三种情况，我们采取了三条相应的措施：

一是依靠各级党组织，加强领导。

我们认为，业余大学有业余的特点。学员既要上学，又要工作，时间上就有学习和工作的矛盾。为了解决这个矛盾，我们召开有关会议，请各级党组织重视和关心政治业大工作，了解学员的思想和学习情况，及时帮助他们解决实际困难，大力支持他们上好政治业大。有些学员因单位工作忙实在离不开，给予必要的调换。有些学员兼职多，影响学习，就请党组织做出适当安排，让别的同志分担其部分工作。星期五是政治业大辅导、讨论时间，这一天尽量不安排他们的工作，不召开有学员参加的会议。为了便于各级党组织加强领导，我们把政治业大的学员按照局、公司、街道划分45个学习小组，请局、公司、街道党委机关来的学员担任学习小组长或付组长，便于学习小组争取党委领导。经过采取这些措施，各级党组织能够及时掌握情况，解决问题，保证学员既能安心学习，又不耽误工作。

二是抓思想，提高学员学习的自觉性。

学员们学习的积极性来自学习的自觉性。帮助学员扫除思想障碍，不断提高对看书学习的重要意义的认识，明确学习目的，端正学习态度。是坚持办好政治业大的重要一环。我们在政治业大内部加强政治思想工作，提高学员认真看书学习的自觉性。我们组织学员学习了毛主席关于"**指导一个伟大的革命运动的政党，如果没有革命理论，没有历史知识，没有对于实际运动的深刻的了解，要取得胜利是不可能的**"等教导，引导学员总结在路线斗争中由于掌握马列主义理论而正确执行毛主席革命路线的经验，和因为不懂马列主义理论而上当受骗的教训，使大家认识"**我们的斗争需要马克思主义**"的道理。我们还向学员宣传马克思主义的阶级性和实践性这两个显著特征，介绍工农兵刻苦攻读马列著作的先进典型，组织学员批判刘少奇、林彪一类骗子反对工农兵群众学马列著作的罪行，使文化低、有畏难情绪的学员破除迷信，解放思想，树雄心，立壮志，勇于克服困难，决心弄通马克思主义。

与此同时，各有关单位的党组织也对学员加强了政治思想工作，动员他们努力学习。这样，校内校外配合，便取得了良好的效果。

三是改进教学，从实际出发组织教学活动。

组织好教学活动，是坚持办好政治业大的又一个重要方面。我们分析学员提出的意见和建议，和南大有关同志一起研究，根据理论联系实际、从学员的实际情况出发、互教互学三条原则，对教学进行了改革。

首先，从学员的文化水平和接受能力出发，调整了教材。开始，我们设想，讲共运史，要以讲历史为主，安排的头绪多，史料杂，学员们有意见。经过研究，我们把共运史划成五个时期，每个时期选一篇马克思主义的代表作：马克思主义诞生时期选了《共产党宣言》，第一国际时期选了《法兰西内战》，第二国际时期选了《哥达纲领批判》，列宁主义诞生时期选了《帝国主义是资本主义的最高阶段》，十月革命时期选了《国家与革命》。以这五篇马克思主义著作为重点，以两条路线斗争为纲，讲解共运史。这样，教材少而精，突出了路线，突出了观点，讲的一些历史材料，也是为弄通观点服务。这样一改革，学员比较容易接受，容易弄通，普遍反应好。

其次，坚持理论联系实际，采取启发式，抓好教学过程中予习、辅导、讨论三个环节。在每一单元讲课前，给学员出思考题，发给必要的读书目录和参考资料，让学员进行课前予习。予习的好处是，在课前能予先对马列著作和历史概况有一个初步了解，找出难点，做好思想准备，听辅导报告时就能把握住重点，有了主动权。在辅导时，避免就史论史，不搞烦琐哲学，力求抓住路线斗争的焦点和实质，介绍马列原著的基本观点，联系批林批孔。比如，讲马克思主义的诞生，联系批判林彪的"天才论"；讲巴黎公社、《法兰西内战》，联系批判林彪鼓吹的地主资产阶级的人性论和"阶级斗争熄灭论"，以及攻击无产阶级专政的罪行；讲马克思、恩格斯反对德国社会民主党内机会主义的斗争，介绍《哥达纲领批判》主要内容时，联系批判林彪炮制《"571"工程纪要》和鼓吹"克己复礼"的罪行；讲列宁主义的诞生，介绍《帝国主义是资本主义的最高阶段》主要内容时，联系批判林彪反对马列主义、投降苏修社会帝国主义的罪行。这样讲课，学员听起来感到"解渴"，容易理解。另外，每次讲课后，我们组织学员认真读马列原著，进行讨论。通过讨论，互教互学，集思广益，解决疑难，加深理解和记忆。

为了搞好教学，政治业大还建立了学习中心组，办了学报。学习中心组由各局、公司、街道推选二十多名学员组成，由校部的有关负责同志直接掌握开展活动。中心组的任务是把学员提出的各方面的问题和要求集中起来，加以讨论研究，再把研究的成果带回学员中去。业大学报根据教学要求，每单元出一期，有针对性地刊登一些学员看书学习的体会和经验，解答教学中提出的问题，表扬学员中克服困难坚持学习的先进事迹，介绍一些学员急需的历史资料，对教学起了较好的促进作用。

经过上面所采取的一系列措施，我区政治业大又活跃起来了，学员出勤率逐步上去了。各级党组织大力支持政治业大的工作，对办好政治业大作用很大。区百货公司党委付书记亲自到业大听课，有一名党委常委上业大"带班"。区付食公司、糖业公司党委委派专人负责做业大学员的思想工作，检查出勤情况，掌握课后讨论。不少基层单位党支部书记主动帮助学员安排工作，听取学员汇报，检查学员的读书笔记。各级党组织的关心和支持，使学员受到鼓舞，看书学习的积极性大为高涨。建国道糖业商店的王玉武同志，星期五是他的休息日，五个多月来，他一直坚持上学，一天也没休息过。原来有些想"打退堂鼓"的学员，现在又满怀信心地按时参加学习。有的学员身体有病，或者头一天工作到深夜，也仍然坚持来业大听辅导。学员中有一批中、小学教师，因带学生外出野营耽误了课，我们专门为他们补课，他们努力自觉地抓紧赶上进度。大部分学员都坚持写读书笔记，刻苦攻读马列原著。现在，政治业大是一派朝气蓬勃的新景象，有的学员在读书笔记里写道："政治业大炉火红，学习马列炼硬功，马列光辉照征程，革命胜利有保证。"

（三）

政治理论业余大学在我区开办五个多月，虽然时间不长，但是已经初见成效。我们有以下粗浅的体会：

第一，办政治业大有利于为现实的路线斗争服务，促进批林批孔运动普及、深入、持久地发展。

政治业大学员通过学习马列著作，运用马克思主义的立场、观点、方法总结共运史上阶级斗争和路线斗争的经验，加深了对党的基本路线的理解，提高了识别真假马克思主义的能力和进行革命大批判的水平，促进了批林批孔的深入发展。业大有些学员，过去对我们党内为什么出现刘少奇、林彪一类骗子认识模糊，感觉党内出修正主义代表人物不光彩。他们想，为什么不一下子把修正主义扫除干净，把坏人一网打尽，来个彻底胜利？通过学习马列和毛主席关于阶级斗争和路线斗争的论述，研究国际共运史和我们党内两条路线斗争史的经验，他们看到：①在一百多年的共运史上和我党半个多世纪的历史上，马克思主义和修正主义、正确路线和错误路线是相比较而存在、相斗争而发展的。伴随着每一次社会大变革，就有一场重大的两条路线斗争，这是阶级斗争的客观规律，不以人们的主观愿望而转移的。②党内出修正主义的根本原因是由于帝国主义的存在和资产阶级的影响。只要社会上阶级和阶级斗争存在，党内路线斗争就不会停止，过七、八年就会来一次。③在无产阶级专政条件下，资产阶级向无产阶级进攻的重要特点之一，是他们极力在我们党内寻找代理人，以打着"红旗"反红旗的手法，颠覆无产阶级专政，复辟资本主义。因此，我们必须经常保持革命警惕，一旦发现了混进党里的资产阶级代表人物就必须把他们坚决清除出去。通过学习共运史，联系批判林彪的"阶级斗争熄灭论"，大家说：党内路线斗争是长期的，不是"一下子"就能"彻底胜利"的；我们党清除了刘少奇、林彪两个叛徒集团不是"不光彩"，而是标志着我们党更加纯洁、更加壮大、更加坚强；今后我们也要时刻绷紧阶级斗争和路线斗争这根弦，把反修防修斗争坚持下去，直到实现共产主义。

公安系统的学员在学习共运史上关于坚持还是反对无产阶级专政的斗争的历史经验时，学习马列，批判林彪，使学习和批判步步深入。第一步，学习了《共产党宣言》、《帝国主义是资本主义的最高阶段》等著作和毛主席关于无产阶级专政的论述，把革命导师的论述，同林彪的修正主义言论加以对照比较，认清了坚持无产阶级专政是马克思主义的精髓，而林彪攻击无产阶级专政则是对马克思主义的彻底背叛。第二步，集中研究了老牌修正主义头目攻击无产阶级专政的谬论和手法，以及他们宣扬的反动的国家观，用来同林彪的言行加以比较，看到林彪和共运史上的修正主义头目本质上是一样的。他们都打着"真正社会主义"的旗号，都攻击无产阶级专政是"独裁"，都鼓吹名为"超阶级"而实质是资产阶级专政的国家，他们都是一丘之貉。第三步，分析了为什么林彪和共运史上修正主义头目都攻击无产阶级专政。通过分析，认识到他们都是为了维护资本主义，反对无产阶级革命，反对无产阶级专政，从而对于毛主席关于"**世界上一切革命斗争都是为着夺取政权，巩固政权。而反革命的拼死同革命势力斗争，也完全是为着维持他们的政权**"的教导，有了更深刻的理解。第四步，联系时代背景，分析马克思主义和修正主义两条路线在无产阶级专政问题上的斗争，从历史发展的高度，认识到马克思主义坚持建立和巩固无产阶级专政，是符合社会发展客观规律的，是坚持革命，坚持前进，而拉萨尔、林彪之流攻击无产阶级专政，极力维护和复辟腐朽没落的资产阶级专政，是根本违背社会发展客观规律的，是"断然倒退"的反动行径。第五步，总结苏联在列宁路线指引下建立无产阶级专政的经验和赫鲁晓夫、勃列日涅夫叛徒集团推行修正主义路线、复辟资产阶级专政的教训，更加深刻地认识到**思想上政治上的路线正确与否是决定一切的**，要巩固无产阶级专政，就必须坚持党的基本路线。林彪鼓吹"政权决定一切"，实质上是妄图用"克己复礼"的反动路线把我国的无产阶级专政变成资产阶级专政。通过学习和批判，他们更加认识到：身在无产阶级专政机构内部，肩负着捍卫无产阶级专政的重大责任。他们说："无产阶级专政最危险的敌人是混进无产阶级专政内部的资产阶级代表人物，是披着马克思主义外衣的政治骗子。我们必须学习和掌握马克思主义，提高警惕，分辨真假，及时揭露，彻底批判，以保证我们的无产阶级江山永不变色。"

第二，办政治业大，提高了学员的政治理论水平，有利于发挥这些理论骨干在群众中的作用，促进学马克思主义群众运动的发展。

政治业大的大多数学员，参加业大学习以来，在本单位更好地发挥了理论骨干的作用。不少学员在本单位党组织的领导和支持下，办起了业校、成立了学习小组。他们既是业大的学员，又是本单位的辅导员；在业大是学生，在本单位是业校校长、学习组长。他们把在政治业大学习的成果带回本单位去热情宣传；又把群众学习提出的问题带到业大来认真研究。校内校外互相促进，推动了各单位学习马列和毛主席著作的群众运动的深入发展。王串场街砂轮厂，以前曾由街党委蹲点的同志办过职工业余学校，一度因没有人讲课，业校就散了。今年，这个厂的徐贵芳同志上了政治业大，在厂党支部的领导下，又重新办起了职工业校。徐贵芳同志担任校长兼教员，她向职工介绍自己在政治业大看书学习的体会，和职工一起学习《共产党宣言》、《实践论》，职工们高兴地说："我们砂轮厂有了自己的教员，看书学习更有信心了。"区付食公司的学员通过学习共运史认识到：一切剥削阶级和党内机会主义头子，为了搞复辟倒退，总是采用篡改历史的卑劣手法，宣扬剥削阶级的意识形态，欺骗群众。我们就要反其道而行之，努力宣传马列主义、毛泽东思想，占领思想文化阵地，把历代统治阶级颠倒的历史重新颠倒过来。在公司党委培训各基层单位理论骨干时，他们运用马克思主义基本观点，和大家一起研究儒法斗争和整个阶级斗争史，对大家很有帮助。各基层单位理论骨干回到基层后，又与职工群众一起编写了儒法斗争故事、劳动人民反孔斗争史讲稿，还写了批判《三字经》和反动谚语等文章180多篇，进一步推动了批林批孔运动向普及、深入、持久发展。

政治业大的学员现在已成为我区上层建筑领域里革命斗争的一支重要骨干力量。一些来自街道的学员，为上山下乡知识青年及其家长举办学习班，学习《共产党宣言》，宣传马克思主义的青年运动方向，促使知识青年及其家长同旧的传统观念决裂，推动了知识青年上山下乡工作。一些来自中学的学员，学习政治业大的教学经验，改革政治课教学，收到了较好的效果。过去，有一部分来自工厂的青年工人，认为自己干活多，工资少，不合理。通过在政治业大学习《哥达纲领批判》等著作，提高了觉悟，思想问题解决了。最近以来，这些来自工厂的青年学员，把本厂青年工人也组织起来，学习《哥达纲领批判》和《共产党宣言》，批判拉萨尔鼓吹的"不折不扣劳动所得"等反动谬论，使参加学习的青年工人也都认识到，在社会主义制度下，增加公共积累是必要的，与资本主义剥削根本不能相比，还认识到，我国是一个发展中的国家，我们的方针是独立自主、自力更生，这就需要我们发扬艰苦奋斗、勤俭节约的革命精神。通过学习，青年工人们的觉悟提高了，干劲更足了，在抓革命、促生产中做出了更大的成绩。

第三，办政治业大有利于培养学员运用马列主义、毛泽东思想指导抓革命，促生产，促工作，促战备。

广大学员通过学习国际共运史和马列著作，对马克思主义的基本原理加深了理解，提高了用马克思主义的立场、观点、方法分析问题，解决问题的能力。东站百货商店革委会付主任崔伯泉，通过学习，进一步加深了对"思想上政治上的路线正确与否是决定一切的"这一原理的理解。他说：一部国际共运史就是一部马克思主义路线战胜形形色色机会主义、修正主义路线的历史，正确路线是革命胜利的指南，任何时候都要牢记党的基本路线，才能在两条路线斗争中永远立于不败之地。他以路线决定一切的思想为指导，抓好商业的经营管理。不久前，他发现群众来商店买胶皮圈，售货员回答没有货。经过调查，不是没有货，而是售货员嫌零星，怕麻烦，没有摆在柜台里。于是，他就同售货员一起就胶皮圈的问题进行讨论，使大家认识到售货员的经营作风关系到执行什么路线的问题，嫌零星怕麻烦是个现象，嫌赚钱少才是实质。他们又通过进一步狠批充满孔孟之道的反动谚语和林彪的反革命修正主义路线，提高了路线觉悟，进一步端正商店的经营方向。

第四、办政治业大有利于转变学员的思想，促进学员世界观的改造。

"学校一切工作都是为了转变学生的思想。"政治业大通过对学员进行马克思主义的教育，有力地促进了学员改造世界观。长征塑料厂有一个女学员，是中学毕业刚分到厂的青年工人。她上业大之前，不安心工作。认为自己聪明，有文化，当普通工人屈才；认为塑料厂太小，设备差，福利少，干活吃力没有好。这个学员在政治业大学习《共产党宣言》，联系自己，有三点体会：①一是学习"到目前为止的一切社会的历史都是阶级斗争的历史。"她认识到社会上没有超阶级的人，开始考虑自己要站在哪个阶级一边；②二是学习"资产阶级的灭亡和无产阶级的胜利是同样不可避免的"，认识到一个人有没有出息，要看他是否站在无产阶级一边，她决心使自己成为无产阶级的一员；③三是学习"共产主义革命就是同传统的所有制关系实行最彻底的决裂；毫不奇怪，它在自己的发展进程中要同传统的观念实行最彻底的决裂"，认识到一名自觉的无产阶级先锋战士，必须同私有制的传统观念实行彻底决裂。于是，她联系自己不安心在小工厂当工人的问题，解剖了头脑中的私有观念。她说：上了学就不愿当工人，这是"学而优则仕"、"劳心者治人，劳力者治于人"；嫌厂子小、福利差，这是贪图安逸，想吃现成的。这都是剥削阶级的思想，都是私有制传统的私有观念。她表示坚决要同这些私有观念实行彻底决裂，做一个自觉的无产阶级先锋战士，并写了入党申请书。现在，她积极参加批林批孔，在工作中，团结职工群众，虚心向老工人学习，在生产上不怕累不怕脏。有一次下大雨，工厂院子里堆着生产急用的生石灰，为了避免生石灰受淋损失，她带头抢运，石灰烧伤了她的手和脚，她全然不顾，事后带伤坚持来业大上学，坚持在厂抓革命，促生产，受到厂领导和工人群众赞扬。她在日记里写道："学了知识,要用在革命上;身在小工厂,要做大贡献;妇女能顶半边天,沿着'宣言'道路永向前!"

在本期政治业大学员中,有十几名来自勤俭中学、二十四中等学校的政治教师,他们是文化大革命以前从北大、师大、人大等高等院校毕业的大学生。他们这次上政治业大,是第二次上大学。他们对于我区新办的业余大学和过去旧的"正职"大学,作了比较。他们说:旧大学争名逐利做学问,新业大为革命学习马列主义理论;旧大学脱离实际死读书,新业大弄通马克思主义指导现实斗争。他们的结论是:上政治业大受到一次马克思主义的再教育,新业大比旧大学好。

我区政治业大刚刚迈开步子,还存在不少问题。今年,我们计划把共运史讲完,明年讲马克思主义哲学,后年讲政治经济学。我们相信,继续把政治业大办下去,**"坚持数年,必有好处"**。

会议典型材料之二十

学习马克思主义
正确处理革命和生产
的辩证统一关系

生产指挥部党委学习中心组

天津市学习马列和毛主席著作经验交流会

会议秘书处　　　　　　　　　一九七四年十二月

学习马克思主义
正确处理革命和生产的辩证统一关系

今年以来，遵照毛主席关于"**认真看书学习，弄通马克思主义**"的教导，我们党委一班人的理论学习比过去有所加强。我们紧密围绕批林批孔学习了马列和毛主席关于上层建筑和意识形态领域里革命的论述，学习了毛主席关于批林批孔的一系列指示；学习了《帝国主义是资本主义的最高阶段》和《哥达纲领批判》，重温了毛主席《关于正确处理人民内部矛盾的问题》。还学习了一些历史书籍。

一年来，由于坚持了认真看书学习，并且把学习马列主义理论与学习党中央在各个时期的重要指示以及中央报刊的重要社论紧密结合，与工作实践紧密结合，所以，党委全体成员都感到从理论上、思想上有很大收获。学习指导了实践，实践促进了学习，逐步提高了学习的自觉性。从而，对于毛主席"**坚持数年，必有好处**"的教导的重要意义，有了进一步体会。特别是在批林批孔的伟大运动中，更加深切地感到"**我们的斗争需要马克思主义。**"正如工人同志所说："打狼要棒，杀敌要枪，批林批孔靠马列主义、毛泽东思想。"只有掌握马列主义、毛泽东思想的理论武器，才能战胜林彪修正主义路线和孔孟之道。

在一年来的看书学习中所得到的收获是多方面的。今天就我们体会较深，过去一直解决得不太好的一个问题：即如何运用马列主义、毛泽东思想正确解决革命和生产的辩证统一关系问题，谈谈我们的粗浅体会。不当之处，请同志们批评、指正。

一、坚定地把批林批孔放在首位
在革命进程中搞好建设

经过无产阶级文化大革命，特别是在批林批孔运动中，我们反复学习了毛主席关于议政、抓大事的指示，深入批判了刘少奇、林彪反革命修正主义路线和反动的唯生产力论，提高了正确处理政治和经济的辩证统一关系，贯彻抓革命，促生产方针的自觉性。一年来，在市委领导下，紧紧抓住批林批孔这个中心，以纲带目，夺得了革命和生产的新胜利。

回顾一年来，我们如何坚持把批林批孔摆在首位，做到以纲带目、抓革命促生产的呢？

坚持认真看书学习，从理论上提高认识，在思想上摆正革命和生产的位置。

年初，市委决定分口管批林批孔以后，我们立即研究并采取了一系列具体措施，贯彻市委的决定，决心在市委直接领导下，把工交战线的批林批孔运动搞好，并且以批林批孔为动力，把生产促上去，为国家多作贡献。但是，当时有的同志对于开展运动是否会影响生产？有些耽心。也有的同志对于能否领导好运动？有些顾虑。针对这种耽心和顾虑，我们党委认真地反复地学习了中央关于批林批孔的各项指示，加深对运动性质、目的和意义的理解，澄清了一些糊涂观念，增强了领导好运动的信心。明确认识到批林批孔是两个阶级、两条路线的伟大斗争，是上层建筑领域里的一场深刻革命，是当前各项工作的纲，必须搞好。而搞好批林批孔的关键是：必须以马列主义、毛泽东思想作指导，用马列主义去战胜林彪修正主义路线和孔孟之道。

我们还围绕着为什么要把批林批孔摆在首位，怎样处理纲和目的关系问题，学习了马列和毛主席关于上层建筑和经济基础的一些论述。恩格斯指出："**政治、法律、哲学、宗教、文学、艺术等的发展是以经济发展为基础的。但是，它们又都互相影响并影响到经济基础。**"列宁指出："**政治是经济的集中表现，……政治同经济相比不能不占首位。不肯定这一点，就是忘记了马克思主义的最起码的常识。**"毛主席指出："**政治是统帅，是灵魂**"，"**政治工作是一切经济工作的生命线。**"并教导我们："**要抓意识形态，要抓上层建筑，巩固我们的思想阵地，巩固我们的政权；并在和反动思想文化进行的针锋相对的斗争中，创造和形成社会主义的新思想、新文化、新文艺。**"近几年来，又多次教导我们，要议政，抓大事，抓路线，抓政治思想工作，要重视上层建筑。我们用马克思主义的这些理论思想作指导，回顾和检查了自己的思想和工作，坚定了正确处理运动和生产的关系的信念。认为，必须在摆正位置的基础上，大胆地、积极地领导运动和生产。

我们有的同志为什么担心抓运动会影响生产，又顾虑抓生产压了革命？就是对于毛主席关于"**革命就是解放生产力，革命就是促进生产力的发展**"的教导缺乏深刻的理解。经过一年来的学习与实践，我们深刻地体会到，在生产力中人是最活跃的因素，特别是社会主义制度下的广大工人群众，一旦用马列主义、毛泽东思想武装起来，解除旧制度、旧传统观念的束缚，就会产生无穷无尽的智慧和力量。刘少奇、林彪等散布反动的唯生产力论，就是妄图把人们引到见物不见人、重机械不重人的错误轨道上去，达到他们用生产压革命，或者通过破坏生产来破坏革命的罪恶目的。在批林批孔运动中，彻底地揭露和批判了林彪的反革命罪行，揭穿了他们一伙散布的什么"革命转化为建设"、"生产可以促革命"、"技术就是政治"等反动的唯生产力论的罪恶实质，同时又挖了他们的反动思想根源——孔孟之道，这就使广大群众极大地解放了思想，提高了觉悟，从根本上调动了群众的社会主义积极性，促进了生产力的发展。学习和实践使我们认识到，只有革命才能解放生产力，只有抓革命才能促生产。我们的社会主义建设，就是在社会主义革命的进程中进行的，就是在社会主义革命的推动下进行的。革命不断深入，推动生产不断发展；不断取得的社会主义建设新成果，又巩固了不断完善的社会主义制度，给革命的不断深入奠定了雄厚的物质基础。抓批林批孔，就是坚持无产阶级政治挂帅，就是抓路线、抓阶级斗争、抓上层建筑，就是坚持马克思主义，反对修正主义，坚持无产阶级专政，反对资产阶级复辟。抓好了，革命深入了，生产也就发展了。正如十一月二十八日《人民日报》社论指出的："革命搞好了，路线对头了，群众团结了，就能把生产促上去。"如果离开上层建筑去抓经济基础，离开政治的统帅去抓经济，就不仅生产上不去，无产阶级专政就不能巩固，社会主义经济基础就会被削弱。随着对抓上层建筑，抓意识形态领域的阶级斗争，抓马列主义、毛泽东思想的教育的极端重要性的认识不断加深，从思想上摆正革命和生产的位置的自觉性也就不断提高，增强了搞好革命和生产的信心和决心。

牢牢掌握斗争大方向，严格区分和正确处理两类不同性质的矛盾，保证抓革命、促生产方针的落实。

　　在批林批孔运动中，我们始终强调认真地、坚决地、老老实实地学习和执行中央和市委的指示，坚持把斗争的矛头指向林彪和孔老二，决不允许把斗争的矛头指向群众和干部，排除各种干扰，保证运动沿着毛主席、党中央指示的方向前进。我们遵循毛主席的一贯教导，对于少数群众在运动中出现的派性苗头，始终采取了说服教育、因势利导、团结对敌的方针。一方面旗帜鲜明，不赞成他们搞那些东西，一方面又坚决防止使用压服手段，而是循循善诱地引导他们把注意力转到批林批孔上来。对少数犯了这样那样错误的干部，我们始终坚持了**"惩前毖后，治病救人"**的方针，热情地帮助，耐心地教育，而没有采取单纯惩罚的办法。这样做的结果，教育了群众和干部，团结了百分之九十五以上的群众和干部，共同对敌，同学同批齐大干，不断发展革命和生产的大好形势。实践证明，只有牢牢掌握了运动的大方向，才能保证批林批孔运动健康、深入地发展，才能保证抓革命、促生产的顺利进行。离开了大方向，革命抓不好，生产也促不上去，抓纲带目就会成了空谈。

　　总结历史经验，提高路线斗争觉悟，坚定不移地用革命统帅生产。

　　我们结合研究儒法斗争史，回顾了我市工业战线二十五年的发展史。实践证明，凡是认真贯彻执行毛主席革命路线，坚持以革命统帅生产的时候，工业发展的速度就快，没有的东西，也可以创造出来；当毛主席革命路线受到修正主义干扰的时候，工业发展的速度就会受到影响，不但不能前进，还会倒退。二十五年来，在毛主席革命路线的指引下，伴随着一次比一次更深刻的社会主义革命，我们天津工业有了很大的发展。从产值上讲，由一个天津变成了二十四个天津，由一个以轻工业为主的城市，发展成为一个综合性的社会主义工业基地。一九五八年以后，经过反右派斗争锻炼的全市工人阶级响应毛主席伟大号召，高举三面红旗，加快了社会主义建设的步伐。一九五九年，在毛主席、党中央的领导下，又开展了反对右倾机会主义的斗争，随着革命的步步深入，创造了连续三年持续大跃进的局面。在这三年中，全市工业总产值比解放以后九年的产值总和还高百分之二十一。但是，在一九六〇年以后，刘少奇一伙极力干扰和破坏毛主席的革命路线，对工业大杀大砍，大肆推行"关、停、并、转"，破坏大跃进成果。在修正主义路线的干扰、破坏下，天津市工业也一度发生了倒退。工业总产值，一九六一年比一九六〇年下降百分之四十八点九；一九六二年又比一九六一年下降百分之十四点三。许多主要产品产量，也有不同程度下降。**"历史的经验值得注意。"**回顾历史经验，活生生的事实使我们深深体会到，必须坚持以党的基本路线为纲，坚持无产阶级专政下的继续革命，坚定不移地用革命统帅生产，抓纲带目，才能发挥社会主义制度的优越性，推动生产的大发展。

坚持实践，在不断反对错误倾向中，全面贯彻抓革命、促生产的方针。

处理好革命和生产的辩证统一关系，不可能一劳永逸，而是经常出现反复，把两者机械对立起来、割裂开来的问题，不断在新形势下，以不同的形式表现出来。在运动初期，有些人不敢抓生产，不敢抓工业学大庆，"怕干扰批林批孔大方向"；在批判修正主义办企业路线的影响和表现时，有些人不敢抓企业管理，怕重犯"管、卡、压"的错误；在强调以丰补欠，多作贡献时，有些人忽视了革命的统帅作用；在强调批林批孔以领导机关为重点以后，又有些人认为基层主要是搞好生产了，在市委的领导下，我们经过认真学习马列和毛主席的有关教导，在批林批孔运动中，坚持在斗争实践中注意及时抓好这两种倾向的苗头，防止一种倾向掩盖另一种倾向，既反对"生产好，一切都好"的唯生产力论，又反对"革命搞好，生产自然会好"的自流论。通过不断向错误倾向作斗争，正确处理了革命和生产的关系。

实践使我们认识到，每当生产任务紧张、问题较多，或者运动向深入持久发展，遇到某些难关的时候，就容易发生偏重抓生产放松对运动领导的倾向；而当运动迅速掀起高潮的时候，又容易产生忽视用革命统帅生产的倾向。因此，我们提出：必须始终不逾地坚持把批林批孔放在首位，始终不逾地坚持用批林批孔去推动生产的发展。努力做到：在运动来势迅猛的初期，能够把批林批孔摆在首位，在运动不断向普及、深入、持久方向发展以致碰见某些难关的时候，也要继续把批林批孔放在首位，在生产任务繁重的时候，还要坚持把批林批孔放在首位。同时，也提出要注意在运动的高潮中敢于抓学大庆，抓生产，抓技术改造，抓企业管理，包括生产调度这样的生产业务工作。这样全面贯彻抓革命、促生产的方针，实现了纲举目张的要求。

在市委的领导下，在批林批孔的推动下，由于正确处理好革命和生产的关系，抓纲带目，经过工交各级党委和广大职工群众的积极努力和艰苦奋战，今年工交战线同各兄弟战线一样，革命和生产形势大好。广大干部和群众阶级斗争、路线斗争和继续革命的觉悟不断提高，生产持续上升。到十一月底，有三分之一的重点产品提前一个月完成了国家计划，工业总产值已完成全年计划的百分之九十二点四，比去年同期增长百分之八点七，全市已有七百七十七个企业提前一个月以上完成了全年计划，成为历史上生产水平最高的一年。这是毛主席革命路线的胜利。是贯彻抓革命、促生产方针的成果。

二、充分发挥革命的动力作用，促进工业生产

"**路线是个纲，纲举目张。**"一年来的学习和实践，使我们深刻地体会到，正确处理政治和经济的辩证统一关系，坚持抓路线、促大干，抓革命、促生产，抓纲带目，就可以充分发挥批林批孔的强大动力作用，促进工业生产的持续上升。

过去我们有些同志也强调贯彻抓革命、促生产的方针，但是抓起工作来往往发生"两张皮"现象，是抓革命、抓生产，而不是抓革命、促生产，革命的动力作用没有充分发挥出来，反映在批林批孔运动中，是生产过得去就可以了呢？还是坚持继续大干快上？我们反复学习了马列和毛主席关于政治和经济辩证统一关系的论述，明确认识到，在批林批孔的新形势下，是不是坚持生产的大干快上？实质是坚信不坚信革命的巨大动力作用，坚信不坚信群众中蕴藏着极大的社会主义积极性的问题。毛主席指出："**社会主义革命的目的是为了解放生产力。**"正是因为开展了批林批孔，革命掀起高潮，群众的革命积极性进一步调动起来了，伴随而来的必然是一个生产建设高潮。大干快上是形势发展的需要，也是广大群众的迫切要求。我们必须自觉地抓纲带目，充分发挥批林批孔的强大动力作用，大学大批促大干，大干大变。

要充分发挥批林批孔的强大动力作用，关键在于认真搞好学、批、联，实践证明，只有认真学、深入批、紧密联，才能做到学得深、批得透、联得好。学习是为了掌握批判的武器，学习和批判都

有个联系实际的问题。要不要联系实际？我们重温了毛主席的有关教导："**学习马克思主义，不但要从书本上学，主要地还要通过阶级斗争、工作实践和接近工农群众，才能真正学到。**""**读书是学习，使用也是学习，而且是更重要的学习。**"只有发扬党的理论联系实际的学风，把理论和实际、历史和现实更好地结合起来，才能充分发挥批林批孔的强大动力作用，也只有这样，批林批孔运动才能不断普及、深入、持久地发展。

批林批孔联系实际，联什么？怎么联？除了联系林彪反党集团的反革命罪行及其反革命修正主义路线这个最大的实际外，主要是联系我市工交战线两个阶级、两条道路、两条路线斗争的实际问题。我们反复学习了毛主席《关于正确处理人民内部矛盾的问题》光辉著作，深入领会毛主席关于"**在社会主义社会中，基本的矛盾仍然是生产关系和生产力之间的矛盾，上层建筑和经济基础之间的矛盾**"的教导，社会主义生产关系和生产力的发展又相适应又相矛盾。上层建筑和经济基础又相适应又相矛盾，我们在批林批孔中联系实际，就要抓住这个基本矛盾，不断用马克思主义占领上层建筑，批判修正主义路线，批判资产阶级思想和孔孟之道，把意识形态领域里的社会主义革命坚持下去，使上层建筑更加适应经济基础，生产关系更加适应生产力的发展。市委在五月间全市工业学大庆经验交流会上，总结了"五批判、五坚持"，为我们工交战线批林批孔联系实际指明了方向。我们抓住"五批判、五坚持"不放，使批林批孔和我们工交战线的实际较好地结合起来，促进了工业学大庆，促进了技术革新、技术改造，促进了工业生产的持续全面上升。天津站、重型机器厂、动力机厂、冷轧带钢厂等先进单位抓批林批孔、促工业生产，一条共同的重要经验，就是学、批、联搞得好，理论联系实际，抓纲带目，通过批林批孔，不断提高职工的路线斗争觉悟，推动斗、批、改，更好地坚持社会主义方向，加快了社会主义建设步伐。总结这些先进单位的经验，主要抓了以下几个方面：

抓批林批孔，促工业生产，首先要从根本上提高广大职工的基本路线觉悟。**"思想上政治上的路线正确与否是决定一切的。"** 通过狠批林彪效法孔老二"克己复礼"反动纲领，广泛开展忆"三史"（厂史、家史、个人成长史）活动，广大职工提高了阶级斗争、路线斗争觉悟；职工们歌颂无产阶级文化大革命的伟大胜利，进一步认识文化大革命的伟大意义，自觉地以实际行动巩固和发展文化大革命的成果；广泛开展研究儒法斗争史和整个阶级斗争史的活动，为现实的阶级斗争服务；批判浸透孔孟之道的反动小册子及反动谚语等，狠抓意识形态领域的阶级斗争，彻底实行"两个决裂"，思想大解放，精神境界大提高；学习毛主席军事著作，批判林彪的资产阶级军事路线，剥掉林彪所谓"天才军事家"、"常胜将军"的画皮，用毛主席的军事思想指导我们的思想、生产和工作。这样，通过批林批孔的步步深入，广大职工进一步认清林彪的反革命真面目和林彪反革命修正主义路线的极右实质，坚持前进、反对倒退，坚持革命、反对复辟，坚持社会主义、反对资本主义的思想深入人心，焕发了极大的社会主义积极性。运动鞋厂过去自力更生、艰苦创业，工人们自己动手制造了三十二台土设备，使运动鞋的年产量由五万多双发展到近三十万双，产品行销近五十个国家和地区。这时，厂领导上滋长了贪大求洋的思想，丢了土设备，花了三十多万元进口洋设备，群众积极性受到压抑。批林批孔运动中，工人们贴出《是前进，还是倒退？》的大字报，对厂领导丢了自力更生的的精神，忘了艰苦创业的传统，提出尖锐的批评。厂领导和工人们一起狠批"克己复礼"，把一度扔掉不用的土设备重新修复开动起来，在全厂掀起了技术革新的新高潮，大大促进了生产的发展，预计可以提前十天完成全年计划，产值和产量分别比去年增长百分之十四点九和百分之二十二点九。职工们以党的基本路线为纲，从政治上思想上前进与倒退的斗争，来看待和处理生产技术领域中前进和倒退的问题，坚持前进，坚持变革，成为推动生产不断发展的强大动力。

抓批林批孔，促工业生产，必须坚持社会主义方向。毛主席指出："**在政治思想领域内，社会主义同资本主义之间谁胜谁负的斗争，需要一个很长的时间才能解决**。"在整个社会主义历史阶段，社会主义同资本主义两条道路的斗争，一直是两个阶级、两条路线斗争的焦点。我们的工厂企业，包括先进企业在内，都存在一个方向、道路问题。在批林批孔中，我们引导职工以党的基本路线为纲，狠批"克己复礼"，反对资本主义倾向，批判修正主义办企业路线的影响和表现，进一步提高了广大职工贯彻"鞍钢宪法"，坚持社会主义方向的自觉性。汽车运输六场工人们在批林批孔运动中，贴出大字报，针对运输中"亏吨"、"超载"问题，提出本场要进一步解决坚持社会主义方向的问题。场党委接受群众的意见，狠抓意识形态领域的阶级斗争，发动职工批判了"君子喻于义，小人喻于利"等反动谬论，解决了长期存在的少数人在运输中"吃、拿、要"的问题，出现了不少主动回绝货主请吃、送东西的动人事例，进一步提高了运输服务质量。工人们说："开社会主义车，就要跑在社会主义大道上，坚持按社会主义原则办事。"实践证明，有了坚定正确的政治方向，就能激发无比坚强的革命意志，焕发冲天的革命干劲，发扬艰苦奋斗的作风，沿着社会主义大道永远向前！

抓批林批孔，促工业生产，必须全心全意地依靠工人阶级。在批林批孔中，广大职工用马克思主义的唯物史观，批判"上智下愚"和反动的"天才观"、"天命论"等唯心史观，更加认识了自己的力量，大大增强了当家做主的主人翁责任感；我们各级领导也更加认识了群众的力量，进一步解决了依靠谁办企业和靠什么调动群众的社会主义积极性问题。列宁指出：**"生气勃勃的创造性的社会主义是由人民群众自己创立的。"** 毛主席教导我们说："**社会主义革命和社会主义建设，必须坚持群众路线，放手发动群众，大搞群众运动。**"二十多年来我国社会主义革命和社会主义建设的一条基本经验就是依靠群众。批林批孔运动中，职工们响亮地提出："我们有当家做主的地位，更要有当家做主的思想和行动。"迸发出高度的社会主义积极性和创造性，自力更生、艰苦奋斗的精神大大发扬，许多过去没有想到的事想到了，过去办不到的事办到了。天津自行车厂在批林批孔开始不久，工人们贴出《从曲柄研磨机下马看前进与倒退》的大字报，厂党委因势利导，放手发动群众，深入批林批孔，研究儒法斗争史和整个阶级斗争史，结合本厂路线斗争实际，狠抓人的思想变、企业管理变、生产条件变、企业面貌变，全厂搞了四次技术革新、技术改造大会战，实现了具有先进水平的震动镀锌自动线等二百七十多项革新、改造项目，自行车产量由去年的八十七万辆提高到今年的一百万辆，形成了一百二十万辆的生产能力。实践使我们认识到，必须不断克服唯心史观的影响，才能真正做到善于从本质上发现群众的社会主义积极性，并且高度爱护和正确组织这种积极性，真正做到全心全意地依靠工人阶级办好社会主义企业。为此，要在批林批孔中，进一步克服"干部管线，群众管干"的错误思想，依靠群众把关、管线，干群共同把好路线关。要把群众的积极性组织起来，大搞革新技术、技术改造，不靠"三增"（增人、增设备、增基本建设），努力改变生产条件，提高技术水平，挖掘潜力，多做贡献。依靠群众苦干加巧干，大搞技术革新。我们还体会到，靠什么调动群众的积极性？这同样是一个怎样正确看待群众的问题。一年来的实践说明，批判了管、卡、压和物质刺激，靠不断地用马列主义、毛泽东思想武装群众，靠党的基本路线和深入的政治思想工作，并且注意关心群众生活，群众的积极性就能够充分发挥出来，持续下去，这对我们是一个极为深刻的教育。

批林批孔，促工业生产，就要坚持党的社会主义建设总路线，坚持大干社会主义。通过批判林彪恶毒攻击社会主义制度，诬蔑大好形势的罪行，职工们提高了坚持鼓足干劲、力争上游 多快好省地建设社会主义的自觉性，坚定地表示："林彪要复辟资本主义，我们就要大干社会主义"，"林彪要破坏社会主义经济建设，我们就要加快社会主义建设步伐。"特别是我们传达贯彻中央抓革命、促生产座谈会精神以后，以丰补欠，为国家多做贡献的思想成为广大职工的自觉行动，出现许多千方百计克服困难，努力增产节约，力争为社会主义建设多做贡献的动人事例。棉纺一厂今年有两个织布车间一万两千多平米的厂房落地大修，该厂职工在批林批孔的推动下，决心以"打破常规，大修不停产"的实际行动，回击林彪、孔老二。他们群策群力，腾仓库，改礼堂，挤车间，很快利用各种可以利用的地点安装上布机一千一百多台，在十分困难的条件下坚持生产，提前一个月超额完成了全年计划。在棉纺一厂这种多做贡献精神的鼓舞下，有几十个工厂做到大修和搬迁设备不停产、少停产。为了适应群众大干社会主义的形势，我们强调加强党对经济工作的领导，注意抓好日常的政治思想工作，抓好生产领域里的思想斗争，着重解决坚持继续革命的思想。毛主席指出，我们的革命和打仗一样，在打了一个胜仗之后，马上就要提出新任务。这样就可以使干部和群众经常保持饱满的革命热情。我们从年初到年终，始终强调抓早、抓紧、抓全面（抓七项技术经济指标），一抓到底。首季要求"开门红"，上半年要做到"双过半"（时间过半，完成任务过半），第三季度实现市委要求的"两个高于"（高于第二季度，高于去年同期），第四季度要求全面完成和超额完成全年计划，并为明年做好准备。针对每一段生产中出现的思想问题，加强政治思想工作，解决畏难松劲和自满情绪等思想倾向。与此同时加强了生产指挥调度工作，和基层同志一道解决生产中的实际困难。这就保证了生产工作的顺利进行，推动生产的持续发展。

三、反复实践，总结经验，不断前进

毛主席教导我们说："**无产阶级和革命人民改造世界的斗争，包括实现下述的任务：改造客观世界，也改造自己的主观世界——改造自己的认识能力，改造主观世界同客观世界的关系。**"总结我们在处理政治和经济的辩证统一关系，贯彻抓革命促生产方针的经验，集中到一点：只要我们认真学习、深入实践，在三大革命斗争中注意改造自己的世界观，我们执行毛主席革命路线的自觉性就提高得快一些，就能够抓纲带目，比较好地完成革命和生产任务。随着批林批孔运动普及、深入、持久的发展，工业生产新跃进的到来，我们必须更加自觉地坚持认真看书学习，努力改造世界观，不断改进工作作风和工作方法，抓好思想革命化，促进机关革命化，使我们的思想和工作能够跟上群众的要求和形势的发展。

正确处理政治和经济的辩证统一关系，贯彻抓革命、促生产的方针，始终存在着两种思想、两条路线的斗争。党的基本路线告诉我们，阶级敌人破坏抓革命、促生产方针的活动不会停止，修正主义路线的流毒和影响也还没有彻底肃清，我们要充分认识这种斗争的长期性和反复性。一种倾向解决之后，在新的形势下，另一种倾向又会冒头，必须注意继续解决。毛主席教导我们说：**"政治和经济的统一，政治和技术的统一，这是毫无疑义的，年年如此，永远如此。"** 我们在今后的斗争实践中，要反复抓，抓反复，认真学习毛主席的有关教导，不断总结经验，努力提高贯彻抓革命、促生产方针的自觉性。今年我们集中抓了三次，一次是年初学习毛主席的重要讲话，讨论议政、抓大事，党委一班人坐下来开展批评和自我批评，提高抓大事、抓路线的自觉性，更好地贯彻抓革命、促生产的方针。一次是在六月底，在革命步步深入，生产上实现"双过半"取得较大进展的情况下，党委一班人坐下来学习毛主席有关教导和中央指示精神；总结两条路线斗争的经验，学先进，找差距，反骄破满，进一步抓大事、抓路线，搞好批林批孔，促进工业生产，努力多做贡献。第三次在十二月初，学习毛主席关于安定、团结的重要指示，分析工交战线革命和生产的形势，总结一年来抓革命、促生产的经验，研究迎接国民经济的新跃进的问题。**"一个路线，一种观点，要经常讲，反复讲。"** 我们感到对于提高抓大事、抓路线，贯彻抓革命、促生产的方针的认识，结合工作经常抓，"细水长流不断线"，同时一年集中抓几次，是一个较好的方法，今后还要坚持这样做。

"理论的基础是实践，又转过来为实践服务。" 一年来，我们遵照毛主席关于实践第一的教导，坚持深入实际，调查研究，蹲点抓典型，以点带面，比过去有所进步，除了按照市委要求抓了冷轧带钢厂批林批孔的点以外，还有一些工业学大庆、技术改造等工作联系点。一年来，我们部党委先后总结了一百四十一个典型经验，其中开大会和现场会交流推广的有八十三个。今年抓典型有以下几个特点：一是坚持政治和经济的统一，用革命统帅生产和各项工作。绝大多数典型都是批林批孔深入，抓革命、促生产搞得好的先进单位，体现了革命搞得好，是搞好生产的根本原因；生产搞得好，是检验革命搞得好的标志之一。二是支持社会主义新生事物，支持工人群众的革命首创精神。如地毯二厂边连江等四同志关于《偏离革命路线的三天》的大字报，推广以后，推动了整个工交系统深入批判修正主义办企业路线的影响和表现；软管厂女工孟广英关于要求领导和工人同战斗、同批判的发言，传播以后，解决了部分干部中的一些模糊认识，也为群众自觉掌握斗争大方向树立了榜样，推动了运动的深入开展。三是抓两头，带中间。既抓先进的典型，也注意抓后进的转化。一年来在工交系统各级党委层层抓典型，局、公司、企业、车间、班组和个人，都有先进典型；同时由于领导深入帮助，一些后进单位进步也较快，有的已跨入先进行列。据一轻、二轻、冶金、二机四个局的统计，原有四十四个后进企业，已有二十一个有较明显的转变，领导班子加强了，批林批孔搞起来了，生产上去了。四是以点带面，把面上的问题到点上实践，把点上的经验到面上推广。一年来，各级党委总结推广先进典型做了大量的工作。我们重点抓了组织学习天津站、小靳庄、重型机器厂的经验，抓了推广动力机厂等市委抓的典型经验，努力做到"拨亮一盏灯，照亮一大片"。在中央领导同志的关怀和市委的领导下，推广了天津站的先进经验，在全市职工中发扬了敢想敢干、知难而进的革命精神，用马克思主义的立场、观点、方法，研究儒法斗争和整个阶级斗争的历史，为现实的阶级斗争服务，推动整个工交战线的批林批孔运动普及、深入、持久地开展。我们抓了自行车厂电镀车间批林批孔促进技术革新的经验，召开现场会推广以后，很快由车间发展到全厂；在一轻局党委共同努力下，又由一个厂推广到全局，很快有八十多个企业学习了自行车厂的经验；后来又推广到整个工交战线。一年来的学习和实践，使我们深深地体会到，**要处理好政治和经济的关系，深入实际抓好典型**，是一条重要途径。

深入实际，调查研究，蹲点抓典型，使我们党委成员从广大职工、基层干部、工交各级党委，以及指挥部机关干部中学到很多东西，吸收了政治营养，扩大了眼界，增长了知识，鼓舞了干劲。实践使我们对于毛主席一贯倡导的从群众中来，到群众中去，集中起来，坚持下去，一般和个别相结合，领导和群众相结合的工作方法，加深了领会。

加强党的一元化领导，对于保证贯彻抓革命、促生产的方针至为重要。在市委的统一领导下，我们指挥部党委经过学习和实践，进一步增强了党的观念。对于毛主席、党中央的指示，强调老老实实地学，坚定不移地贯彻落实，紧密联系工交战线实际，认真地按照市委的部署办事。在党委内部认真执行党的民主集中制，努力在毛泽东思想原则基础上作到"**统一认识，统一政策，统一计划，统一指挥，统一行动**"，实行大权独揽，小权分散的原则，对于革命和生产，强调在思想上、组织上、领导上二个方面很好地结合起来，思想上强调把运动摆在首位，在运动中搞好生产建设；组织上在党委统一领导下，统筹安排，分工负责；领导上党委既讨论运动，也要讨论生产，一把手主要抓运动，也要过问生产。革命团结是无产阶级革命事业的根本保证，我们党委每个成员都注意维护党的团结，并且按照市委的部署，努力抓好各级党委领导班子的团结，来带动工交战线广大职工和整个革命队伍的团结。在批林批孔的推动下，全市工人阶级的革命大联合有了新的巩固和发展。革命大团结不断增强，保证了批林批孔和抓革命、促生产的顺利进行。

一年来，在市委的领导下，我们在学习马列和毛主席著作方面，有了一些进步，取得了一些成绩，但这仅仅是初步的。我们的学习和工作还跟不上形势的发展，离市委对我们的要求相差很远，同先进单位比，还有很大差距。我们决心认真贯彻这次大会的精神，虚心学习先进单位的经验，进一步落实毛主席关于安定、团结的重要指示，继续把批林批孔运动普及、深入、持久地开展下去，更好地贯彻抓革命、促生产的伟大方针，勤奋学习，努力工作，迎接国民经济的新跃进，为发展我市革命和生产的大好形势，为中国革命和世界革命作出更大的贡献。

会议典型材料之二十二

坚持数年　必有好处

——坚持开展职工业余理论学习的体会

中共天津市第一商业局文化站委员会

天津市学习马列和毛主席著作经验交流会

会议秘书处　　　　　　　　一九七四年十二月

认真看书学习　深入批林批孔

推动技术革新和技术改造

在批林批孔运动中，我厂广大工人和干部，努力学习马列和毛主席著作，深入批判林彪的反革命修正主义路线和孔孟之道，提高了阶级斗争、路线斗争和继续革命的觉悟，推动了革命和生产的蓬勃开展，全厂呈现出一片欣欣向荣、蒸蒸日上的动人景象。经过几次技术革新和技术改造的会战，我们实现了二百三十多项技术革新，新建了八条连续化、自动化的生产线，使企业综合生产能力有了较大幅度的提高。截至十一月底，全厂已完成自行车九十万零八千辆，年底可拿下一百万辆，预计比去年增长百分之十五点六。

这些成果是怎样得来的呢？是广大群众在毛主席革命路线指引下，通过认真看书学习，深入批林批孔，冲破了束缚人们思想上的枷锁，齐心奋战的结果。

下面，向领导和同志们汇报一下我们认真看书学习，深入批林批孔，推动技术革新和技术改造的一些体会。

一、狠批"克己复礼"，坚持前进，反对倒退

伟大的批林批孔运动，是上层建筑领域里，马克思主义战胜修正主义，无产阶级战胜资产阶级的政治斗争和思想斗争。运动开始以后，我们首先组织广大工人、干部认真学习毛主席、党中央关于批林批孔

的一系列重要指示和有关文件，愤怒声讨和批判林彪效法孔老二"克己复礼"，妄图复辟资本主义的反革命罪行。为了把"克己复礼"批深批透，我们又组织大家认真学习马列和毛主席著作，并且采取举办苦难家史展览、请老工人做忆苦报告和社会调查等方法，在全厂开展了大规模的"忆三史，批复礼"的活动。有的老工人在批判中气愤地说："林彪要开历史倒车，复辟资本主义，我们就要坚持斗争，坚持前进，决不让旧社会悲剧重演！"通过这样发动，群众批判"克己复礼"的高潮形成了。在短短两个月里，厂、车间共举办批林批孔读书班四十多次，培训骨干九百多名；召开厂、车间批判大会一百零四次，班组批判会七百四十多次；写出大批判、小评论文章八千三百余篇。广大职工以旺盛的革命热情，认真学习马列主义、毛泽东思想，狠批"克己复礼"的反动纲领，坚持革命，坚持前进，大干社会主义的劲头更足了。

电镀车间的工人群众在批判"克己复礼"中，抓住前进还是倒退这个路线问题，结合学习《帝国主义是资本主义的最高阶段》、《哥达纲领批判》，学习毛主席在无产阶级文化大革命中的重要指示和党的基本路线，认识到：拉萨尔、考茨基这些倒退迷，虽然早已一命呜呼，然而在二十世纪七十年代的今天，林彪这个复辟狂，又拣起了他们的破烂，扯起孔老二的破旗，抛出了"克己复礼"的反动纲领。他的罪恶目的，就是妄图把被打倒了的地、富、反、坏、右重新扶植起来，建立林家法西斯世袭王朝，把社会主义中国拉回半封建、半殖民地的老路上去。林彪的"克己复礼"反动纲领，尽管同拉萨尔、考茨基的"纲领"相隔近一个世纪，表现形式不一，但走的都是倒退路。通过学习和批判，他们的路线觉悟大大提高。他们又联系车间里技术革新和技术改造中路线斗争的大是大非问题，相继贴出了两张革命大字报。一张是《从自动研磨机的下马查倒退》，一张是《从震动镀锌线的制造看修正主义办企业路线的影响》。这两张大字报深刻地揭露了我厂在技术革新、技术改造上前进与倒退的斗争。

事情是这样的：去年四、五月份，在批林整风的推动下，电镀车间的工人群众，自己设计，自己施工，用会战的形式，很快制造了两台自动研磨机，甩掉了"脚蹬手捺肚子拱"的三十年代的操作方法，使生产效率提高了一倍多。对于工人群众登上设计舞台，用会战形式大搞技术改造这个新生事物，我们党委出现了两种态度：一种是热情支持；一种是认为工人群众那种搞法不行，怕"鸡飞蛋打"，"落堆废铁"。因为党委对群众的创造支持不够，致使投产不久的自动研磨机又下了马。给工人群众泼了一盆冷水。后来，电镀车间在制造震动镀锌生产线中，就依靠少数人，结果干干停停，从去年第三季度到今年年初，半年时间，只完成了工作量的一半。工人群众在大字报里尖锐地指出：围绕研磨机的下马和镀锌线的制造，表面上看是对工人的技术革新支持不支持的问题，实质上却是前进与倒退的问题。

这两张大字报，在党委内部引起很大震动。使我们认识到：开展技术革新，进行老厂改造，同样贯穿着前进还是倒退的斗争。如果不从路线的高度去认识，去抓紧解决，修正主义路线的影响就不能清除。于是我们抓住这两张大字报提出的问题，在下了马的自动研磨机旁开了现场会，号召全厂"学马列，批'复礼'，查倒退，促前进。"

电镀车间的工人得到党委的大力支持，高兴极了。他们响亮地提出："批林批孔促大干，十天拿下镀锌线！"我们支持这个豪迈的口号，及时地组织了镀锌线的会战。全车间的工人以学带批，以批促学，大学大批促大干，仅用了八天的时间，就完成了需要半年才能完成的工作量。震动镀锌生产线在批林批孔中建成了！一石激起千层浪。电镀车间的捷报迅速传遍全厂，全厂职工积极行动起来。工人们说：林彪要拉历史倒退，我们不但要开展革命大批判，坚决击退复辟、倒退的逆流，而且要用抓革命，促生产的实际行动，搞好社会主义建设，巩固无产阶级专政，推动历史前进！广大群众的社会主义积极性越来越高，大干快上改变生产条件的愿望越来越强烈，这样，在批林批孔运动推动下，出现了全厂性技术革新、技术改造的高潮。

毛主席说："**思想上政治上的路线正确与否是决定一切的。**"实践使我们体会到：开展技术革新和技术改造，贯穿着两种思想、两条路线的斗争，贯穿着前进与倒退的斗争。只有认真看书学习，深入批判林彪"克己复礼"的反动纲领，从党的基本路线的高度解决好思想上政治上前进与倒退的问题，才能真正解决生产技术领域里前进与倒退的问题，使技术革新和技术改造沿着正确的政治方向前进。

二、坚持唯物史观，放手发动群众，大搞群众性的技术革新运动

要把群众性的技术革新和技术改造蓬蓬勃勃地开展起来，必须用唯物史观战胜唯心史观，看到群众的智慧和力量，正确对待群众运动，真正从领导思想上解决相信和依靠群众的问题。开始我们有的同志看不到群众的智慧和力量。认为：搞小改小革发动群众可以，搞大设备、自动生产线，靠群众行不行，还得打个问号。也有人说："技术比较全面的机修工人还可以搞革新，生产第一线的操作工人插不上手。"为什么这些同志在口头上也讲相信群众，一碰到实际问题却忘记群众

呢？我们通过分析，认识到这还是因为缺乏人民是历史的创造者的观点。于是，我们党委领导成员深入到车间班组，和广大工人、干部一起认真学习毛主席的《实践论》、《人的正确思想是从那里来的?》《我的一点意见》等光辉著作和有关论述，狠批林彪、孔老二鼓吹的"上智下愚"、"英雄创造历史"的唯心史观。工人们联系实际，用自己在批林整风中制造成功多头切管机、链罩砸边机、珠架自动涂油机等事实，从理论和实践的结合上，深批"上智下愚"和"君子喻于义，小人喻于利"等反动谬论，看到了群众自己的智慧和力量。通过学习和批判，我们各级领导干部也进一步从思想上树立了"奴隶们创造历史"的唯物史观，加深了对毛主席关于**"在某种意义上来说，最聪明、最有才能的，是最有实践经验的战士"**的伟大教导的理解，认识到，广大工人有多年的实践经验，对工艺操作最熟悉，对生产发展的需要最了解，对如何改革生产条件最有发言权，他们不仅能使用机器，而且能改造机器、制造机器。在认识提高的基础上，我们放手发动群众，大搞群众性的技术革新运动。

我厂车圈车间的磨口工序，一直是三十年代落后的手工操作，每人一天最多磨六百个车圈。磨一个车圈要倒腾四次，劳动强度很大。早在文化大革命前，工人就渴望对它进行改革。但是，由于刘少奇修正主义路线的影响，领导眼里没有群众，靠少数技术人员关起门来搞，结果搞了七、八年，"八字还没有一撇"。批林批孔以来，磨口工人认真看书学习，批判"上智下愚"，积极性起来了，提出要彻底改革这一旧工序，自己制造自动磨口机。他们利用工余时间，分别在五台设备上进行了多次试验，提出了五个方案，然后把这些方案的精华加以集中，又和机修工人、技术人员一起进行讨论，确定了一个最好的方案；

紧接着，大家就动手制造机器。结果，从设计到投产，仅用了八天的时间，就制成了一台车圈自动磨口机。这台设备可以一次完成人工磨口的四个动作，生产效率提高了一倍，还大大减少了劳动强度，节省了一半劳动力。工人们兴奋地说："这台机器是不信天命靠革命，不信'天才'靠实践的结果。机器虽不大，却有重要意义。"我们又组织工人们在这台机器旁召开批判会。通过批判，大家对"上智下愚"的反动实质认识更清了，对人民创造历史的观点理解更深了。自动磨口机的诞生，使我们各级领导又受到一次唯物史观的教育，从中得到了这样的启发：技术革新的群众运动不仅要有机修工人参加，还要发动广大的操作工人参加。把全厂几千个"一招熟"（指操作工人）都发动起来，就汇成了"千招会"，技术革新的群众基础就会更深厚，技术革新的群众运动就会更广泛。今年，我们搞的一些重大的技术改造项目，全部都是以工人为主体的"三结合"小组设计出来的。许多普通工人登上了设计舞台，广大操作工人在技术革新中发挥了越来越大的作用。事实证明：**"人民群众有无限的创造力。他们可以组织起来，向一切可以发挥自己力量的地方和部门进军，向生产的深度和广度进军，替自己创造日益增多的福利事业。"**

开展技术革新的群众运动，必须站在马克思主义的立场上，热情支持群众的首创精神。在如何对待群众运动的问题上，我们曾经遇到一些思想障碍。正当广大工人群众以高昂的斗志，积极投入技术革新运动的时候，有个别人迷信专家权威，对群众性技术革新总是评头品足，讥笑群众运动"缺乏科学性"，指责这样搞"不正规"，"太乱了"。针对这种情况，我们在技术改造大会战的高潮中，组织广大干部和群众，认真学习毛主席《湖南农民运动考察报告》、《关于农业合作化问題》等有关著作，学习伟大领袖毛主席在对待群众运动上的马克思主义的立场、观点，揭露"上智下愚"谬论的认识根源和阶级根源，用技术革新的丰硕成果批驳否定群众运动的错误观点。使大家认识到：在生产斗争和科学实验中大搞群众运动，合乎社会主义建设的客观规律，本身就是一种科学态度；科学是群众实践经验的总结，离开了群众的实践，什么科学也不会有。于是我们遵照毛主席关于**"我们应当积极地热情地有计划地去领导这个运动，而不是用各种办法去拉它向后退"**的教导，敢于承担责任，热情支持工人群众的大胆设想，对群众鼓舞很大。

准备车间今年搞的大型卷钢纵剪连续生产线，就是鲜明的例证。这条生产线如果按照所谓"正规"的要求，需要投资一、二百万元，新建一千平方米的厂房。工人们认为，这不符合自力更生，勤俭建国，**艰苦奋斗**的精神，提出要学习大庆精神，不要投资，不盖厂房，就地进行改造。这时有关部门一位"专家"劝他们不要这样"乱干"，说这个家伙不象其它改革那么容易搞。工人们不听那一套，敢想敢干，土法上马，大干起来。这条生产线包括五吨重的龙门吊车、两吨的桥式天车和架料机、引料机、劈料机、卷料机等六台大型设备。厂里没有加工这些大件的机床，工人们就用"蚂蚁啃骨头"的办法，硬是把这些大件一个个地"啃"了出来。不建新厂房，机器装不下，他们就把车间大墙打开，在墙外面安装了架料机，立起了龙门吊车。结果，没建一平方米的厂房，百分之四十用的是废旧料，花了不到七万元，只用了十七天时间，就把这条生产线建成了。工人们用自己的实践进一步说明：大搞群众运动符合"鞍钢宪法"，符合历史唯物主义，符合社会主义建设的客观规律。因而大搞革命的群众运动就是正规，离开了群众而去搞什么"正规"，反而会走上邪轨。这件事教育了那些看不起群众运动的同志，也使我们进一步提高了贯彻群众路线，执行"鞍钢宪法"的自觉性，坚定了大搞群众运动的信心。大家深有感触地说：群众运动威力无穷，有了群众运动才能多快好省，有了群众运动，才能大大地调动群众积极性，自力更生的方针才能落实。

在实践中，我们还体会到，大搞群众运动，必须充分发扬工人阶级的主人翁责任感。在批林批孔运动中，我们与林彪、孔老二鼓吹的"上智下愚"针锋相对，引导群众开展了"怎样当好国家、工厂的主人"的大讨论。通过大讨论，大家感到束缚人们思想的障碍就是孔孟之道。要充分发挥工人当家作主的作用，就必须彻底批判孔孟之道所宣扬的"唯上智与下愚不移"、"劳心者治人"、"民可使由之，不可使知之"、"礼之用，和为贵"等反动谬论。我们还举办学习班，组织大家认真学习马列和毛主席的有关教导，反复地深入地批判孔孟之道的上述谬论。通过学习和批判，工人们认识到：人类社会是我们劳动人民创造的，劳动人民理应做天下的主人。工人阶级是领导阶级，更要当好国家的主人，当好工厂的主人。

过去，我们厂的一些班组里，有些同志革命责任心很强，遇事"管得宽"，只因为他们不是什么"长"有时就受到个别人的讽刺，称他们是"三班长"（每个班组一般只有正付班组长各一人）。在批林批孔中，随着深入批判"上智下愚"谬论，有些同志认识提高了，他们提出，为国家负责，为革命负责，"管得宽"是好事不是坏事，不应讽刺，而应鼓励。我们听到这种意见，立即表示支持，表扬那些革命责任心强，遇事"管得宽"的同志，号召大家都要发扬主人翁精神。这样一来，广大群众的主人翁思想进一步发扬了。呈现出大家都为革命多操心，多出力的动人景象，推动了生产，也推动了技术改造。

三、学习毛主席军事著作，批判林彪资产阶级军事路线，掀起技术革新的新高潮

中央二十三号文件下达以后，我们全厂掀起了学习毛主席军事著作，批判林彪资产阶级军事路线的热潮。厂级成立了十七人的专门研究这方面问题的理论班子；每个车间都成立了三至五人的辅导小组，画了军事挂图，在群众中进行宣讲；全厂职工普遍学习了毛主席的九篇军事著作。在全面学习和批判的基础上，结合我厂的实际情况，又重点学习毛主席关于分析形势的论述，宣传毛主席敢打必胜的革命胆略，批判林彪站在右倾机会主义的立场上，总是错误地估计形势，畏敌如虎，不敢与蒋军决战的罪行；学习毛主席关于集中优势兵力打歼灭战的军事原则，批判林彪分散兵力打击溃战的罪行。通过学习、批判，同志们说：当时毛主席所以作出**"我们是能够战胜蒋介石的"**这一科学结论，敢于对蒋介石展开前所未有的大决战，是由于毛主席坚定地站在无产阶级立场上，依据社会发展的客观规律，着眼于群众的力量，正确地分析了当时的形势。今天，我们在毛主席的领导下，在无产阶级专政条件下，更要学习毛主席的革命胆略，敢于变革旧事物，敢于打硬仗。只有用从来没有的大干，才能创出从来没有的巨大成绩；也只有在大干中，才能带出一支过硬的队伍，才能加快社会主义革命和社会主义建设的步伐。因此，我们决不能畏难如虎，要从本质上发现群众的积极性，敢于打大仗，打硬仗。

当时，我厂经过了几次大会战，有的人产生了厌战情绪，说什么："接不完的任务，会不完的战，打到何时算一站。"有人担心，

"再这样大干下去,群众就受不了了,队伍就带不动了。"还有的车间在技术革新上抓不住关键,这儿也想改进,那儿也想革新。我们感到,面对这种情况,必须解决敢不敢打更大的会战和怎样才能打好新的会战的问题。于是我们深入到车间、班组,进行调查研究,征求群众意见。工人们说得好:"大干社会主义有理,大干社会主义光荣,大干了还要大干"。群众要大干大变的强烈愿望和革命精神,进一步推动了我们,鼓励了我们坚持大干的信心。我们便举办了由车间支部书记和党委全体成员参加的学习班,分析了全厂的形势,指出"打一仗歇一站"的思想,并不代表广大群众的心情,我们一定要坚持继续大干。同时,我们又强调,要打好会战,就必须用毛主席集中兵力打歼灭战的思想,集中力量猛攻生产中的薄弱环节,把全厂综合的生产能力不断地提高到新水平,为革命做出越来越大的贡献。统一思想以后,我们向全厂职工提出了"批林孔,搞会战,打出新水平,创出新经验,迎接'十一'把礼献"的战斗口号。

在党委的号召下,九月份我们厂的广大工人干部,以饱满的政治热情,用毛主席军事思想指挥生产,投入了更大规模的会战,日产水平比去年同期增长了百分之二十点四,还先后实现了精密铸造自动拔肖机、车卷自动研磨机等三十一个技术改造项目。锻冶车间的中接头精密铸造工序,以前是月产三万个的水平,过去我们几次找车间支部,要求他们上十万,支部书记感到为难。但是,在九月份的大会战中,他们运用毛主席关于**"集中优势兵力、各个歼灭敌人"**的思想指导生产和技术革新,抓住薄弱环节,一个一个地突破,结果提前十八天完成了全月生产任务。腾出时间又搞成了精铸工序的七项革新,使生产能力接近了月产十万辆的水平。

今年九月底建成的车把电镀生产线，是我厂过去从未有过的一场大仗。这条生产线，长三十六米，高四米半，宽六米，占地面积九百多平方米。按照常规干，这条生产线至少需要一年的时间才能建成。能不能下定决心，尽快拿下这条生产线？我们党委运用毛主席的军事思想分析全厂的情况。感到通过传达中央二十三号文件，全厂职工思想觉悟又有提高，树立了敢打大仗的雄心壮志；再从全厂的力量来看，机修车间先后完成了几条大的电镀生产线，取得了大会战的经验，并且可以把全部力量投入到这场会战中来；车把车间职工对这项革新要求很迫切，劲头很足。因此，取得大会战胜利是有条件的。于是党委下决心发动这场大会战。会战一开始，机修车间和车把车间党支部全体成员亲自下到班组和工人们一起学习，一起批判，一起大干。经过日夜奋战，终于在九月二十七日建成了这条生产线，向国庆节献了厚礼，并于十月初投入了生产，提高了防锈能力和电镀的光亮度，大大减轻了劳动强度，使这道工序的生产能力一下子提到了年产一百八十九万辆的水平。这场会战的胜利更加鼓午了全厂职工的斗志，大家说：这样的会战真是越打越敢打，越打越带劲。

总结九月份大会战的实践，我们深深感到，只有在战略上藐视困难，树立敢打必胜的革命胆略，才能敢于攻克大关键；只有在战术上重视困难，抓住薄弱环节集中兵力打歼灭战，才能速战速决，打一个胜一个，一步一步地把我们厂的综合生产能力不断提高到新水平。

以上是我们厂在批林批孔运动中，认真看书学习，推动技术革新、技术改造的汇报。在这方面，我们的工作还存在许多薄弱环节，同先进单位比还有不少差距。今后，我们要认真贯彻大会精神，虚心学习兄弟单位的先进经验，迅速掀起学习、批判和抓革命、促生产的新高潮，以新的成绩迎接战斗的一九七五年。

会议典型材料之二十二

坚持数年　必有好处

——坚持开展职工业余理论学习的体会

中共天津市第一商业局文化站委员会

天津市学习马列和毛主席著作经验交流会

会议秘书处　　　　　　　　　一九七四年十二月

坚 持 数 年　　必 有 好 处

——坚持开展职工业余理论学习的体会

在无产阶级文化大革命运动中，我站的广大职工深深体会到"**我们的斗争需要马克思主义。**"一九七〇年初，我站诞生了第一批业余学哲学小组。四年多来，业余学习在斗争中发展，现有四十四个学习小组，三百八十九人参加学习，占全站职工的百分之七十二。多数小组，学习了十三篇毛主席著作和《共产党宣言》、《反杜林论》（哲学编）；建立早、学习进程较快的小组，除较多地学习毛主席著作外，还学习了马列的六本书和马列的其他著作，读完了中国哲学史。这些学习小组，由于长期坚持学习，提高了阶级斗争、路线斗争和继续革命的觉悟，提高了识别真假马克思主义的能力，提高了向修正主义、资产阶级以及一切剥削阶级意识形态作斗争的战斗力。今年以来，他们在批林批孔运动中，发挥了很好的作用。据初步统计，已编写、宣讲了从先秦、两汉一直到明、清和近代几个阶段的儒法斗争史，研究了商鞅的《更法》、荀况的《天论》、韩非的《五蠹》、王充的《实知》《问孔》、柳宗元的《封建论》等法家著作和《盐铁论》；选批了《三字经》、《名贤集》、《烈女传》等六本儒家坏书；写出了五十多篇文章；还编讲了通俗易懂的儒法斗争和劳动人民反孔的小故事；批判了坏戏《三娘教子》和有关宣扬"男尊女卑"的反动谚语。在业余学习小组的带动下，我站的批林批孔运动步步深入，推动着各项工作向前发展，全站出现了革命和工作越来越好的形势。现在，向领导和同志们汇报一下我们长期坚持开展业余理论学习的体会。

坚 持 抓　抓 坚 持

"学习贵在坚持"。这是大家在四年多的学习中，特别是一年来的批林批孔运动中得出的一条切身体会。而能否坚持长期学习，关键又在领导。经过四年的实践，我们党委体会到，要使职工业余学习长期坚持下来，必须抓住以下四点：

第一，明确学习目的。为什么要学习？这是一个平常的问题。但是，要从思想上、行动上作出正确回答，并不是作一、两次报告就能解决的；关键是提高干部、职工的觉悟，从自身的经验教训中体验到"我们的斗争需要马克思主义"。我们台儿庄路仓库学习组长李金甫同志，是一个苦大仇深的老装卸工。他"干活象猛虎，学习坐不住"，原想"把一把子力气全给党"就行了。无产阶级文化大革命使他受到了震动：为什么党内还有两条路线斗争？为什么刘少奇修正主义妖风刮到自己面前也看不见？为什么自己身边有的青年在大风大浪里走岔了道？一时找不到答案。整党时，支部引导他学习毛主席有关无产阶级专政下继续革命的教导，使他开始懂得："光凭把子力气，坚持不了继续革命；弄不清革命道理，基本路线扎不下根；只顾干，不管线，就分不清路，带不好班。"李金甫同志就是在这种思想基础上，组织起老工人学哲学小组，还把新参加工作的青年吸收进来，用革命理论武装大家的思想。他自己也以身作则，刻苦学习，四年如一日。这个小组几年来发生了深刻的变化，成为我们站抓革命、促生产的先进集体之一。坚持学习好的同志一般都有这样一个过程：用马列和毛主席的教导，总结自己在两个阶级、两条路线斗争中的经验教训，认识到学习革命理论是坚持继续革命的需要，并把这种需要变成自己的行动。我们遵循了这样一个规律性的过程，抓紧工作，引导大家明确学习目的。有的职工说得好：学习马克思主义是为了搞马克思主义。有了这种觉悟，就能够自己管住自己，能够产生一股子韧劲，能够坚持下去，取得好处。

批林批孔的伟大斗争，使我们对于学习马克思主义的必要性，有了进一步的认识。毛主席教导说：**"一个崭新的社会制度要从旧制度的基地上建立起来，它就必须清除这个基地。"** 现在我们正深入开展的批林批孔运动，就是批判旧制度旧思想，清除旧基地的一场硬仗；马列主义、毛泽东思想就是我们打胜这场硬仗的唯一的强大思想武器。因此，坚持学习马克思主义，是关系到巩固无产阶级专政，维护社会主义制度，防止资本主义复辟的大问题。这样认识，坚持抓的自觉性就进一步提高了。

第二，排除各种干扰。**"任何新生事物的成长都是要经过艰难曲折的。"** 业余学哲学小组也不例外。我站职工业余学习之所以能坚持四年，是经过了曲折的斗争的。一方面，不断地批判了林彪反革命修正主义路线在学习问题上的流毒；另一方面，通过深入细致的思想工作和组织工作，解决我们队伍内部的一些糊涂认识和实际困难。例如，第一批小组建立不久，就有人说："这是小资产阶级狂热病"，"过了夏天过不了冬"（在他看来，夏天坚持清早学习还可以，冬天坚持不了）。针对这种情况，我们一面组织各小组汇报学习体会，宣传组织业余理论学习的好处；一面批评这种错误论调，为业余学哲学的发展鸣锣开道。同志们满怀豪情地说："困难面前何所惧，寒冬季节炼红心"。入冬后，大家迎着呼啸的北风，从四面八方来到站里，每逢清晨集体学习，硬是坚持了下来。

在业余学习小组成立时,林彪反党集团的反革命阴谋还没有暴露,我们的学习也受了林彪鼓吹的三十字黑方针的一些干扰和影响。批林整风运动开始以后,我们坚决彻底地批判了林彪一伙疯狂反对马列主义、毛泽东思想的罪行,同时也批判了林彪鼓吹的三十字黑方针,使我们的业余学习开展得更好了。

第二,端正学风。毛主席说过:"**我们说的马克思主义,是要在群众生活群众斗争里实际发生作用的活的马克思主义,不是口头上的马克思主义。**"这就要理论联系实际。我们站参加业余学习的同志,学习成效不是一般齐的,这里边就有一个学风问题。为了培养革命学风,我们经常宣传毛主席给全党定的一个规矩:"**看一个学生学了马克思列宁主义以后怎样看中国问题,有看得清楚的,有看不清楚的,有会看的,有不会看的,这样来分优劣,分好坏。**"引导干部、职工学习马克思主义的立场、观点、方法,领会马克思主义原著的精神实质,用以改造世界观,提高路线斗争觉悟,坚持无产阶级专政下继续革命。各个支部、科组还注意在干部、职工中培养一种日常勤分析、一段一总结的习惯,让大家遵循着实践、认识、再实践、再认识的路子,提高运用马列主义、毛泽东思想分析问题、指导实践的自觉性。例如,财会科学习小组,在批林批孔运动中,联系本部门的工作实际,就怎样使财会工作成为党进行阶级斗争工具这个问题,展开了讨论。他们根据党的基本路线和恩格斯关于"**阶级斗争的根源,在于阶级之间经济利益的冲突**"的论述,针对财会工作集中反映企业经济活动的特点,从实践中找到了四条经验:一是狠批"克己复礼",不断克服"只管三相符(帐帐、帐款、帐物相符),忽视敌人搞颠覆"的单纯技术观点,树立为无产阶级战胜资产阶级服务的思想;二是批判"上智下愚"的孔孟之道,肃清单纯依靠专业管理的修正主义办企业路线的流毒,坚持在党委领导下，依靠群众把关；三是批判"中庸之道"，坚持斗争哲学，从经济事务中注视经济领域阶级斗争的动向，同贪污盗窃、投机倒把和弄虚作假等资本主义歪风作斗争；四是批判林彪一伙投降卖国、崇洋迷外的罪行和谬论，坚持自力更生、勤俭节约的方针，抵制铺张浪费、不顾财经纪律等不正之风。他们有了这个认识，工作就打开了新局面，也深刻体会到坚持理论联系实际的重要。我们把这类好经验集中起来，加以推广，引导大家不断发扬革命学风。

第四，**骨干带动**。对于学习骨干的作用，我们也是从群众斗争中认识到的。纸张科学习小组是第一批建立起来的一个组。一九七一年底，由于机构变化，这个科合并到兄弟单位。环境变了，业余学习还要不要坚持？当时组里认识不一致，有"散摊子"的苗头。两个组长马上组织全组同志重温毛主席关于加强学习的教导，讨论了一个问题：机构变了，我们干革命的岗位变没有变？这样就把大家的思想集中到了问题的本质上来。议论中找到了答案：革命岗位没有变，为革命坚持学习的决心当然也不能变。这时，组长又引导大家总结学习收获，使同志们看到，坚持一年，已有好处，坚持数年，好处一定更大，从而坚定了信心。这个小组就这样在骨干带动下，一直坚持了四年。从群众坚持学习中涌现出一批批骨干；培养骨干，发挥作用，又带动了群众坚持学习。骨干的作用确实很大：他们针对小组里出现的一些影响学习的思想苗头，及时做思想工作，不断提高全组同志坚持学习的自觉性，"越过障碍，攀登理论山"；组织大家制定学习计划，安排学习内容，提出学习课题，把学习不断引向深入，在普及的基础上提高；自己先学一步，多学一点，找老师，听辅导，交流学习心得，帮助全组克服学习中的困难；在小组成员流动的情况下，采取统一进度、坚持自学、回组汇报的办法，做到人员流动组不散。斗争需要人才，也造就人才。在深入批林批孔的战斗中，我站的群众业余学哲学小组学在前，批在前，一马当先，发挥了带头作用，业余理论队伍，也不断地发展壮大，特别是研究儒法斗争史以来，我们在群众业余学哲学小组的基础上，组成了一支六十一人的以老职工为主体的三结合理论小组。这支队伍在带动群众认真学习马列，深入批判林彪反革命修正主义路线和孔孟之道的斗争中，发挥了积极作用。现在这支队伍正同群众一起，推动批林批孔运动朝着普及、深入、持久的方向发展。

坚 持 学　好 处 多

"坚持数年，必有好处"，已成为我们多数干部、职工的信念，原因是有了四年学习的实践，特别是在批林批孔斗争的实践中，看到了好处。大家说：组织起业余学习以后，看来每周比规定的学习时间只多两三个小时，其实，随着学习的持久、深入，学习气氛浓厚了，读书的习惯也就逐步地培养起来了。这样长期坚持，积以时日，长流水不断线，就能够对于马克思主义理论，由知之不多到知之较多。

事实正是这样。这几年，特别是批林批孔以来，大家用马列主义、毛泽东思想这个锐利武器，批判刘少奇、林彪的修正主义和他们宣扬的孔孟之道，批判各种错误思潮，一个个胜利，促进人们思想的解放，对工作中许多事情，有了新的认识，激发了社会主义积极性。人在变，企业也在变：

一个变化是，广大职工阶级斗争、路线斗争和继续革命的觉悟有很大提高，反修防修的战斗力不断增强，推动了批林整风和批林批孔的深入发展。业余学哲学小组在斗争中诞生，又在斗争中发展。实践使大家认识到：继续革命的一个重要任务，就是在政治思想战线上作战，批判修正主义，批判资产阶级和一切剥削阶级的意识形态。因此各个小组能够坚持开展革命大批判。妇女学哲学小组就是其中的一个。在批林整风运动中，她们为了弄明白林彪为什么把反动的"天才论"作为理论纲领，选学了列宁的《唯物主义和经验批判主义》，参阅了中国哲学史，多次批判反动的"天才论"，终于弄清了哲学斗争同社会阶级斗争和党内路线斗争的关系，看到了一条重要历史经验：鼓吹"崇拜天才"，目的是要人们最后得出一个结论：应该由鼓吹者一类的所谓贵人、贤人和智者来统治。从而提高了识别能力，看穿了林彪宣扬"天才论"的反革命面目。**在**批林批孔运动中，她们结合研究儒法斗争史，开展家庭访问、社会调查，搜集了三十多条宣扬孔孟礼教的反动谚语，用马列主义、毛泽东思想给以逐条剖析，对孔家店宣扬的"男尊女卑"的反动思想进行无情的揭露和批判。在这个基础上，她们还根据斗争的需要，对渗透孔孟之道的大毒草《烈女传》进行了批判。她们认真学习马克思主义关于阶级和阶级斗争的论述，运用阶级分析的方法，对《烈女传》中宣扬的封建伦理道德进行了剖析。通过学习，她们认识到，在阶级社会中，道德都是为一定的阶级利益服务的，总是从属于一定的阶级和政治路线的。《烈女传》以"孝悌"、"忠恕"、"节烈"大肆宣扬孔孟的反动道德观，其实质就是为了维护"君君、臣臣、父父、子子"的封建等级制度，妄图达到反动统治阶级长治久安的罪恶目的。联系林彪效法孔老二，极力鼓吹"忠孝节义"可以"用其内容"的反动谬论，进一步认清了林彪反革命修正主义路线的极右实质。使她们进一步懂得了彻底批判孔孟之道，是反修防修，贯彻党的基本路线，进行上层建筑领域革命的需要。从而增强了把批林批孔运动进行到底的决心和信心。

我们站经营的文化用品，有些直接反映着意识形态领域的阶级斗争，能否自觉地开展这种斗争，这关系着我们的经营方向。纸张科业余学哲学小组，在批林批孔中，总结了纸制品图案中又出现"怪、洋、古"的教训，进一步认识到意识形态领域阶级斗争的长期性。为了使商品图案充分反映无产阶级的意识形态，保卫无产阶级文化大革命的成果，他们用毛主席关于区别香花与毒草的六条标准和政治标准第一，艺术标准第二的教导作指导，在有关单位和美术设计人员的帮助下，对三百多个（套）图案逐个审查，清理出在题材和美术设计上有崇洋复古倾向的图案二十八种；同时，重新确定了以歌颂工农兵、反映社会主义祖国大好形势、反映世界人民大团结和毛主席革命外交路线伟大胜利为题材的图案设计方向。这是对资产阶级意识形态的一次主动进攻，也是对林彪搞倒退、搞复辟罪行的一次有力批判。

再一个变化是，企业经营中方向更加明确和端正了。经过几年的学习，经过反复深入地批判林彪效法孔老二"克己复礼"的反动纲领和"上智下愚"等谬论，全站职工群众坚定地树立了坚持前进，反对倒退，坚持革命，反对复辟，坚持社会主义，反对资本主义的思想，国家主人翁的责任心也大大发扬。群众说：我们自信是英雄，要大干，更要管线。同志们想过这样一个问题：我们整天忙着购、销、调、存究竟为什么？过去虽然也能说出一点道理，可是总觉得文化用品尽是些"写写算算，玩玩闹闹，蹦蹦跳跳"的东西，再重要也不如吃、穿、用，比不上五金、交电器材、化工原料和化工产品。经过批林批孔，大家对意识形态阶级斗争的重要性、复杂性、长期性有了进一步认识，也就感到：一定的文化是一定社会的政治和经济的反映，又反作用于一定社会的政治和经济；经营文化用品，就应当直接服务于上层建筑领域的革命。明白了这个道理，职工们把自己经管的一件乐器一种色（油彩），一块橡皮一支笔，一个小球一付拍，同贯彻党的文艺、教育、体育、外交路线联系起来。譬如，文教用品科的职工为了使革命文艺战士多演、演好革命现代戏，让工农兵牢牢占领文艺舞台，他们在市委领导同志支持下，在站党委领导下，冲破重重阻力，发挥商业的桥梁、纽带作用，会同科研、生产、医务部门搞科学试验，试制无刺激毒素的戏剧化妆油彩。试制出来的样品，职工们反复在自己脸上作化妆试验，直到消除了刺激毒素才供人试用，使一些因油彩中毒而不能演出的文艺战士又重返舞台。

还有一个变化是，改造主观世界的自觉性提高了。许多同志谈到学习体会时，常说这样的话："懂得革命理论多了，人的主动性就强了。"这种主动性的发扬，是干部、职工自觉改造世界观的结果。几年来的斗争，尤其是通过批判林彪鼓吹孔孟之道，效法孔老二大搞"克己复礼"的反革命罪行，使同志们看到一个事实：反动阶级往往利用旧思想旧意识来腐蚀人心，妄图达到复辟的目的。如果我们丧失警惕，不抓自己头脑里两种思想的斗争，那就不能抵制资产阶级思想的侵袭，就会辨不明方向，看不清路线，上当受骗。要坚持坚定正确的政治方向，许多干部、职工就是从这种认识上增强了改造世界观的自觉性。文体科业务员、共产党员白文生同志，为了支持知识青年上山下乡，走毛主席指引的金光大道，主动申请去农村做带队工作。经组织批准后，他把这件事告诉了家里。没想到出现了一些阻力：母亲强调自己有病，不愿他离开；未婚妻用中断关系，想把他留下。但白文生同志并不因此动摇。他动员亲戚朋友帮助他说服母亲，终于得到了支持。未婚妻思想不通，他毅然中断了关系。他说："我敢于同'私'字决裂，是毛泽东思想的威力。"

用马列主义、毛泽东思想建设干部、职工队伍，带来了生动活泼的政治局面，企业的经营也正发生着可喜的变化。四年多来，购销稳步增长。按同经营口径相比，一九七四年的收购比文化大革命前的一九六五年翻了一番；预计，今年同一九七一年相比，资金周转加快二点二四次，费用水平下降为百分之六十一点九三，上缴利润增长二点五四倍。

实践证明：学习马列主义、毛泽东思想，"**坚持数年，必有好处。**"当前批林批孔运动正在普及、深入、持久地发展，关键在于加强学习。我们一定遵照毛主席关于"**认真看书学习，弄通马克思主义**"的教导，把领导干部自身的学习进一步抓好，把学习运动推向一个新的水平，夺取更大的胜利。

会议典型材料之二十四

认真看书学习　深入批林批孔

搞　好　物　资　供　应

天津市物资局机电公司解放南路供应站

天津市学习马列和毛主席著作经验交流会

会议秘书处　　　　　　　　　一九七四年十二月

认真看书学习　深入批林批孔

搞 好 物 资 供 应

　　我们物资局机电公司解放南路供应站，有职工一百五十人，担负着全市三千多个工、农业生产用户的工具、轴承和小型机械等机电产品的计划供应工作。

　　批林批孔以来，在上级党委的领导帮助下，我们坚持认真学习马列和毛主席著作，以马列主义、毛泽东思想为武器，批判了林彪推行的修正主义路线和反动的孔孟之道，提高了阶级斗争和路线斗争觉悟，推动了物资供应工作，对支援工、农业生产起到一定作用。

　　下面从三个方面，汇报一下我们是怎样坚持认真看书学习，深入批林批孔，搞好物资供应工作的。

一、批判“先知先觉”，深入调查研究，加强计划供应

　　过去，我们做物资供应计划，往往靠老框框、老概念、老办法；在分配上看厂子大小，采购员生熟和态度好坏。结果闹出不少笑话。去年分配一种丁字槽铣刀时，有的厂一年只用一支，我们认为它是大厂，就分配给十支；有的厂一年需要二十五支，我们认为是小厂，就只给五支。结果造成多余者积压浪费，急需者四处求援。因此，生产用户批评我们靠“拍脑门算比例，不出屋瞎估计”，对我们“信不过，靠不住，离不开，惹不起”。而我们有的同志却认为，我们供应

的用户多，品种规格复杂，出些漏洞是难免的。以至使这个问题在较长时间里没有得到解决。

在批林批孔运动中，遵照毛主席关于"**认真看书学习，弄通马克思主义**"的教导，我们除了学习今年元旦社论指出的二本书以外，还认真学习了《实践论》、《矛盾论》等毛主席的哲学著作，狠批了孔孟之道的"先知先觉"和林彪鼓吹的唯心论的先验论，使我们认识到，主观和客观相分裂，理论和实际相脱离，是一切机会主义、修正主义路线的思想根源。林彪为了破坏社会主义建设，复辟资本主义，卖力鼓吹唯心论的先验论，叫嚷什么办事情是"从主观到客观"，颠倒实践和认识的关系。闭门造车，靠拍脑门做计划，实际上是林彪的先验论在实际工作中的反映。通过学习和批判，我们进一步明确了要做好物资供应工作，就必须遵照毛主席关于"**必须努力做实际调查，才能洗刷唯心精神**"的教导，坚持唯物论的反映论，反对唯心论的先验论，坚持面向生产、面向基层、面向群众"三个面向"，走出柜台，深入实际调查研究。我们认为，这决不单单是个方法问题，而是贯彻执行毛主席的革命路线、坚持社会主义方向的需要。我们党支部成员提高认识后，提出加强计划供应，开展下厂服务活动的意见，并交给职工群众讨论。大多数同志认为，这个意见有利于改进工作　更好地支援工、农业生产。但也有人认为"站里工作忙，人手少，下厂只能转转看看，要想改变物资供应的老办法不容易。"为了统一认识，我们和大家一起再次学习了毛主席的《实践论》、《人的正确思想是从那里来的？》等哲学著作和有关调查研究的教导，并且结合总结正反两方面的经验教训，着重从路线上分清什么是马克思主义，什么是修正主义，从而进一步提高贯彻执行毛主席革命路线的自觉性。职工们纷纷要求离开柜台，走出办公室组成服务队，深入工厂企业，向实际作调查，努力做好工作。那些认为老办法"不能改"、"不易改"的同志，也表示愿意试试看。这时，党支部集中了群众意见，有计划地组织了下厂服务队，从今年年初开始下厂服务。

实践出真知。我们深入工厂，拜老工人为师，向实际作调查，全面摸清了一些工厂企业的产品、设备、物资来源、工具实际消耗、库存和使用等情况，掌握了第一手资料，为扭转我们工作上的被动局面，加强计划供应，打下了基础。如，我们过去认为××厂是生产磅称的，用不着什么大工具，就只分配一些小规格刀具。经过调查，才知道这个厂在五年前就改为承担机床生产任务和承装专用汽车了。我们在工具上卡了人家那么多年，给生产带来很大困难。于是，我们立即修改计划，按照实际需要供应工具，保证了生产。与此相反，有的厂却供过于求。如，某厂今年申请锯片铣刀四十片，但经过调查，才发现这个厂前年只消耗一片，去年消耗五片，今年还有库存，根据他们今年生产计划，只供应七片就可以保证生产需要。在下厂服务当中，我们坚持认真学习马列和毛主席著作，积极参加三大革命斗争实践，洗刷了唯心精神，破除了迷信，解放了思想。下厂服务以来，减少了柜台业务，简化了手续，提高了工作效率。我们把原来以工具为主下厂服务的单位由十六个扩大到一百零四个，以轴承为主下厂服务的单位由二十四个扩大到一百一十四个，并对工厂企业需要的单一专用性强、消耗量大、品种集中的工具，由过去每月申请、每月供应的办法，改为按实际需要和资源情况，实行半年或一年一次性安排。这样，建站十年来所没有解决的"多要多给，急用没给，不要也给"的问题，通过下厂服务、调查研究，一下子就解决了。我们以实际行动，又一次批判了林彪和孔老二所宣扬的"不虑而知"、"不学而能"、"先知先觉"的唯心主义谬论。大家说，向实际作调查，就是坚持唯物论的反映论，就是解决问题。那些原来抱着试试看的同志，也受到一次生动的思想和政治路线的教育，转变了思想，积极参加了下厂服务。目前下厂服务人员已占全站职工的一半以上。

我们深深体会到，要正确贯彻执行毛主席的革命路线，一个很重要的问题，就是要把自己的思想认识路线搞正确。只有这样，才能坚持为无产阶级政治服务，为生产建设服务，改进经营作风，提高服务质量，做好革命工作。

二、批判"上智下愚"，紧紧依靠群众，搞好调剂调度

在物资供应工作中，由于工农业生产高速发展，有时出现某种物资暂时短缺，这是正常现象。今年，我们供应站供应的工具缺口较大。以前，遇到这种情况，我们就采取"货多多供，货少少供，没货不供"的办法。结果矛盾非常突出。

如何正确对待和处理物资短缺？是相信自己，还是依靠群众，这是两种世界观的斗争。结合我站的实际情况，党支部成员学习了毛主席的《关于正确处理人民内部矛盾的问题》。毛主席说：**"又发展又困难，这就是矛盾。任何矛盾不但应当解决，也是完全可以解决的。我们的方针是统筹兼顾、适当按排**。"在社会主义建设事业中，必须实行统筹兼顾的方针，这是由我们国家的社会主义性质所决定的。我国社会主义制度具有无可比拟的优越性。经过无产阶级文化大革命和批林批孔运动的锻炼，广大人民群众进一步提高了阶级斗争和路线斗争觉悟，激发了极大的社会主义的积极性，只要我们站在马克思主义的

人一起共同出主意，想办法，准备召开第一次调剂调度会。会前，我们提出了四条保证：一，不急用的不调；二，调用前取得调出单位的同意；三，用后保证归还（一些多余积压物资除外）；四，支持企业原有协作关系。开会那天，出乎我们的意料，提急需最多的只二十余项，有的仅提一、二项，还有两个单位不但一项没提，而且主动拿出了一百多件工具。这次会总共提出急需一百二十六项，其中企业之间互相调剂一百零九项，占百分之八十四点六；需要我们解决的仅剩下二十七项，占百分之十五点四。有些事例很教育人。如六机床厂急需四号莫氏绞刀一套，到外省市跑了很多地方都未解决，在会上提出后，天津机械厂主动将仅有的一套库存拿了出来。会后我们又向一机部华北产管处求援五套，保证了这两个厂生产的需要。通过这次会，很多单位表示每季主动向我站报一次库存，保证急需物资调得出；还有些单位，领着我们的供应人员到他们的厂去翻帐本，清仓库，整理库存物资。这次会给我们的教育非常深刻，我们看到了工厂企业广大职工群众的主人翁精神，想生产之所想，急生产之所急，供生产之所需，团结协作的高尚风格。从而坚定了我们依靠群众，开展调剂调度活动，把物资供应工作做活的信心。

经我们和一些工厂企业共同商定，每季召开一次调剂会，半月或一个月召开一次调度会。今年以来，共召开调剂会三次，调度会九次，解决了关键工具十四万余件，每次调剂调度会，调得出，补得上，密切了供需关系，加强了企业协作，解决了生产问题。用我们有限的库存，调动了社会潜力，工厂企业对这种做法很满意，他们说："有的物资一时短缺，但关键是管死还是用活，管死了东西再多也发挥不了应有的作用；用活了东西再少，也能解决大问题。"

三，批判反动"处世哲学"，坚持"三个面向"，不断革命永向前

我们的物资供应工作，是为社会主义建设服务的，是为生产斗争服务的。面向生产、面向基层、面向群众，是搞好物资供应工作的根本方向问题。在这个原则问题上，两种思想、两个阶级的斗争，总是反复表现出来。深入批判林彪鼓吹的孔孟反动处世哲学，树立完全彻底为人民的思想，才能坚定不移地沿着社会主义道路前进。

在下厂服务当中，我们发现天津动力机厂去年平均每台机床消耗工具三十八件；而另外有一个工厂的生产班次和设备状况与动力机厂相同，但平均每台机床消耗工具五十八件。也就是说，在同样的条件下，工具使用消耗相差二十件，究竟是什么原因呢？这样的问题我们要不要管呢？多数同志认为，我们"管供"还要"管用"，才能把物资供应工作做细做活，当好生产战线的后勤兵；但是有少数人认为"手大捂不过天来，物资怎么使用，是人家生产单位的事，我们搞好供应就行了。"我们分析，后一种意见是缺乏责任感的，这实质上是要不要真正坚持"三个面向"的问题，在新的情况下的反映。在批林批孔运动中，我们反复学习了毛主席关于全心全意为人民服务的教导，不断批判孔孟之道的反动处世哲学。大家认识到："供"和"用"是对立的统一，只管"供"不管"用"，是一种片面的观点。我们不但要管"供"，也要管"用"。绝不能抱"事不关己,高高挂起"的态度。认识提高了，行动就比较自觉了。组过调查研究，我们总结推广了动力机厂在工具使用上，领取有手续、消耗有定额、报废有鉴定的先进经验。这个经验推广后，使那个工具消耗大的工厂的工具管理有了很

大改进，在面上也起到了很大的推动作用。

事物的发展变化是无穷的，"用"字上面的学问很多。有一次，我们了解到，内燃机厂工具修旧利废搞的很好，在厂党委的领导下，这个厂成立了二十人的修旧利废小组，土法上马，自制了二十多台土设备。修复的工具占全厂使用工具总数的百分之三十。于是，我们就在一百多个大中型企业中推广了内燃机厂的这一经验。天津机械厂和发电设备厂等许多单位，都先后建立修旧利废小组，解决了部分工具的不足。

旧的矛盾解决了，新的矛盾就又出来了。在成绩面前，要不要把管供管用的工作再发展一步，认识不一，一种意见主张再立新功，表示要在成绩面前找差距，要管就管到家；另一种意见认为管的太宽了，说什么"我们是物资供应部门，管的够宽了，不能再管别的了。"针对这种船到码头，车到站的思想，我们及时组织职工学习了毛主席关于"**在生产斗争和科学实验范围内，人类总是不断发展的，自然界也总是不断发展的，永远不会停止在一个水平上。因此，人类总得不断地总结经验，有所发现，有所发明，有所创造，有所前进。停止的论点，悲观的论点，无所作为和骄傲自满的论点，都是错误的**"论述。狠批了林彪效法孔老二"克己复礼"妄图复辟资本主义的罪行。我们认识到，在成绩面前是停步不前，还是继续前进，这是关系到坚持不坚持无产阶级专政下继续革命的大问题，是要不要深入批林批孔，进一步发展大好形势的问题。大批判步步深入，思想觉悟就步步提高，管供又管用的工作就又发展一步。例如，六十米厘大锥钻，也是我市缺口较大的工具。六四四三厂，每年消耗二十支，在下厂服务当中，我们发现该厂这种钻头用到长度不足二十四厘米时就不能继续使用了；而工程机械厂则长短均可。于是我们就找两个厂研究，把新钻头分配给六四四三厂，该厂替换下来的旧钻头，再给工程机械厂使用。这样，两个厂都基本上保证了需要，做到了物尽其用。

一年来，在批林批孔运动的推动下，我站广大职工的精神面貌有了深刻变化。现在职工群众认真看书学习的自觉性有了很大提高，读书的空气越来越浓厚。在批林批孔推动下，我们虽然做了一些工作，但和兄弟单位比还有很大差距，我们一定虚心学习兄弟单位的先进经验，在毛主席革命路线指引下继续搞好批林批孔，继续把主要注意力放到学习和批判上来，推动批林批孔运动普及、深入、持久地进行下去。

会议文件之三

认真看书学习，推动批林批孔运动更加普及、深入、持久地发展

在天津市学习马列著作和毛主席著作经验交流会上的报告

（一九七四年十二月二十六日）

王　淑　珍

天津市学习马列和毛主席著作经验交流会

会议秘书处　　　　　　　　　　一九七四年十二月

认真看书学习，推动批林批孔运动更加普及、深入、持久地发展

——在天津市学习马列著作和毛主席著作经验交流会上的报告

（一九七四年十二月二十六日）

王　淑　珍

同志们：

我们这次大会已经开了六天了。几天来，大家认真学习了无产阶级革命导师关于学习问题的论述；讨论了解学恭同志在大会开幕时的讲话；请六十六军和天津警备区两个连队的代表，介绍了他们认真看书学习，批林批孔的经验；我市各条战线有二十四个单位介绍了在批林批孔运动中学习和运用马克思主义理论，批判林彪反革命修正主义路线和孔孟之道，研究儒法斗争和整个阶级斗争的历史为现实斗争服务的经验。大家联系本系统、本单位的实际情况，认真地热烈地进行了讨论。普遍认为，这次大会充分表明，我们天津市学习

马克思主义、列宁主义、毛泽东思想的群众运动，在批判了林彪反党集团的破坏和干扰之后，特别是在批林批孔的伟大斗争中，发展到了一个新的阶段。大家说，会上介绍的二十多个典型，反映了我市学习运动的新发展，反映了广大群众在批林批孔运动中学习和运用马克思主义理论的新经验，内容丰富，听了以后很受启发，很受教育。特别是解放军两个连队代表所介绍的经验，受到热烈欢迎，值得我们好好地学习。同志们表示，一定要认真学习这些经验，在全市普遍推广，进一步搞好学习和批判，推动我市批林批孔运动朝着普及、深入、持久的方向发展。

现在，我代表市委向大会报告党的九届二中全会以来，特别是批林批孔运动以来，我市学习马列著作和毛主席著作的基本经验以及今后的意见。

党的九届二中全会以来，我市广大群众和干部响应毛主席关于**"认真看书学习，弄通马克思主义"**的号召，批判林彪一伙干扰和破坏学习马列著作和毛主席著作群众运动的罪行，发扬我党传统的革命学风，在斗争中学习和运用马克思主义理论，创造了丰富的经验。下面我根据会议准备过程中调查研究的结果和会上大家讨论的情况，讲一讲我们学习马列和毛主席著作的基本经验。

一、要把认真看书学习提到"**要搞马克思主义,不要搞修正主义**"的高度来认识,不断增强学习的自觉性。

马克思主义、列宁主义、毛泽东思想是指导无产阶级革命事业从胜利走向胜利的科学。广大工农群众掌握了马克思主义理论这个最锐利的武器,就能冲破反动派所设置的一切罗网,通过艰苦的斗争推翻剥削阶级的反动统治。建立无产阶级专政的社会主义制度。正因为如此,历次机会主义路线的头子总是以种种手段来反对、破坏群众学习马列主义、毛泽东思想,从陈独秀、王明到刘少奇、林彪都是这样。可见,是坚持还是反对学习马克思主义理论,是毛主席革命路线同形形色色机会主义路线斗争的一个十分重要的问题,是关系到无产阶级革命事业成败的重大问题。

毛主席历来强调马克思主义理论的学习和应用。毛主席谆谆教导我们,要多知道一点马克思主义,并且把懂得马克思主义作为无产阶级革命事业接班人的头一条标准。特别是在党的第十次路线斗争中,毛主席针对林彪一伙的阴谋,着重强调了全党、首先是高级干部学习马列著作的问题。在九届二中全会上，毛主席对学习问题作了重要指示："现在不读马、列的书了，不读好了，人家就搬出什么第三版呀，就照着吹呀，那么，你读过没有？没有读过，就上这些黑秀才的当。有些是红秀才哟。我劝同志们，有阅读能力的，读十几本。基本开始嘛，不妨碍工作。""要读几本哲学史，中国哲学史、欧洲哲学史。一讲读哲学史，那可不得了呀，我今天工作怎么办？其实是有时间的。你不读点，你就不晓得。这次就是因为上当，得到教训嘛，人家是那一个版本，第几版都说了，一问呢？自己没有看过。"九届二中全会以后，党中央根据毛主席的指示，发出了关于高级干部学习问题的通知，号召全党，特别是党的高级干部认真学习马克思列宁主义，提倡辩证唯物论和历史唯物论，反对唯心论和形而上学，并且具体指出要学习《共产党宣言》等六本马列著作。一九七〇年十二月二十九日，毛主席在对姚文元同志的信的批示中指出："认真看书学习，弄通马克思主义，方能抵制王明、刘少奇、陈伯达一类骗子。"并且强调"坚持数年，必有好处"。一九七一年三月九日，毛主席在批示《无产阶级专政胜利万岁》一文时又指出："我党多年来不读马、列，不突出马、列，竟让一些骗子骗了多年，使很多人甚至不知道什么是唯物论，什么是唯心论，在庐山闹出大笑话。这个教训非常严重，这几年应当特别注意宣传马、列。"一九七一年八月，毛主席在外地巡视期间同沿途各地负责同志的谈话中强调"要搞马克思主义，不要搞修正主义"，并指出："庐山会议上讲了要读马、列的书。我希望你们今后多读点书。""读马、列的书，不好懂，怎么办？可以请先生帮。"林彪反党集团垮台以后，在批林整风中，毛主席、党中央又反复强调要认真看书学习。重温九届二中全会以来毛主席关于学习问题的一系列指示，使我们更加清楚地认识到，要不要学习马列著作，并不是一个一般性的问题，而是关系到搞马克思主义还是搞修正主义的大问题。我们的斗争需要马克思主义。要革命，就要学习马克思主义。只有从革命事业的需要出发，才能有高度的学习自觉性。

第二毛纺厂的经验就非常生动地说明了这个问题。这个厂的工人和干部，最初是在反击右派的斗争中，认识到仅凭朴素的阶级感情和革命义愤，而不好好学习马克思主义理论，就不能有力地反击资产阶级右派的猖狂进攻，捍卫无产阶级专政的社会主义制度。在以后的历次阶级斗争、路线斗争中，他们又不断地加深了这种认识。他们把看书学习，同实现无产阶级占领整个上层建筑的历史使命联系起来，因而使学习的积极性不断高涨，学习运动越来越深入。

天津铁路分局天津站、小靳庄大队、天津重型机器厂等单位，批林批孔之所以搞得好，不断深入，一条很重要的经验，也是本着为革命而学的精神，不断提高学习马克思主义理论的自觉性，努力掌握批判武器，抓住这个关键，推动批林批孔运动不断深入发展。天津站在开始批判《朱柏庐治家格言》时，大家虽然都知道这本小册子浸透了孔孟之道的毒汁，应该批判，但是对它的反动实质和要害看不准，抓不住。他们经过学习《哥达纲领批判》，从马克思批判拉萨尔"劳动是一切财富和一切文化的源泉"的反动谬论中，学到了观察问题和分析问题的立场、观点和方法。马克思在这里用阶级的观点、历史的观点剖析拉萨尔的谬论，揭穿了拉萨尔离开资本主义社会资本家占有一切生产资料而工人一无所有的现实，空洞地、抽象地侈谈什么"劳动创造一切"，其目的是为了掩盖资产者对无产者的剥削，使无产者永远安于被奴役、被剥削的地位。他们由此体会到，马克思主义对一切社会现象都要用阶级的观点、历史的观点去剖析。从而抓住了《朱柏庐治家格言》的要害，看清了朱柏庐代表的是封建社会的地主阶级，他写这本书的目的，是为了更残酷地压迫、剥削劳动人民。斗争实践使他们认识到，不学习马克思主义，就不能透过现象看到本质，就不可能对修正主义和孔孟之道进行有力的批判，从而在斗争中更加深刻地感到**"我们的斗争需要马克思主义"**这一真理，不断提高了学习的自觉性。小靳庄大队在开始学习毛主席的军事著作，批判林彪资产阶级军事路线时，对林彪在辽沈、平津两大战役中屡次对抗毛主席指示的罪行感到十分气愤，但是对林彪资产阶级军事路线的实质揭得不深，批得不透，使他们深刻体会到，为了胜利地进行批林批孔斗争，必须学习马克思主义。通过学习毛主席的军事著作，大家懂得了在解放战争中，毛主席不仅为我们制定了打倒蒋介石，解放全中国，建立无产阶级专政国家的政治路线，还为我们制定了一条实现这条政治路线的军事路线。毛主席关于辽沈、平津两大战役的战略部署和作战方针，都是为实现建立无产阶级专政国家这一政治目标服务的。而林彪对抗毛主席的指示，破坏解放战争的伟大战略部署，顽固地推行资产阶级军事路线，正是为其右倾机会主义的政治路线服务的，从而弄清了军事路线和政治路线的关系，剥掉了林彪的画皮，进一步认清了他的反动实质。所以他们总结了一条重要经验，就是"只有认真学，才能深入批"。上边讲的几个单位的经验清楚地告诉我们，马克思主义、列宁主义、毛泽东思想，是批判资产阶级、批判修正主义、批判孔孟之道的锐利思想武器。刻苦钻研马克思主义理论，是坚持马克思主义，反对修正主义的需要，是无产阶级专政下继续革命的需要，是自觉地贯彻执行党的基本路线的需要，是批林批孔运动深入发展的关键。只有从革命斗争的需要出发，把马克思主义、列宁主义、毛泽东思想看作无产阶级的战斗武器，才能有明确的学习目的，端正的学习态度，刻苦的学习精神，把学习建立在高度革命自觉的基础上。这是搞好学习的基本前提。

二、读马列著作和毛主席著作，必须在立场、观点、方法上下功夫，努力掌握精神实质。

毛主席在延安整风的时候，就向我们指出过，在学习马克思主义理论上有两种互相对立的态度，一种是反马克思列宁主义的主观主义的态度，一种是马克思列宁主义的态度。按照马克思列宁主义的态度，**"就是要有目的地去研究马克思列宁主义的理论，要使马克思列宁主义的理论和中国革命**

的实际运动结合起来，是为着解决中国革命的理论问题和策略问题，而去从它找立场、找观点、找方法的。"

这次会上交流的经验，一个共同的鲜明的特点，就是他们的看书学习都是紧密结合批林批孔这场政治斗争和思想斗争的，从马列著作和毛主席的著作中学立场、观点和方法，使马克思主义的理论发挥改造世界的战斗作用，为巩固无产阶级专政，防止资本主义复辟这个政治目的服务。这就是不能把马克思主义当成一成不变的教条，而是作为我们行动的指南，不是从那里找现成的答案，而是从中学立场、学观点、学方法，用来解决革命斗争中的实际问题。

中共河西区委学习中心组在学习《帝国主义是资本主义的最高阶段》一书时，开始有的同志认为，这部书写在几十年前，说的都是帝国主义的问题，既没有孔老二、林彪的名字，也找不到批判"克己复礼"、"中庸之道"的话，和批林批孔没有多大关系，学了也用不上。针对这种情况，区委中心组按照毛主席关于学习马列著作不仅要**"研究广泛的真实生活和革命经验所得出的关于一般规律的结论，而且应当学习他们观察问题和解决问题的立场和方法"**的教导，下苦功夫研究《帝国主义是资本主义的最高阶段》一书中贯穿的几个基本观点。他们着重学习了列宁关于帝国主义是资本主义的最高阶段，是无产阶级社会革命前夜的论述，加深对帝国主义必然灭亡，社会主义必然胜利的客观规律的认识，联系批判林彪、孔老二复辟、倒退的反动路线，坚持无产阶级专政下继续革命；学习列宁批判考茨基掩盖帝国主义的本质、宣扬阶级调和谬论的论述，联系批判林彪、孔老二鼓吹的"中庸之道"的反动性，坚持马克思主义的斗争哲学；学习列宁揭露考茨基两面派手法的论述，联系批判林彪、孔老二大搞阴谋诡计的罪行，提高识别真假马克思主义的能力；学习列宁关于反帝必反修的论述，加深对批林批孔运动的性质、目的和意义的认识，抓紧上层建筑意识形态领域的革命，加强了对批林批孔运动的领导。由于他们把主要的注意力放在学习和掌握《帝国主义是资本主义的最高阶段》中所阐述的基本观点上，并且把学习和批判紧密地结合起来，有力地推动了批林批孔运动的发展。河西区委的经验证明，马列著作和毛主席的著作，虽然是根据当时的革命形势和斗争任务写的，但是这些著作所阐述的马克思列宁主义的基本原理，却是放之四海而皆准的普遍真理，革命导师分析和研究问题的立场、观点、方法，任何时候都是我们研究历史问题和现实问题的锐利武器。我们学习马列著作和毛主席著作，就是要学习和掌握革命导师分析和研究问题的基本立场、观点、方法，增强我们认识问题和解决问题的能力，不断提高研究和批判的水平。他们的经验还告诉我们，要使学习卓有成效，必须继续批判林彪鼓吹的所谓"三十字方针"、破坏群众学习运动的罪行，肃清其流毒，使我们进一步端正学习态度。学习和掌握精神实质要比背诵个别词句困难得多，我们要真正从马列著作和毛主席著作中学到马克思主义的立场、观点、方法，就必须下功夫，动脑筋，不断学习，反复思考，用马克思主义的基本观点来改造自己的思想，把头脑武装起来。

三、要发扬理论联系实际的革命学风，把研究理论、研究历史和研究现状紧密结合起来。

马克思主义理论的本质是批判的、革命的，我们学习马克思主义理论是为了革命，也只有在革命斗争中才能学懂马克思主义。这次会上介绍的经验，又一个共同的特点，就是他们都认真贯彻了我们党的理论联系实际这个一贯的思想原则，所以，思想上有了很大提高，工作上有了很大的进步，真正做到了物质变精神，精神变物质。

天津重型机器厂在批林批孔运动中，把学习理论和批判林彪、孔老二结合起来，和推动企业的斗、批、改结合起来。他们认真学习马克思主义关于阶级斗争和无产阶级专政的论述，批判林彪效法孔老二"克己复礼"的政治路线，坚持前进，反对倒退，坚持企业的社会主义方向；学习毛主席**"共产党的哲学就是斗争哲学"**的教导，批判林彪、孔老二鼓吹的"中庸之道"，坚持在斗争中前进；学习毛主席的军事著作，批判林彪的资产阶级军事路线，运用集中力量打歼灭战的思想解决生产关键问题。由于他们把学习理论和研究现状结合起来，有力地推动了批林批孔，调动了广大工人的积极性，促进了生产的发展。宝坻县大钟庄大队组织群众学习马克思主义的几个基本观点，联系大队两个阶级、两条道路斗争的主要表现，狠批林彪、孔老二复辟、倒退的反动路线，反对资本主义倾向，坚持社会主义道路，使广大社员提高了分辨路线是非的能力，坚定了走社会主义道路的决心，不断地巩固和扩大农村社会主义阵地，使大队在一年之间变成农业学大寨的先进单位。

贯彻**"古为今用"**的原则，用马克思主义理论作指导总结历史经验，为现实斗争服务，是贯彻理论联系实际原则的一个重要方面。河北区东六经路副食店在研究儒法斗争史的基础上，进一步运用马克思主义理论研究儒法经济思想斗争史，总结历史经验，指导现实斗争。他们初步弄清了儒法经济思想斗争的焦点和实质，认识到上层建筑领域的斗争对于经济基础的重要影响，联系到现在，要巩固社会主义的经济基础，就必须狠抓上层建筑领域的革命，从而加深了对批林批孔运动重大意义的理解，提高了继续搞好运动的自觉性。

天津重型机器厂、大钟庄大队、河北区东六经路副食店以及其他一些单位的经验告诉我们，要在学习过程中自觉地遵循理论联系实际的原则，就必须继续批判刘少奇、林彪把理论和实践分割开来的罪行。刘少奇鼓吹脱离革命实践的"闭门读书"，林彪鼓吹"立竿见影"等等，都是把理论和实践分离开来，破坏群众性的学习运动，以达到他们反对马列主义、毛泽东思想的目的。我们必须清除他们的流毒和影响，发扬理论和实践相结合的革命学风，把研究理论、研究历史、研究现状紧密结合起来，这对于把学习马列著作和毛主席著作群众运动进一步引向深入是非常重要的。

学习马克思主义理论联系现实斗争，在当前首先是联系批判林彪的反革命修正主义路线及其反革命罪行，联系批判反动没落阶级的意识形态孔孟之道，为巩固无产阶级专政、防止资本主义复辟、建设社会主义服务。其次，也要联系各条战线、各个单位的实际。这主要是抓住阶级斗争、路线斗争的大是大非问题，去解决关系到方向、道路的重大问题。这些问题在不同战线、不同单位表现形式可能有不同，但是坚持前进、反对倒退，坚持革命、反对复辟，坚持社会主义道路、反对资本主义倾向，则是共同的。只有抓住这一类纲上、线上的问题，提高人们的觉悟，才能推动各个实际问题的解决。邵公庄街党委学习元旦社论规定的三本著作，提高了执行党的基本路线的觉悟，狠抓对敌斗争，狠抓意识形态领域的阶级斗争，狠抓争夺青少年的斗争，坚持用无产阶级思想占领街道阵地，使街道面貌发生了深刻变化。第二毛纺厂为了解决用国产羊毛代替进口的外国羊毛的问题，不是就事论事，局限于经济技术问题的圈子，而是根据毛主席要抓意识形态领域斗争的指示，首先通过讨论，弄清办社会主义企业的方向、路线问题：是崇洋迷外，一切依赖外国，还是独立自主，自力更生。由于他们学习理论联系实际，抓住了思想路线上的大是大非问题，就使以国毛代替外毛的各项具体问题迎刃而解。这个事实充分说明了，学习理论联系实际不能不分主次，就事论事，而必须把联系的重点放到思想和政治路线上，来推动各条战线的斗、批、改，促进各项具体问题的解决。

学习马克思主义理论联系实际，又一个重要内容，就是联系意识形态领域阶级斗争的实际，推进上层建筑领域的社会主义革命，兴无灭资，破旧立新，促进人们世界观的改造。公用局党委在学习中，批判林彪破坏党的团结，分裂党的罪恶活动，总结历史的经验教训，联系领导班子中不团结的因素，找思想差距，改造世界观，使大家有了共同的思想基础，共同的语言，实现了党委"一班人"的团结，保证了毛主席革命路线的贯彻执行。新河船厂"三八"女电焊班，以马列和毛主席关于阶级斗争和妇女解放的论述，批判渗透孔孟之道的反动小册子《女三字经》中宣扬的"天命论"、"中庸之道"和男尊女卑的封建伦理，进一步解放了思想，振奋了革命精神，增添了力量，在三大革命斗争中，真正顶起了"半边天"。

这些经验都说明，理论和实践相统一的原则贯彻得越好，就越能充分发挥马克思主义理论改造世界的伟大能动作用。

四、要按照毛主席的革命路线，在斗争中培养锻炼
工农兵理论队伍，充分发挥他们的作用。

工农兵理论队伍是在无产阶级文化大革命和批林批孔中壮大起来的新生事物，是毛主席革命路线战胜刘少奇、林彪修正主义路线的成果。刘少奇、林彪两个反党集团，诬蔑工农兵搞理论是"胡闹"，千方百计阻挠和破坏工农兵学理论，妄图让资产阶级永远霸占理论阵地。经过无产阶级文化大革命和批林批孔运动，广大工农兵批判了刘少奇、林彪的反革命修正主义路线，继工农兵学哲学、讲哲学之后，他们又登台宣讲儒法斗争史和整个阶级斗争史，最近又开始研究资本主义世界的经济危机。一支工农兵理论队伍正在斗争中茁壮成长，成为思想政治战线上同资产阶级、修正主义战斗的军队。这支队伍，无产阶级立场坚定，阶级斗争、路线斗争觉悟高，实践经验丰富，生活在群众之中，他们最善于运用马克思主义的理论武器，批判资产阶级、修正主义，回答现实斗争中的问题。他们带头学习马列著作和毛主席著作，带头批判林彪修正主义路线和孔孟之道，带头研究和宣讲儒法斗

争史、劳动人民反孔斗争史，并且在群众中做各种学习的辅导工作，促进了批林批孔运动普及、深入、持久地向前发展。他们以高度的无产阶级党性、通俗的语言和亲身的经验进行学习和批判，一扫资产阶级那种理论和实际脱节、语言晦涩难懂的坏作风，使理论战线呈现出一派新的气象。毛主席早就指出，建立一支宏大的工人阶级自己的马克思主义理论队伍，是时代赋于我们的历史使命。现在，毛主席的这个指示正在变成现实。第四棉纺织厂的经验告诉我们：工人理论队伍，是群众学习运动的骨干，抓好了工人理论队伍的建设，运动才能普及；抓好了工人理论队伍的建设，运动才能深入；抓好了工人理论队伍的建设，运动才能持久地开展下去。一年来的斗争实践证明，要深入批林批孔，要促进广大群众阶级斗争、路线斗争和继续革命觉悟的提高，要在上层建筑领域里实现无产阶级对资产阶级的全面专政，要坚持抓革命、促生产、促工作、促战备，都需要继续加强工农兵理论队伍的建设。

历史经验还告诉我们，在怎样建设理论队伍的问题上，也一直存在着两条路线的斗争。按照毛主席的革命路线，马克思主义的理论队伍必须在群众斗争的大风大浪中锻炼成长；而刘少奇、林彪一伙则鼓吹关在书斋里搞什么"系统提高"，搞什么"灵魂深处爆发革命"，妄图把理论队伍引上修正主义的邪路。两条路线斗争的实质，是按照哪个阶级的面貌培养理论人材，理论工作为哪个阶级服务的问题。在批林批孔运动中，各级党委按照毛主席的革命路线培养和建设理论队伍，创造了许多好的经验。天津动力机厂、第四棉纺织厂、河北区政治业余大学等单位的经验告诉我们，培养和建设工农兵理论队伍，一要抓紧理论队伍本身的思想政治教育，使他们明确马克思主义的理论队伍是为无产阶级利益服务的，是为巩固无产阶级专政、防止资本主义复辟服务的，使他们具有坚定正确的政治方向；二要对理论骨干进行马克思主义基础理论的教育，帮助他们掌握马克思主义理论武器；三要使理论骨干到三大革命斗争的第一线，同群众一起学习，一起批判，充分发挥他们的战斗作用；四要给他们分配明确的战斗任务，对他们要严格要求，具体帮助。

当前，在培养理论队伍上，如何处理培养和使用的关系，如何处理理论队伍的活动同群众运动的关系，在一些单位还存在着问题。有的忽视对他们的政治思想领导，不注意理论队伍的思想建设；有的不注意给他们创造学习条件，提高他们的理论水平；有的没有培养计划，也不交给任务，缺乏检查和指导；有的只是压任务，让他们埋头于研究，不注意把他们的研究活动同群众的活动结合起来。这些问题都是我们应该注意解决的。我们要看到，能不能处理好培养和使用、理论队伍的活动同群众活动的关系，也是关系到理论队伍能不能按照毛主席革命路线健康成长的问题。一定要参照这次会上的经验，妥善地解决存在的问题。

在抓紧培养工农兵理论队伍的同时，还要充分发挥专业理论队伍的作用。这也是建设马克思主义理论队伍的一个重要方面。根据南开大学、历史研究所的经验，要作到这一点，首先要批判脱离无产阶级政治，脱离工农群众，脱离实践的倾向，坚持理论工作为无产阶级政治服务的方向，坚持走与工农相结合的道路，坚持把理论研究工作同三大革命实践结合起来，同时，要坚持在斗争中改造自己的世界观。总之，我们一定要按照毛主席的革命路线培养和建设一支宏大的马克思主义理论队伍，使他们在斗争中发挥更大的作用。

五、要加强党委对学习运动的领导，使学习更加普及、深入、持久地发展。

各单位的经验证明，学习运动搞得好不好，首先取决于党委对马克思主义的理论工作怎么认识，抱什么态度。我们的党是马克思主义理论武装起来的党，根据党章的规定，我们各级党组织的任务，第一条就是"领导党员和非党员认真学习马克思主义、列宁主义、毛泽东思想，批判修正主义"。可见领导群众学习马列主义、毛泽东思想，批判修正主义，是各级党组织的头等大事。抓不抓学习和批判，就是抓不抓大事的问题。周恩来同志在十大的政治报告中指出："有不少党委，埋头日常的具体的小事，而不注意大事，这是非常危险的。如果不改变，势必走到修正主义道路上去。希望全党同志特别是领导同志警惕这种倾向，认真地改变这种作风。"许多单位的经验证明：党委是否加强对学习的领导，对运动的发展关系极大。凡是党委把抓学习提高到抓大事的高度来认识的，就能把学习认真地抓起来，学习运动就搞得好。在批林批孔运动中，各级党委加强了对学习和批判的领导，创造了不少经验，初步归纳起来，主要是：

领导走在运动的前头，带头学习好，批判好。中共河东区委在批林批孔运动中，不断提高学习自觉性，切实抓紧抓好中心组的学习和批判活动，对于推动全区的学习和批判起了积极作用。他们的经验生动地说明了领导带头的重要性。

要加强学习的组织领导。领导对于学习，要有全局的考虑，把长远规划和近期安排结合起来，还要有实施的具体措施、办法，这样才能抓得深，抓得细，抓出成效来。许多单位在学习和批判中，根据不同对象，提出不同要求，采取切实可行的措施，进行分类指导，作过细的、扎实的工作，收到很好的效果。比如育婴里小学根据儿童特点，组织学生学习毛主席著作和马列的有关论述，对不同年级提出不同要求；有目的有计划地组织学生参加三大革命斗争，在实践中加深学生对所学的马列主义基本观点的理解；用马列主义基本观点改革文化课教学，组织学生讲革命故事、创作革命儿歌，采取生动活泼的文艺形式进行批林批孔。通过以上措施，在使少年儿童粗知一些马克思主义上，收到了很好的效果。

要深入基层。领导深入下去，同群众一起学习，一起批判，才能及时发现和解决运动发展过程中提出的问题，总结和推广群众创造的新经验。在批林批孔运动中，公用局党委为了解决一些人在集中批判"克己复礼"一段以后产生的"没有新词"的想法，到群众中去进行调查研究，发现自来水公司凿井青年业余学习小组运用马克思主义的立场、观点、方法，四次批判"克己复礼"，一次比一次深刻。局党委总结了他们的经验，在全局推广，克服了"差不多"思想，推动了运动的深入。

要抓好典型。抓典型是毛主席倡导的辩证唯物主义的领导方法。认真抓好典型，运用典型经验指导运动，才能使群众的学习和批判活动有榜样可学。回顾我们天津市学习马列著作和毛主席著作的群众运动之所以能够长期坚持，不断发展，一条重要经验就是有一批学得好的先进单位和个人，他们的先进经验和模范事迹，给全市树立了榜样，对群众的学习和批判起到了鼓舞和推动作用。

我们各单位搞好学习的经验是很多的，在这里只是概括地讲了主要的几点。今后我们要很好地推广和运用这些经验，并且在实践中进一步创造出更多更好的经验来。

下边讲关于继续认真学习马列著作和毛主席著作，普及、深入、持久地开展批林批孔的问题：

一年来，我市批林批孔运动在毛主席、党中央领导下取得了很大成绩，目前全市革命和生产的形势都很好。我们要发展这个大好形势，就需要对当前批林批孔运动的现状进行认真地分析，在肯定成绩的同时，找出我们的差距，以利继续前进。

据最近调查，当前运动中存在的问题，主要是：有一部分同志满足于已经取得的成绩，认为批林批孔搞得"差不多了"，对明年如何继续把批林批孔作为头等大事抓紧抓好，发挥它对工农业生产的统帅作用，考虑不多；有的同志在大好形势下，产生松劲情绪，对仍然要抓紧阶级斗争、路线斗争缺乏应有的认识；还有的同志对如何继续搞好批林批孔缺乏办法，有畏难情绪。产生这些思想的原因，主要还是对批林批孔运动的性质、目的、意义理解不深，对上层建筑领域革命的长期性、复杂性认识不足。

批林批孔运动是上层建筑领域里无产阶级战胜资产阶级、马克思主义战胜修正主义的政治斗争和思想斗争。这场斗争的性质就决定了它的长期性。毛主席说："**在政治思想领域内，社会主义同资本主义之间谁胜谁负的斗争，需要一个很长的时间才能解决。几十年内是不行的，需要一百年到几百年的时间才能成功。**"

为什么需要这样长的时间才能成功呢？

首先，这是由社会主义历史阶段的性质所决定的。大家学过了《哥达纲领批判》，都知道社会主义是由资本主义到共产主义之间的革命转变时期，在社会主义这个很长的历史阶段内，不论是在经济上，还是在政治上、思想上，都存在着旧社会的痕迹，而清除这些痕迹，防止资本主义复辟，是贯穿整个社会主义历史阶段的根本任务。

其次，这是由社会主义革命的特点决定的，社会主义革命同以往任何社会革命不同，它不是以一种私有制代替另一种私有制，而是从根本上消灭一切私有制，消灭一切阶级和剥削。这种革命目标的实现，比以往任何革命都困难得多，因此肯定要比以往的革命经历更多的曲折和反复，经历更长的时间。

再次，是意识形态的特点。意识形态是由经济基础决定的，但它一经产生，就具有相对的独立性。剥削阶级的意识形态，并不因为剥削制度被推翻而立即消失，它会存在一个很长的时期，对新的社会制度、经济基础发生腐蚀作用。要战胜旧的意识形态，需要比在经济上的社会主义改造，花费长得多的时间。还有一点，就是意识形态领域斗争的特点。在意识形态领域的斗争中，存在着两种不同性质的矛盾，而大量的是人民内部矛盾。对待人民内部的思想问题，不能用刀枪，也不能靠行政命令来解决，而只能靠学习的方法、说服教育的方法、批评与自我批评的方法来解决。所有这些，就决定了意识形态领域的社会主义革命不是经过一、二次斗争就可以解决的。要用马克思主义占领哲学、历史、教育、文学、艺术、法律等在内的整个上层建筑领域，实现无产阶级在上层建筑领域对资产阶级的全面专政，还需要进行长期的、艰巨的斗争。

再从我们批林批孔运动的情况看，经过无产阶级文化大革命和批林批孔运动，我们对刘少奇、林彪反革命修正主义路线和孔孟之道进行了群众性的批判，提高了广大群众阶级斗争和路线斗争的觉悟，扩大了马克思主义在上层建筑各个领域的阵地。但是应当看到，对于林彪的反革命罪行及其修正主义路线还不能说已经批深批透了。对于林彪的修正主义路线和他妄图分裂党、分裂革命队伍、反对无产阶级专政、反对社会主义新生事物的一些谬论，还需要进行更深入的批判。对于孔孟之道已经进行了广泛的群众性批判，但要彻底清除它的影响，还需要经过长期的斗争。对于儒法斗争史和整个阶级斗争史的研究工作已经比较普遍地展开了，但是要更广泛地进行普及，科学地总结历史经验，找出带规律性的东西，真正做到**"古为今用"**，还需要花很大的气力。还应当看到，在各个单位之间，运动发展是不平衡的；就是在一个单位内部，运动发展也是不平衡的。譬如就普及的情况来说，理论小组研究了，是否都讲给群众听了；宣讲了的东西，群众是否都弄懂了；了解到的历史，是否能用来为现实斗争服务了。就深入的情况来说，群众中提出的问题，理论骨干是否都研究了，帮助群众解决了；理论骨干本身的研究活动，是否作到了把研究理论、研究历史、研究现状紧密结合起来了，分科研究活动是否开展起来了。就持久的问题来说，是不是有了长期的规划和近期的安排，等等。我们每个单位都应该参照上边说的这些方面，认真地分析一下本单位运动的现状，这对于克服运动搞得"差不多了"的思想，是会有很大帮助的。

当前，我国国民经济正在出现蓬勃发展的新形势。在这样的大好形势下，还要不要把批林批孔当作头等大事来抓呢？《人民日报》十一月二十八日的社论已经作了肯定的回答。大家的回答也是肯定的，但并不等于说没有问题了。譬如怎样具体地贯彻执行**"抓革命、促生产、促工作、促战**

备"的方针,正确处理革命与生产、政治与业务的关系,就需要我们在实践中不断地反复地加以解决。应当明确,社会主义生产是无产阶级专政的物质基础,不重视生产的人,不是一个好的领导者。我们必须重视生产,努力使生产尽快有一个大的发展;但是如果就生产去抓生产,甚至任务一重就丢开批林批孔去抓生产,这就把位置搞颠倒了。经验告诉我们:如果不把批林批孔运动作为头等大事继续抓紧抓好,一切工作就提不起纲来,生产也就不可能搞好,甚至会走到邪路上去。毛主席说:**"政治是统帅,是灵魂"**,**"政治工作是一切经济工作的生命线。政治工作稍微一放松,经济工作就会走到邪路上去"**。我们一定要明白,要使各项工作搞得朝气蓬勃,核心的问题是用马克思主义理论武装人的头脑,使人的思想发生变化,使人的精神面貌发生变化。人的思想觉悟高了,就会产生改造世界、克服困难的巨大物质力量。在当前,如果我们放松以至不抓批林批孔,生产就会失去统帅,就会偏离社会主义方向。要不要坚持无产阶级政治统帅生产,统帅经济工作,历来是经济战线两条路线斗争的一个焦点,不要认为经过几年的批判,唯生产力论的流毒就完全肃清了。"八大"时刘少奇抛出唯生产力论,当即受到毛主席的批判，无产阶级文化大革命中又受到广大群众的批判。但是，到了"九大"，林彪、陈伯达又搞唯生产力论，毛主席及时批判了他们的谬论，在批陈整风中，广大群众又深入地批判了这种反动观点。但是唯生产力论的流毒还远远没有肃清。那种不抓批林批孔单抓生产的倾向，生产任务一重，就丢开批林批孔的现象，都是我们必需警惕和防止的。我们各级领导同志一定要保持清醒的头脑，越是工作忙、生产任务重，越要坚持抓大事，抓路线，抓紧看书学习，抓紧批林批孔，始终用无产阶级政治统帅经济，使经济工作永远坚持社会主义方向。

还有些同志对进一步搞好批林批孔有畏难情绪，总想等别人的经验，等上级的部署。在这方面有实际问题，但更主要的是精神状态问题。我们干革命不能怕困难，要发扬天津站工人阶级敢想敢干、知难而进的革命精神，遇到困难，不能单纯等待，单纯依靠上级部署，要到实践中找答案，到群众中找真理。大家都很熟悉毛主席的教导：**"群众是真正的英雄。"** 在批林批孔运动中，群众有许多创造，为批林批孔深入的发展闯出了路子。只要我们认真学习领会毛主席、党中央关于批林批孔的一系列指示，并且按照毛主席的教导，深入实际，深入群众，调查研究，集中群众的智慧，总是会找到办法的，所以，任何畏难情绪都是没有根据的。

今后，我们要更加深入地批判林彪的修正主义路线和他妄图分裂党、分裂革命队伍、反对无产阶级专政、反对社会主义新生事物的罪行和谬论。最近，中央发下了〔1974〕30号文件，这是毛主席圈阅过的重要文件。中央要求我们开展对林彪的"六个战术原则"的批判，肃清其流毒和影响。我们要继续认真学习毛主席的无产阶级军事思想和军事路线，深入批判林彪的资产阶级军事路线。

要继续用马克思主义的观点，研究法家著作，研究儒法斗争和整个阶级斗争的历史经验，为巩固无产阶级专政，防止资本主义复辟服务。

要继续批判儒家反动小册子和反动谚语，批判孔孟之道，结合进行意识形态领域里兴无灭资、破旧立新的社会主义革命。儒家反动小册子较多，我们要把重点放在批判《三字经》、《弟子规》、《名贤集》、《神童诗》、《女儿经》和《朱柏庐治家格言》等影响较大的小册子上。对于儒家的代表人物和疯狂鼓吹孔孟之道的反动派，如孔丘、孟轲、董仲舒、朱熹、王守仁、曾国藩、蒋介石等等，都要有计划、有步骤地开展批判。

在深入批林批孔，开展意识形态领域革命中，要继续批判复古倒退的思想，树立继续革命、不断前进的思想；批判天命论，树立人定胜天的思想；批判天才论，树立群众是真正的英雄的思想；批判人性论，树立阶级观点；批判先验论，树立一切从实际出发的观点；批判中庸之道，树立坚持斗争的思想；批判男尊女卑，树立马克思主义的男女平等观；批判剥削阶级的利己主义，树立爱国家、爱集体、为人民服务的思想等等，以社会主义的四新，代替剥削阶级的四旧。

一些单位的理论小组开始研究资本主义世界的经济危机，要继续开展这种研究活动。

学习马列和毛主席著作，深入批林批孔，还要联系各条战线阶级斗争、路线斗争的实际，进一步推动斗、批、改，更好地坚持社会主义方向。在工业战线，要继续贯彻市委提出的"五学、五批、五坚持"，继续从思想上解决是坚持党对经济工作的领导，还是削弱以至取消党对经济工作的领导；是坚持无产阶级政治挂帅，还是搞利润挂帅，单纯追求产值；是走群众路线，大搞群众运动，还是依靠少数人，冷冷清清；是独立自主，自力更生，还是崇洋迷外，"等、靠、要"；是艰苦奋斗，勤俭办企业，还是大手大脚，铺张浪费；是大搞技术革新，改变生产条件，还是因循守旧，固步自封；是树雄心、立壮志，力争多作贡献，还是胸无大志，疲疲沓沓，这也不可能，那也办不到，等等。在农业战线，要联系实际情况，贯彻市农业学大寨经验交流会的精神，从思想上继续解决：**是以粮为纲，全面发展**，还是以钱为纲，重副轻农；是按照国家计划因地制宜种植，还是离开国家计划自由种植；是正确处理国家、集体、个人的关系，还是不顾国家、不顾集体，分光吃净；是勤俭办社、精打细算、处处爱护集体财产，还是大手大脚、铺张浪费，侵占集体财产；是维护社会主义经济，还是贪污盗窃、投机倒把，瓦解和破坏社会主义经济，等等。财贸战线也要参照以上精神，继续批判资本主义经营思想，批判"官商"作风，更好地为工农业生产和人民生活服务，向贪污盗窃、投机倒把作斗争。文教战线要继续批判修正主义的文艺路线、教育路线、卫生路线、体育路线，以及科技路线，推动这些战线上的革命。其他各条战线，包括政法、民兵、战备以及工、农、青、妇等革命群众组织，都要参照上面讲的精神和带有普遍性的问题，分析自己的实际情况，研究确定联系实际的内容。这里要强调一下，

（一）联系实际，第一位的是批判林彪、孔老二；（二）要坚持用意识形态领域的社会主义革命来推动斗、批、改，推动实际工作；（三）要严格区分两类不同性质的矛盾，正确执行党的政策，把斗争矛头紧紧对准林彪和孔孟之道，不要用对待敌我矛盾的方法去对待人民内部的矛盾。

要搞好上述这些研究和批判，推动批林批孔运动深入发展，最要紧的是抓好学习这个关键。根据我们的经验和运动的情况，当前应抓好以下几件事：

一、认真学习无产阶级革命导师关于学习的论述，发动群众总结经验，进一步认识学习马克思主义理论的重要意义。

这次会议以后，各单位要组织干部群众认真学习无产阶级革命导师、特别是毛主席九届二中全会以来关于学习问题的一系列指示，认真总结一年来坚持学习的好处，检查学习情况，找出差距。要进一步明确学习目的，端正学习态度，把广大群众的学习积极性充分调动起来。对于学习好的要表扬，对没有很好参加学习的群众要进行细致的思想工作，启发他们学习的积极性，使马克思主义理论的学习更加普及起来。

二、订好学习规划。

当前需要学习的内容很多，要根据长远的考虑作出近期的安排。三本书还没有学完的，要坚持认真读完。明年一、二月份把今年规定学习的《关于正确处理人民内部矛盾的问题》学完，并且要认真学习元旦社论。市委宣传部要根据一九七五年元旦社论的要求，对明年的学习作出计划和部署。各单位要根据批林批孔的需要，选学马列著作和毛主席著作，并把选学同系统学习结合起来。各级领导干部和有阅读能力的同志还要组织起来，根据自己的情况，订出规划，学点哲学、政治经济学和历史。

三、坚持学习制度和改进学习方法。

为了使学习运动普及、深入、持久地发展，要健全学习组织，坚持学习制度，保证学习时间。各区、县、局凡有条件的，都要举办政治业余大学或政治业余学校；条件暂时不具备的，可以举办短训班、读书班，轮训骨干。农村、街道都要推广小靳庄办政治夜校的经验。工厂、商店、机关、学校、医院等，要根据自己的情况以适当形式组织好群众业余学习。在学习中，要坚持以读原著为主，以自学为主，以领会精神实质为主，不要用看辅导材料代替读原著。必要的辅导报告，要废止注入式，提倡启发式。要提倡把认真读书、调查研究和记学习笔记、写文章结合起来。文化水平低的，要提倡把学理论和学文化结合起来。对于群众自动组织起来的学习小组，要加以关心和支持，加强领导，使他们不断巩固提高，不要使之自生自灭。

四、大力加强理论队伍的建设。

党委要指定专人分管理论队伍的工作。宣传部门要把培养理论队伍作为自己的重要职责，认真抓好这方面的工作。培养理论队伍要有一定的规划、切实可行的措施、严格的要求，不能光有组织没有活动、光有制度没有内容。要把理论骨干的活动同群众的活动紧密结合起来，使理论骨干永远扎根于群众之中。凡是理论队伍人数较多的单位，可以试行分科研究，也就是说要有计划地培养工人阶级自己的哲学、政治经济学、历史、文学艺术、教育、法律等方面有专长的人材。分科研究要定出规划，并且坚持贯彻执行。要根据革命斗争的需要，经常给理论队伍提出一些学习、批判、研究、写作的任务，使各个理论小组有经常的活动。市准备在明年的适当时侯，召开一次工农业余理论工作者会议，检阅和交流学习、研究成果。

以上各项工作能否落实，关键在于领导。各级党委要根据这次会议的精神，认真讨论一次，实事求是地总结经验，研究今后的意见和措施。要检查一下领导自身的学习状况，找出存在的问题，切实加以改进。希望各级领导同志，工作再忙，也要坚持读书。不仅要坚持执行规定的学习制度，还要千方百计地挤时间，多读一点，读好一点。要提倡在马克思主义指导下的百家争鸣，树立生动活泼的革命学风，要开动脑筋，敞开思想，不同意见敢于争论，以求深刻正确地理解精神实质。还要深入下去，及时了解和分析群众学习和批林批孔的情况，总结群众中的新经验、新创造，找出存在的问题，这样才能抓到点子上，有针对性地进行领导。当前工作很多，要学会"弹钢琴"，在集中力量抓好主要工作的同时，妥善安排各项工作，做到统筹兼顾，不要顾此失彼。

同志们，我市群众性的学习运动发展很快，形势很好。我们要再接再厉，继续前进，把这次会上总结的经验很快在全市推广开来，进一步掀起学习马克思主义、列宁主义、毛泽东思想群众运动的新高潮，掀起批林批孔运动的新高潮，掀起抓革命、促生产、促工作、促战备的新高潮，以新的胜利，迎接第四届全国人民代表大会的召开！

高举毛泽東思想伟大紅旗

坚决执行毛主席的馬克思列宁主义建党路綫
彻底批判刘少奇的反革命修正主义黑"六論"

文 汇 报 革 命 委 員 会 編

天津市粮食局革命委員会整党办公室翻印

一 九 六 八 年 十 二 月

最 高 指 示

党組織应是无产阶級先进分子所組成，应能領导无产阶級和革命群众对于阶级敌人进行战斗的朝气蓬勃的先鋒队組織。

我們现在思想战綫上的一个重要任务，就是要开展对于修正主义的批判。

毛主席教导我們：

千万不要忘記阶级斗争。

在拿枪的敌人被消灭以后，不拿枪的敌人依然存在，他们必然地要和我们作拚死的斗争，我们决不可以輕視这些敌人。

《毛泽东选集》第四卷，第一四二八頁

阶級和阶級斗争的存在是一个事实；有些人否認这种事实，否認阶級斗争的存在，这是錯誤的。企图否認阶級斗争存在的理論是完全錯誤的理論。

《毛泽东选集》第二卷，第五一三頁

被推翻的地主买办阶級的殘余还是存在，資产阶級还是存在，小资产阶級剛剛在改造。阶級斗争并沒有結束。无产阶級和資产阶級之间的阶級斗争，各派政治力量之间的阶級斗争，无产阶級和资产阶級之间在意識形态方面的阶級斗争，还是长时期的，曲折的，有时甚至是很激烈的。

《关于正确处理人民内部矛盾的問題》

从馬克思主义关于国家学說的观点看来，军队是国家政权的主要成份。誰想夺取国家政权，并想保持它，誰就应有强大的军队。

《毛泽东选集》第二卷，第五三五頁

我们同资产阶級和小资产阶級的思想还要进行长期的斗争。不了解这种情况，放弃思想斗争，那就是錯誤的。

《在中国共产党全国宣传工作会議上的講話》

中国赫魯晓夫刘少奇鼓吹的

"黑六論"之一：
"阶級斗爭熄灭論"

中国革命的敌人——帝国主义、国民党、官僚資本家跑掉了，消灭了，沒有了。

一九四九年在青代会上的講話

阶級斗爭基本結束，反革命分子少了，……今后国家最主要的任务是組織社会生活。

一九五六年在各省市委組织部长会議上的講話

现在国内敌人已經基本上被消灭，地主阶級早已消灭了，資产阶級也基本上消灭了，反革命也算是基本上消灭了，……我們說国内主要的阶級斗爭已經基本上結束了，或者說基本上解决了，……

一九五七年在上海党員干部会議上的講話

中国革命主要斗爭形式已变为和平的、議会的，斗爭是合法的群众斗爭和議会斗爭。……軍队也要整編，我們的军队成为国军、国防军、保安队、自卫队，我军的支部、党委会、政治委員会取消，在军队中是取消党的組織，……停止对军队的直接領导、指揮，統一于国防部，……

一九四六年二月一日《时局問題的报告》

經过統一战綫工作，資产阶級，上層小資产阶級及其知識分子和政治代表不造社会主义的反，相反地，他們服从社会主义，为社会主义服务，这就少省了大麻煩。

一九五三年在全国統一战綫工作会議上的講話

千万不要忘記阶级斗争，千万不要忘記突出政治，千万不要忘記巩固无产阶级专政，必须采取各种措施防止修正主义篡夺领导，防止资本主义复辟。

转引自《紅旗》杂志一九六六年第八期社論《无产阶級文化大革命万岁》

帝国主义者和国内反动派决不甘心于他們的失败，他們还要作最后的掙扎。在全国平定以后，他們也还会以各种方式从事破坏和搗乱，他們将每日每时企图在中国复辟。这是必然的，毫无疑义的，我們务必不要松懈自己的警惕性。

在中国人民政治协商会議第一届全体会議上的开幕詞
（一九四九年九月二十二日《人民日报》）

整个过渡时期存在着阶级矛盾、存在着无产阶级和资产阶级的阶级斗争、存在着社会主义和资本主义的两条道路斗争。忘記十几年来我党的这一条基本理論和基本实踐，就会要走到斜路上去。

转引自《紅旗》杂志一九六六年第十三期社論《在毛泽东思想的大路上前进》

决不可以認为反革命力量順从我們了，他們就成了革命党了，他們的反革命思想和反革命企图就不存在了。决不是这样。他們中的許多人将被改造，他們中的一部分人将被淘汰，某些坚决反革命分子将受到鎮压。

《毛泽东选集》第四卷，第一四二七頁

社会主义制度要注意調整，阶級已基本消灭了，就不应該强調阶級斗争。

一九五七年一月在清华大学的講話

敌人消灭的差不多了，资产阶级公私合营了，已經基本上解决了，反革命已解决的差不多了，他們鬧不了大事。

一九五七年在上海党員干部会議上的講話

公私合营以后，无产阶级与资产阶级的主要矛盾也解决了。……现在应該講人民内部的矛盾已成为主要矛盾。

今天我們国内的主要矛盾是无产阶級的思想与非无产阶級思想的矛盾。

同　上

你們不是无产阶级左派嗎？你們的目的不是解放全人类嗎？所謂全人类就包括地、富、反、坏、右五类分子。这些人不多，这些人不解放，无产阶级自己也就不能最后解放。……解放全人类也包括这些反动派，他們也解放。

一九六六年七月十一日对师大一附中工作組部分成員的第二次講話

毛主席教导我們：

危害革命的錯誤领导，不应当无条件接受，而应当坚决抵制。

組織任务須服从于政治任务。

《毛泽东选集》第二卷，第五三七頁

中国赫魯晓夫刘少奇鼓吹的

黑"六論"之二：
"馴服工具論"

民主集中制的原則規定：只要是大多数，是上級或中央通过决定了的，就要服从，就是不对也要服从。恰恰在这时候，特別要遵守纪律，要服从多数，要服从上級或中央，不管多数和上級或中央对与不对。

一九四一年《論党員在組织上和纪律上的修养》

共产党员对任何事情都要问一个为什么，都要經過自己头脑的周密思考，想一想它是否合乎实际，是否眞有道理，絕对不应盲从，絕对不应提倡奴隶主义。

《毛泽东选集》第三卷，第八二九頁

我們說上级领导机关的指示是正确的，决不单是因为它出于"上级领导机关"，而是因为它的"指示内容"是适合于斗争中客观和主观情势的，是斗争所需要的。不根据实际情况进行討論和审察，一味盲目执行，这种单純建立在"上级"观念上的形式主义的态度是很不对的。

《反对本本主义》

要人家服，只能說服，不能压服。压服的結果总是压而不服。以力服人是不行的。对付敌人可以这样，对付同志，对付朋友，絕不能用这个方法。

《在中国共产党全国宣传工作会議上的講話》

自由主义有各种表现。

…………

听了不正确的议论也不争辯，甚至听了反革命分子的话也不报告，泰然处之，行若无事。这是第六种。

《毛泽东选集》第二卷，第三四七————三四八頁

……"自觉的能动性"，是人之所以区别于物的特点。一切根据和符合于客观事实的思想是正确的思想，一切根据于正确思想的做或行动是正确的行动。我们必须发揚这样的思想和行动，必须发揚这种自觉的能动性。

《毛泽东选集》第二卷，第四六七頁

危害革命的錯誤领导，不应当无条件接受，而应当坚决抵制。

摘自《人民日报》、《紅旗》杂志一九六七年元旦社論
《把无产阶級文化大革命进行到底》

所有一切附有条件的服从都是不对的，应该是无条件的、絕对的服从。

同　　上

即使大多数和上级或中央眞錯了，你也还要服从，先照錯誤的去执行。如果不这样，就会引起組織上的分裂，行动上的不一致，削弱了党的力量。

同　　上

有一种人說，要我服从上級和多数是可以的，但上级和多数在原則上，在政治上先要正确。若在政治上錯了，我就不服。这就是以多数的，或上级的，或中央的正确不正确为服从的条件。这个条件提出是不对的，这就是破坏了民集中制。

同　　上

不論对与不对都要服从，——看起來，这样好象有些用蛮，但是要把几十万党员組織起來，而且维持党的統一，不用些蛮有什么办法呢？

同　　上

看見有些不正确的事情，你們不要看到就講，你們至少三年到五年少講些话，多看，少批評。

一九五七年对部分工会和团干部講話

是作馴服的工具，还是作調皮的工具呢？是作容易駕駛的工具呢？还是作不容易駕駛的工具呢？当然要作馴服的工具，要作容易駕駛的工具。

一九五八年六月在旧《北京日报》的談話

有时也可能你們对了，党的組織錯了，这样，也要按組織原則办事，向上申訴。不能因为意见有了分歧，就可以不服从党的领导，……

一九五七年五月三十一日对靑年团省、市書記談話

馬克思主義的道理千条万緒，归根結底，就是一句話："造反有理。"……根据这个道理，于是就反抗，就斗争，就干社会主义。

《在延安各界庆祝斯大林六十寿辰大会上的講話》轉引自一九六六年八月二十七日《人民日报》

我們有批評和自我批評这个馬克思列宁主义的武器。我们能够去掉不良作风，保持 优 良 作风。

《毛泽东选集》第四卷，第一四四〇頁

无产阶级革命派联合起来，向党内一小撮走资本主义道路当权派夺权！

轉引自《人民日报》一九六七年八月十七日社論《做革命大联合的模范》

为了党和革命的利益，他对待同志 最 能 宽大、容忍和"委曲求全"，甚至在必要的时候能够忍受各种誤解和屈辱而毫无怨恨之心。

一九六二年《修养》

有些同志在某些时候，在某些事情上，受到某些不正确的批評和打击，甚至受到某些委屈和冤枉，这也是难免的。这些同志没有估計到这一点，所以一遇到这些情况，就觉得奇怪，就出乎意外地难过和伤心。

一九六二年《修养》

如果中国党内发生了赫鲁晓夫政变，……也要"少数服从多数"。

一九六四年在中央工作会議上的講話

毛主席教导我们：

人民，只有人民，才是創造世界历史的动力。

我国有七亿人口，工人阶级是领导阶级。要充分发揮工人阶级在文化大革命中和一切工作中的领导作用。工人阶级也应当在斗争中不断提高自己的政治觉悟。

摘自《人民日报》、《解放軍报》一九六八年八月十五日社論《热烈欢呼云南省革命委員会成立》

我们必須全心全意地依靠工人阶级，……

《毛泽东选集》第四卷，第一四二九頁

人民民主专政需要工人阶级的领导。因为只有工人阶级最有远見，大公无私，最富于革命的彻底性。

《毛泽东选集》第四卷，第一四八三頁

群众是真正的英雄，而我们自己则往往是幼稚可笑的，不了解这一点，就不能得到起碼的知識。

《毛泽东选集》第三卷，第七九〇頁

中国赫鲁晓夫刘少奇鼓吹的

黑"六論"之三：

"群众落后論"

在中国工人阶級中，有比較浓厚的行会性与流氓性。

一九三九年五月《中国职工运动简史》

工人阶級在一定的时候也可能是 不 能 依 靠的，……不要以为依靠工人阶級是没有問題的。

一九四九年对天津工作的指示

工人阶級也不是自然而然可以依靠的，要靠党去工作，椅子本来可以依靠的，有了毛病，不好靠了，修好了，又可以依靠，工作做不好就不能依靠。

一九四九年在七届二中全会上的講話

民众是什么，民众是人群，是有思想、有要求，能动的人群。民众不是木头或机器。

一九三九年《論組织民众的几个基本原則》

"农民这个名称所包括的内容，主要地是指贫农和中农。" "贫农，……是农村中的半无产阶级，是中国革命的最广大的动力，是无产阶级的天然的和最可靠的同盟者，是中国革命队伍的主力军。" "中农不但能够参加反帝国主义革命和土地革命，并且能够接受社会主义。因此，全部中农都可以成为无产阶级的可靠的同盟者，是重要的革命动力的一部分。"

《毛泽东选集》第二卷，第六三八页

沒有貧農，便沒有革命。若否認他們，便是否認革命。若打擊他們，便是打擊革命。

《毛泽东选集》第一卷，第二二页

很短的时间内，将有几万万农民从中国中部、南部和北部各省起来，其势如暴风骤雨，迅猛异常，无論什么大的力量都将压抑不住。他们将冲决一切束縛他们的罗网，朝着解放的路上迅跑。……一切革命的党派、革命的同志，都将在他们面前受他们的检验而决定弃取。

《毛泽东选集》第一卷，第一三页

乡村中一向苦战奋斗的主要力量是貧農。从秘密时期到公开时期，貧農都在那里积极奋斗。他们最听共产党的领导。他们和土豪劣紳是死对头，他们毫不迟疑地向土豪劣紳营垒进攻。

《毛泽东选集》第一卷，第二一——二二页

我们的权力是誰給的？是工人阶级給的，是貧下中农給的，是占人口百分之九十以上的广大劳动群众給的。我们代表了无产阶级，代表了人民群众，打倒了人民的敌人，人民就拥护我们。共产党基本的一条，就是直接依靠广大革命人民群众。

摘自《红旗》杂志一九六八年第四期社論《吸收无产阶級的新鲜血液——整党工作中的一个重要問題》

对广大人民群众是保护还是鎮压，是共产党同国民党的根本区别，是无产阶级同资产阶级的根本区别，是无产阶级专政同资产阶级专政的根本区别。

摘自《人民日报》、《解放軍报》一九六八年六月二日社論《七千万四川人民在前进——热烈欢呼四川省革命委員会成立》

散漫性、保守性、狹隘性、落后性，对于财产的私有观念，对于封建主的反抗性及政治上的平等要求等等。这就是农民阶级的特性。

一九四一年《人的阶級性》

我从前作工人运动、农民运动的工作，会判断情况，告訴他們怎样組織，怎样斗争，斗争胜利了，大家都鼓掌，以为我都了他們忙，把功劳放在我一个人身上。因为你一走，他們就要糟糕，你的事情别人干不了。

一九四一年《民主精神与官僚主义》

我們对群众运动，一定要在領导上控制得住，……沒有紀律、沒有秩序的群众运动，不算群众运动。

九四二年十二月《关于群众工作的几个问题》

在农村我們曾经宣传过劳动致富。什么是劳动致富呢？就是劳动发财，农民是喜欢发财的。

一九五一年在政协全国委員会民主人士学习座談会上的講話

假若象某种人所設想的那样，群众都是觉悟的、团结的，在群众中不存在剥削阶级的影响和落后的现象，那末革命还有什么困难呢？

一九六二年《修养》

要和群众中的落后意識、落后现象进行斗争，才能提高群众觉悟，……

一九六二年《修养》

几千万户的农民群众行动起来，响应党中央的号召，实行合作化。……这是大海的怒涛，一切妖魔鬼怪都被冲走了。

《机会主义的邪气垮下去，社会主义的正气升上来》一文的按语、《中国农村的社会主义高潮》第七二九——七三〇页

落后队的問題，……勉强搞下去，农民是担心的，群众沒信心，你今年搞不好，明年还搞不好，你不讓单干，不行嘛，今年不单干，明年要单干，你不讓他单干，他暗单干。

一九六二年八月对于加强生产責任制、提高农活質量問題汇报时的插話

毛主席教导我們：

我们共产党人不是要做官，而是要革命

共产党员无論何时何地都不应以个人利益放在第一位，而应以个人利益服从于民族的和人民群众的利益。因此，自私自利，消极怠工，貪汚腐化，风头主义等等，是最可鄙的；而大公无私，积　努力，克己奉公，埋头苦干的精神，才是可尊敬的。

《毛泽东选集》第二卷，第五一〇页

我们共产党人不是要做官，而是要革命，我们人人要有彻底的革命精神，我们不要有一时一刻脫离群众。只要我们不脫离群众，我们就一定会胜利。

《关于共产国际的解散》一九四三年五月二十八日延安《解放日报》

任何一个共产党员，不論資格大小，职位高低，都必须把自己看成是人民的儿子，老老实实地，誠誠恳恳地，当人民的勤务員。

轉引自《人民日报》一九六六年七月二十八日社論《人民的好儿子》

共产党员絕不可脫离群众，絕不可高踞于群众之上，做官当老爷，而应当以普通劳动者的姿态，出现在群众面前，深入于群众之中，同群众打成一片。

引自《人民日报》一九六六年八月二十日社論《毛主席和群众在一起》

这个军队之所以有力量，是因为所有参加这个军队的人，都具有自覚的紀律；他们不是为着少数人的或狹隘集团的私利，而是为着广大人民群众的利益，为着全民族的利益，而結合，而战斗的。紧紧地和中国人民站在一起，全心全意地为中国人民服务，就是这个军队的唯一的宗旨。

《毛泽东选集》第三卷，第一〇三九页

中国赫魯晓夫刘少奇鼓吹的

黑"六論"之四："入党做官論"

共产党出風头的，就是最不想出風头的人，如果你願做一些人家不願做的事，不怕倒霉，不怕困苦，自然得到同志的拥护爱戴与推荐，这風头便是你們出了。相反的，你們专門想出風头，好的事情你便去居功占便宜，倒霉的事总想推別人，沒有你的份，这样，党和同志决不会捧你的。

一九四一年四月对盐城保卫人員訓練班的講話

过去考上秀才就可以做官，现在加入了共产党，也可以做官，这个党員就是干部的后备名单。

一九五一年三月在全国第一次組织工作会議上的报告

做工作，总会要提升的。……你想要得的，一定得不到；你不想得的，倒能得着。你看，我以前根本沒有想当国家主席，杀头也不顾，现在不也当上国家主席了嗎？

一九六五年的一次談話

我也是中学毕业，沒进大学，和我一起的有許多人进了大学，我不是吃了亏嗎？不见得。我看許多人还不如我。……参加革命我是第一代，现在当了中央委員。

一九五七年在河南許昌学生代表座談会上的講話

当然，要起作用，必须要有相当的地位。一个普通党員起的作用就小，一个領导者起的作用就大。但这是沒有多大关系的，只要他真有本領，真能起积极作用，則虽然今天沒有重要地位，到明天、后天仍会有重要地位給他的。党会提拔他的。

一九四一年《論党員在組织上和紀律上的修养》

全心全意地为人民服务，一刻也不脱离群众；一切从人民的利益出发，而不是从个人或小集团的利益出发；向人民負責和向党的领导机关負責的一致性；这些就是我们的出发点。

《毛泽东选集》第三卷，第一〇九五——一〇九六頁

我们一切工作干部，不論职位高低，都是人民的勤务員，我们所做的一切，都是为人民服务，我们有些什么不好的东西舍不得丢掉呢？

《一九四五年的任务》，一九四四年十二月十六日延安《解放日报》

无产阶级革命事业的接班人，是在群众斗争中产生的，是在革命大风大浪的鍛炼中成长的。应当在长期的群众斗争中，考察和識別干部，挑选和培养接班人。

轉摘自《关于赫魯晓夫的假共产主义及其在世界历史上的教訓》，一九六四年七月十四日《人民日报》

党的历史上，这样的事情很多，党号召干什么就干什么，党号召土地改革，上山打游击，他就干，不是成功了嗎？当时当农民的人，现在当了将军。如果不根据党的指示，順这一方向去做，不能当将军。那时候，有不少人比现在当将军的人聪明的多，他們以为上山打游击，划不来，不去，就当不了将军。

一九五八年六月在旧《北京日报》的談話

比較起来，还是上山（指“一二·九”以后——編者）的个人成就比較大。那时上了山的北京大学生，现在有的都是地委书记，部长助理，有的是副部长，不上山的现在也在工作，但当不了地委书记。地質部副部长××，当时学地質，后来上了山，现在当副部长。但老学地質的，不能当部长，当不了。这是历史事实。

同　上

不怕吃亏，不怕流血流汗，为了大家。长期这样坚持做下去，不要为一时的挫折而动摇，这样經过一个时期，你就可能入团，再經过长期的努力，你就可能入党。……不管作什么，当农民也一样，干得好，工作能力强，就会当生产队长、大队长，公社書記……不要自己向上爬，别人也会选举你。

一九五七年的一次談話

░░

毛主席教导我們：

　　党内如果沒有矛盾和解决矛盾的思想斗争，党的生命也就停止了。

对立的統一是有条件的、暫时的、过渡的，因而是相对的，对立的斗争則是絕对的。这个規律，列宁講得很清楚。

《关于正确处理人民内部矛盾的問題》

一九二七年中国大资产阶级战败了无产阶级，是逼过中国无产阶级内部的（中国共产党内部的）机会主义而起作用的。当着我们清算了这种机会主义的时候，中国革命就重新发展了。

《毛泽东选集》第一卷。第二九一頁

中国赫魯晓夫刘少奇鼓吹的

黑“六論”之五：

“党内和平論”

許多同志是机械的錯誤的了解列宁的原則，把列宁的原則絕对化。他們認为……；党内斗争的必要，就否定了党内和平，……

一九四一年七月《論党内斗争》

在我們党内公开提出系统的組織上的右傾机会主义的理论，是还沒有的。

同　上

党内也常常有敌人和敌对思想混进来，……对于这种人，毫无疑义地是应該采用殘酷斗争或无情打击的手段的，因为那些坏人正在利用这种手段对付党，我们如果还对他们寬容，那就会正中坏人的好计。但是不能用同一手段对付偶然犯錯誤的同志，……

《毛泽东选集》第三卷，第八三六页

党組織应是无产阶级先进分子所組成，应能领导无产阶级和革命群众对于阶级敌人进行战斗的朝气蓬勃的先鋒队組織。

摘自一九六八年中央两报一刊元旦社論《迎接无产阶级文化大革命的全面胜利》

我们主張积极的思想斗争，因为它是达到党内和革命团体内的团結使之利于战斗的武器。每个共产党员和革命分子，应該拿起这个武器。

《毛泽东选集》第二卷，第三四七页

历史告訴我们，正确的政治的和军事的路綫，不是自然地平安地产生和发展起来的，而是从斗争中产生和发展起来的。一方面，它要同"左"傾机会主义作斗争，另一方面，它又要同右傾机会主义作斗争。不同这些危害革命和革命战争的有害的傾向作斗争，并且彻底地克服它们，正确路綫的建設和革命战争的胜利，是不可能的。

《毛泽东选集》第一卷，第一七九页

共产党内正确思想和錯誤思想的矛盾，如前所說，在阶级存在的時候，这是阶级矛盾对于党内的反映。这种矛盾，在开始的時候，或在个别的問題上，并不一定馬上表现为对抗性的。但随着阶级斗争的发展，这种矛盾也就可能发展为对抗性的。

《毛泽东选集》第一卷，第三二三页

必須注意有步骤地吸收覚悟工人入党，扩大党的組織的工人成份。

《为爭取国家財政经济状况的基本好轉而斗爭》（一九五〇年六月六日），轉引自《紅旗》杂志一九六八年第四期社論《吸收无产阶级的新鮮血液——整党工作中的一个重要問題》

我们同资产阶级和小资产阶级的思想还要进行长期的斗争。不了解这种情况，放弃思想斗争，那就是錯誤的。凡是錯誤的思想，凡是毒草，凡是牛鬼蛇神，都应該进行批判，决不能讓它们自由泛滥。

《在中国共产党全国宣傳工作会議上的講話》

他們常用开展斗争的办法，去开展工作，推动工作；故意去寻找"斗争对象"（党內的同志）作为"机会主义的代表者"来开展斗争，牺牲与打击这一个或这几个同志，"杀鷄給猴看"，以推动其他的干部党员去努力工作，完成任务。

同　上

中国党是中华民族最聪明的优秀的男女組織起来的。

一九四一年《中国革命的战略与策略》

在党内，在群众内部，革命队伍内部，不采取和的方針又想打倒敌人，那就走不通。既不能团結自己，也不能战胜敌人、……所以在我們党内是講統一，講和气，講团結的这个方針。

一九四四年在一次干部会上的講話

即使在陈独秀的錯誤路綫时期，我們全党就統一在陈独秀的路綫下，以后統一在"左"傾路綫之下，后来又統一在毛泽东同志的路綫下，我們党无論何时都保持党的統一不分裂，保持党的紀律，不是各干各的。……就是說无論党的路綫正确或錯誤，党都保持統一。……党的分裂造成的損害更大于革命失败所造成的損失，因此应当忍耐，而且要忍疼。

一九五七年接見某兄弟党代表时的談話

现在我国还存在两条路綫的斗争，但主要是两种方法的斗争。……这是一场在建設問題上方針或路綫的斗争，不是社会主义与資本主义两条道路的斗争，而是方法的斗争。

一九五八年四月七日在成都会議上的講話

工商界有几个参加共产党好不好？有点榜样。搞几个。……你資本家也当了，也沒有整你，又入了党，则更好了。

一九六〇年一月的一次講話

当着党内某种争論已經发生的时候，許多同志把工作放着不做，而去整天整月地进行空洞的爭辯，或者任意地放縱起来，在这种爭辯中使党内的团結松懈，使党的紀律削弱，使党的威信受到損害，把我們战斗的党的組織和党的机关变为爭辯的乐俱部。

一九六二年《修养》

盧山出现的这一场斗争，是一场阶级斗争，是过去十年 会主义革命过程中资产阶级与无产阶级两大对抗阶级的生死斗争的繼續。在中国，在我党，这一类斗争，看来还得斗下去，至少还要斗二十年，可能要斗半个世纪，总之要到阶级完全灭亡，斗争才会止息。

引自《紅旗》杂志一九六七年第十三期社論《从彭德怀的失败到中国赫鲁晓夫的破产》

毛主席教导我們：

> 共产党員无論何时何地都不应以个人利益放在第一位，而应以个人利益服从于民族的和人民群众的利益。

每个共产党員入党的时候，心目中就悬着为现在的新民主主义革命而奋斗和为将来的社会主义和共产主义而奋斗这样两个明确的目标，……

《毛泽东选集》第三卷，第一〇五九———〇六〇頁

以中国最广大人民的最大利益为出发点的中国共产党人，相信自己的事业是完全合乎正义的，不惜牺牲自己个人的一切，随时准备拿出自己的生命去殉我们的事业，难道还有什么不适合人民需要的思想、观点、意见、办法，舍不得丢掉的嗎？

《毛泽东选集》第三卷，第一〇九七页

白求恩同志毫不利己专門利人的精神，表现在他对工作的极端的負責任，对同志对人民的极端的热忱。每个共产党員都要学习他。……

我们大家要学习他毫无自私自利之心的精神。从这点出发，就可以变为大有利于人民的人。一个人能力有大小，但只要有这点精神，就是一个高尚的人，一个純粹的人，一个有道德的人，一个脱离了低级趣味的人，一个有益于人民的人。

《毛泽东选集》第二卷，第六五三——六五四页

盧山会議后，不适当地在农村、企业和学校的干部中，甚至在群众中也展开反右傾斗争，在許多地方、部門发生了反右傾斗争扩大化的現象。

一九六二年一月在扩大的中央工作会議上的講話

盧山会議后反右是不对的，搞得全国后遺定，中央要負責。

一九六四年六月在河北地委書記座談会上的講話

中国赫鲁晓夫刘少奇鼓吹的

黑"六論"之六：

"公 私 溶 化 論"

个人志愿、兴趣是允許的，党分配工作时尽量照顾，但不能完全照顾。……說有个人志愿就是个人主义，也过于絕对。

一九五八年六月在旧《北京日报》的談話

在党的利益与党的发展中包括着党員个人的利益与发展。党的阶级的成功与胜利，也就是党員的成功与胜利。党員只能在争取党的发展、成功与胜利中，来发展自己，不能够离开党的发展而去争取个人的独立发展。也只有党的发展、成功与胜利，党員才能发展自己，否则党員就不能发展。

一九三九年《修养》

个人利益一定要照顾，沒有个人利益即无整体利益，个人利益集中起来即是集体利益。……因此，不是大公无私，而是大公有私，公私兼顾，先公后私。

一九六〇年二月同民建会中央、全国工商联領导人的談話紀要

一个共产党员，应該是襟怀坦白，忠实，积极，以革命利益为第一生命，以个人利益服从革命利益；无論何时何地，坚持正确的原則，同一切不正确的思想和行为作不疲倦的斗争，用以巩固党的集体生活，巩固党和群众的联系；……

《毛泽东选集》第二卷，第三四九頁

一个人做点好事并不难，难的是一輩子做好事，不做坏事，一貫的有益于广大群众，一貫的有益于青年，一貫的有益于革命，艰苦奋斗几十年如一日，这才是最难最难的呵！

《吳玉章同志六十寿辰祝詞》一九四〇年一月二十四发
《新中华报》

有許多党員，在組織上入了党，思想上并沒有完全入党，甚至完全沒有入党。这种思想上沒有入党的人，头脑里还装着許多剥削阶级的脏东西，根本不知道什么是无产阶级思想，什么是共产主义，什么是党。……有些人就是一輩子也沒有共产党員的气味，只有离开党完事。

《毛泽东选集》第三卷，第八七六頁

修正主义者，右倾机会主义者，口头上也掛着馬克思主义，他们也在那里攻击"教条主义"。但是他们所攻击的正是馬克思主义的最根本的东西。

《关于正确处理人民內部矛盾的問題》

艰苦的工作就象担子，摆在我们的面前，看我们敢不敢承担。担子有輕有重。有的人拈輕怕重，把重担子推給人家，自己拣輕的挑。这就不是好的态度。有的同志不是这样，享受讓給人家，担子拣重的挑，吃苦在别人前头，享受在别人后头。这样的同志就是好同志。这种共产主义者的精神，我们都要学习。

《毛泽东选集》第四卷，第一一六〇頁

我们应该是老老实实地办事；在世界上要办成几件事，沒有老实态度是根本不行的。什么人是老实人？馬克思、恩格斯、列宁、斯大林是老实人，科学家是老实人。什么人是不老实的人？托洛茨基、布哈林、陈独秀、张国焘是大不老实的人。为个人利益与局部利益閙独立性的人也不是老实的人。一切狡猾的人，不照科学态度办事的人，自以为得計，自以为很聪明，其实都是最蠢的，都是沒有好结果的。

《毛泽东选集》第三卷，第八二四頁

应該把属于党的公共的事物，当作自己的事物，应把公家的东西当作自己的东西一样来爱惜它，把党的公共的工作当作自己的工作一样尽心努力負責去作。只有这样，……才成为一个好的党員。

一九四〇年《作一个好党員，建設一个好党》

只要一心一意地为国家工作，即使开头有人不相信你，总有一天会相信你。不要顧两头，要奔改造、服务的一头。要一边倒。有了这一头，就有那一头。全心全意为人民服务，个人利益就会来。反之，不顧国家、人民的利益，个人利益也顧不到的。

一九六〇年二月同民建会中央、全国工商联領导人的談話紀要

我們加入党，是看到个人問題横竖解决不了，先解决国家利益，国家社会問題解决了，个人問題也解决了。随着大家利益的提高，个人利益也会提高。只要有貢献，社会一定有适当的报酬，不会大家都好了，你餓飯，那是阶級社会的事。

一九六〇年的一次談話

占小便宜，吃大亏，吃点小亏，占大便宜，这是合乎馬列主义无产阶级世界观的。

同　上

不要拾了芝麻，丢了西瓜。要看得远些。吃点小亏，有光明的发展前途。不知你們怎么样，我是有这个經驗的。

一九六一年对天华大队几个干部講話

共产党員不要怕吃亏。規律是占小便宜要吃大亏。有些人什么亏也不吃，有威信的事他去做，占小便宜，这样一年二年可以，十年八年就不相信他了，结果吃了大亏。老实人，做老实事，說老实话，暂时看起来是吃了点小亏，十年八年相信你了終究是不吃亏。

一九六四年在天津市委書記座談会上的講話

《文革史料叢刊》 第一輯 六冊

李正中輯編 古月齋叢書3-5

第一輯共六冊，圓背精裝　　第二輯共五冊，圓背精裝　　第三輯共五冊，圓背精裝
ISBN：978-986-5633-03-5　　ISBN：978-986-5633-30-1　　ISBN：978-986-5633-48-6

文革史料叢刊　內容簡介

　　《文革史料叢刊第一輯》共六冊。文革事件在歷史長河裡，是不會被抹滅的，文革資料是重要的第一手歷史資料。其中主要的兩大類，一是黨的內部文宣品，另一是非黨的文宣品，本套叢書搜集了各種手寫稿，油印品，鉛印文字、照片或繪畫，或傳單、小報等等文革遺物，甚至造反隊的隊旗、臂標也多有收錄，相關整理經過多年努力，台灣蘭臺出版社，目前已出版至第三輯，還在陸續出版中。

蘭臺出版社書訊

第 一 輯 - 第 三 輯 （ 三 輯 ） 目 錄

文革史料叢刊第一輯

第一冊	頁數：758
第二冊	頁數：514
第三冊	頁數：474
第四冊	頁數：542
第五冊	頁數：434
第六冊	頁數：566

9 789865 633035　30000

古月齋叢書 3 定價 30000元（再版）

文革史料叢刊第二輯

第一冊	頁數：188
第二冊㈠	頁數：416
第二冊㈡	頁數：414
第二冊㈢	頁數：434
第三冊	頁數：470

9 789865 633301　20000

古月齋叢書 4 定價 20000元

文革史料叢刊第三輯

第一冊	頁數：239
第二冊	頁數：284
第三冊	頁數：372
第四冊㈠	頁數：368
第四冊㈡	頁數：336

9 789865 633486　25000

古月齋叢書 5 定價 25000元

書款請匯入以下兩種方式

銀行
戶名：蘭臺網路出版商務有限公司
土地銀行營業部（銀行代號005）
帳號：041-001-173756

劃撥帳號
戶名：蘭臺出版社
帳號：18995335

100 台北市中正區重慶南路1段121號8樓之14
TEL：（8862）2331-1675 FAX：（8862）2382-6225
E-mail：books5w@gmail.com
網址：http://bookstv.com.tw/